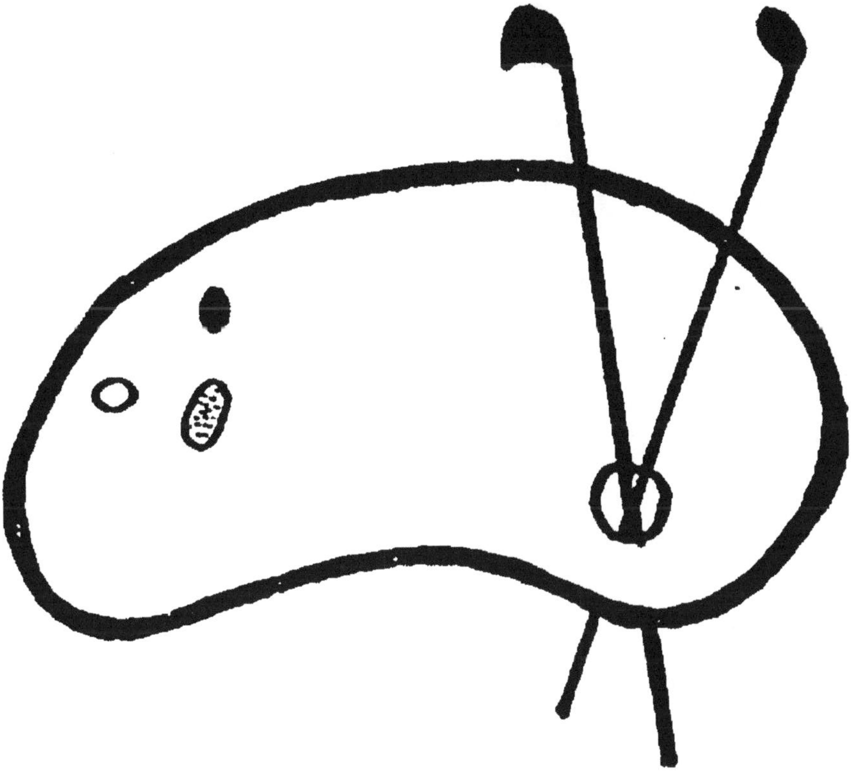

Révision légale de la Constitution

DIEU
JEANNE DARC

ET

NAPOLÉON IV

VISION PROPHÉTIQUE DE L'AVENIR

Explication rationnelle de l'incident arrivé à l'Assemblée nationale de Versailles, le jour même de la rentrée des Chambres, le mercredi, 10 Mai 1876, et dont tous les journaux ont parlé.

Prix: 6 fr.

VERSAILLES
Chez ROUSTAN, Libraire
RUE DE LA PAROISSE, 100

Septembre 1876

PARIS
Chez DENTU
AU PALAIS ROYAL, (Galerie d'Orléans)

Septembre 1876

Le présent ouvrage ayant pris une grande extension, le prix primitif a dû être porté de quatre francs à six francs. . 6 fr.

Ouvrages du même auteur

I. — Des Réformes urgentes *à opérer dans l'administration de l'Enregistrement et des Domaines*. Vol. in-8°. Paris, 1857. Entièrement épuisé. On offre 6 francs de chaque exemplaire.

II. — De l'insuffisance du Traitement *des Employés de l'Enregistrement et des Domaines*, contenant diverses considérations administratives et politiques. Bruxelles, 1859. Vol. in-8°. Epuisé.

III. — Le Libre-Echange, la Douane et les Contrebandiers. Vol. in-8°. 1860. Bruxelles, chez M. Guyot, imprimeur, rue Pachéco, 12. L'introduction en France de cet ouvrage et de celui qui précède fut arbitrairement prohibée par la police de l'Empire.

IV. — Comparaison de la loi belge et de la loi française *en matière de droits de succession*, contenant le texte des lois belges, les tarifs pour la Belgique et pour la France, l'examen critique et approfondi tant du principe de la déduction des dettes que des autres dispositions de la loi belge qu'il serait utile d'adopter ou qu'il convient de rejeter, *la réfutation de l'ouvrage de M. Emile de Girardin sur l'impôt*, et des considérations générales sur la légitimité de l'impôt de l'Enregistrement et du Timbre. 1859. 1 vol. in-8°. Prix : 3 fr.

V. — Les Subtilités de la librairie parisienne, la Bande noire et la Révision, *et quelques abus de l'Hôtel des ventes*. 1865. 1 vol. in-8°. Prix : 7 fr. 50. (Epuisé).

VI. — L'Anti-Labiénus. — Plus de lois de sureté générale, juste appréciation de l'Empereur Napoléon III. 1866. Brochure in-8° Prix : 1 fr.

VII. — Un Délire Impérial, *cas singulier d'aliénation mentale*, précédé de l'oraison funèbre de M. Emile (*de Girardin*). 1866. Br. in-8°. Prix : 1 fr.

VIII. — Du droit de pétition devant le Corps législatif, *comme deuxième et indispensable degré de juridiction, seul vrai couronnement de l'édifice impérial*. Paris. Avril 1866. Forte brochure in-8°. Prix : 2 fr.

IX. — De la séquestration arbitraire dans les Maisons de santé. — *Nécessité d'adoucir et de modifier le régime de ces établissements et d'en réformer le haut personnel.* — On trouve, à la suite, un appel fait à la protection de Dieu et de Jeanne Darc, relativement à la guerre de 1870, et les discours prononcés à ce sujet dans diverses réunions publiques. Paris, Décembre 1870. Forte brochure in-8°, tirée à deux cents exemplaires. Prix : 5 fr.

Il ne reste que quelques rares exemplaires.

Versailles. — Imprimerie F. DAX, rue du Potager, 9.

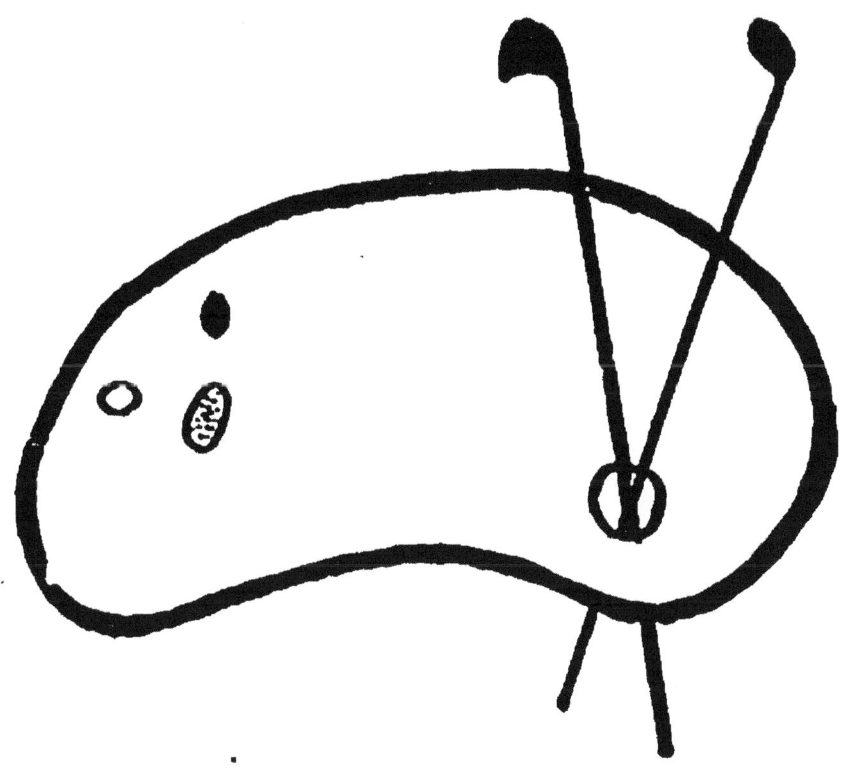

FIN D'UNE SERIE DE DOCUMENTS
EN COULEUR

Révision légale de la Constitution

DIEU
JEANNE DARC

ET

NAPOLÉON IV

VISION PROPHÉTIQUE DE L'AVENIR

Incident arrivé à l'Assemblée nationale de Versailles, le jour même de la rentrée des Chambres, le mercredi, 10 Mai 1876, et dont tous les journaux ont parlé.

Prix : 4 fr.

VERSAILLES
Chez DAX, Imprimeur,
9, RUE DU POTAGER, 9

Août 1876

PARIS
Chez DENTU
AU PALAIS ROYAL, (Galerie d'Orléans)
Et chez LACHAUD,
(Place du Théâtre-Français, 4)

Août 1876

Déclaration très-essentielle, FAITE EXPRESSÉMENT ET POUR OTER TOUTE ÉQUIVOQUE A MES PAROLES.

Ma digne et noble patronne, ma douce et chaste inspiratrice, c'est Jeanne Darc; Jeanne Darc que Dieu m'a donnée pour protectrice spéciale, et qui est elle-même illuminée par l'Esprit saint.

Pour moi, Dieu et Jeanne Darc, c'est donc la même chose: c'est-à-dire qu'au fond c'est toujours DIEU (Dieu Père, Fils et Saint-Esprit, *dans le sens de l'Eglise catholique*) qui m'inspire et me protége.

Deus illuminatio mea et salus mea, quem timebo?

Dominus protector vitæ meæ, à quo trepidabo?

I

DÉDICACE

A Madame la maréchale de Mac-Mahon,
Duchesse de Magenta (1).

MADAME LA MARÉCHALE,

Les sentiments nobles et délicats se sont réfugiés dans le cœur de la femme, le plus noble des sentiments surtout, le sentiment religieux.

Permettez donc, Madame, au dernier des hommes, à l'ex-mendiant en habit noir de la chambre des représentants belges (Voir le journal *La Presse* du vendredi 19 mai 1865), permettez à *un pauvre diable*, ainsi nommé récemment dans tous les journaux, de se mettre, lui et ses idées, sous votre haute protection.

Ce pauvre diable, ce fou selon d'autres, se croit très-sincèrement l'obscur et indigne instrument de Dieu et de Jeanne Darc, pour

---

(1) *J'ai fait imprimer et j'ai publié la présente dédicace sans la soumettre à la digne mère de famille et au noble Maréchal qui en sont l'objet.*

Dieu et Jeanne Darc m'ordonnent d'agir ainsi, parce que, ma mission particulière étant de dire hardiment et durement la vérité à tous les partis, je dois avoir l'indépendance la plus absolue, pour le blâme comme pour l'éloge.

contribuer au salut de la France, *mais seulement dans la faible mesure de ses forces.*

Il est certain pour moi, Madame la Maréchale, en parlant sur ce point comme homme, et sans préjuger en rien la décision à intervenir de notre Très-Sainte Mère l'Eglise catholique, apostolique et romaine, aux doctrines de laquelle je déclare adhérer sans aucune espèce de réserve; il est certain que Jeanne Darc est une sainte, et une très-grande sainte.

Il est en outre indubitable, d'après l'opinion de personnes plus éclairées que moi, que Jeanne Darc sera bientôt canonisée.

J'en ai pour garant les paroles d'un honnête homme et d'un bon chrétien catholique, du père de la République actuelle, République que nous ne répudierons point, tant qu'elle sera gouvernée par de tels hommes et par l'honorable, très-digne et pieux Maréchal de Mac-Mahon.

Citation textuelle.

« S'il y a dans la vie des saints comme
» un reflet des grands modèles qui nous
» sont proposés, où le trouver plus éclatant
» et plus doux à la fois que dans celle qui,
» à la distance où demeure toute semblable
» imitation, rappelle en même temps et le
» Sauveur et sa Mère : la mère de Dieu

» dans sa Virginité, dans son trouble et
» ses hésitations à la vue de l'ange qui l'ap-
» pelle; le Sauveur dans les traverses de sa
» mission, dans le traître qu'elle rencontra
» au moins devant ses juges; dans l'hypo-
» crisie de ses juges (— « elle a blas-
» phémé! »); dans la vraie cause de sa
» mort, car elle meurt aussi pour son peu-
» ple; dans le délaissement de son supplice,
» comme dans la paix de son dernier sou-
» pir?.....

» ..... Aujourd'hui l'opinion est fixée par-
» tout. L'Allemagne a rendu à la jeune fille
» d'Orléans un touchant hommage dans le
» livre de G. Gœrres. La Belgique a depuis
» longtemps abjuré les haines des Bour-
» guignons. L'Angleterre elle-même a répu-
» dié dans le poème de Robert Southey le
» crime de Bedfort et les injures de Shakes-
» peare.

» En France on ne diffère que par la
» manière de la déclarer sainte.

» Quand l'Eglise jugera bon de le faire
» selon le mode qui lui appartient — et
» elle vient d'entrer dans cette voie (1) — le
» travail ne saurait être bien long; car les

(1) *Par décret du Saint-Siége, le Procès de l'Ordinaire relatif à la béatification et à la canonisation de Jeanne d'Arc a été ouvert dès le mois de juillet de l'an dernier* (1874) *à Orléans.*

» enquêtes sont, dès à présent, entre les
» mains de tous par l'édition des deux pro-
» cès; et celui des deux qui la condamne
» n'est pas celui qui crie le moins haut
» pour elle : quel plus grand témoignage
» en effet à la gloire des saints que les
» actes mêmes de leur martyre? Oui, quand
» on arrive avec les pièces de ce procès au
» terme de cette histoire, on peut le dire
» avec une entière conviction : Jeanne a
» été par toute sa vie, une sainte, et par sa
» mort, une martyre : martyre des plus
» nobles causes auxquelles on puisse donner
» sa vie, martyre de son amour de la patrie,
» de sa pudeur et de sa foi en Celui qui
» l'envoya pour sauver la France! »

(*Wallon, Jeanne d'Arc, nouvelle édit.*, *tome* II, *pages* 377, 378, 379).

Ces prémisses ainsi établies, voici sommairement, Madame la Maréchale, quelles sont mes idées politiques et religieuses.

Par la guerre de 1870 et ses désastres aussi cruels qu'inattendus, Dieu a voulu châtier la France gouvernée par de libres ou tristes penseurs et gangrenée par leurs doctrines.

Jeanne Darc a eu pitié de la France, malgré toute l'ingratitude de celle-ci, et a intercédé pour nous auprès de Dieu, dont elle me charge d'annoncer les grandes miséricordes.

Par l'effet de ces miséricordes et *avant que le prince impérial ait atteint l'âge de trente ans, la France aura recouvré et conservera pour longtemps l'Alsace et la Lorraine.*

Napoléon IV arrivera donc au Pouvoir, *mais par les voies régulières et légales.*

Dieu et Jéanne me l'ont positivement révélé aux pieds des saints autels et dans la ferveur de la prière.

Cet événement, *qui est réellement certain*, peut avoir lieu de deux manières : par la voie pacifique du suffrage universel, ou après une nouvelle guerre civile.

Or, cette guerre civile arrivera inévitablement, si le gouvernement actuel arrête la propagation des écrits bonapartistes et laisse par contre-coup les radicaux infecter la France de leurs tristes doctrines.

Nous, catholiques romains, nous ne pouvons pas tolérer, *sans trahir notre conscience,* que le borgne Gambetta (il est borgne au physique et au moral, au moral il est même aveugle); nous catholiques, nous ne pouvons pas tolérer que le borgne et lourd Gambetta, qui s'est déclaré publiquement l'ennemi des prêtres et du cléricalisme, continue d'empoisonner *officiellement* la France de ses doctrines pernicieuses," ainsi que le prouve une circulaire du 10 novembre 1870, adressée de Tours à MM. les Préfets.

« ..... Pour assurer au *Bulletin de la République* une publicité plus certaine et » plus efficace encore, j'ai adopté la résolution suivante :

» *Tous les dimanches* (sans doute pour » remplacer l'instruction religieuse), tous » les dimanches, *obligatoirement* (sans » doute encore pour remplacer les commandements de Dieu), tous les dimanches, obligatoirement, et même plusieurs » fois dans le cours de la semaine, s'il se » peut, l'instituteur de chaque commune » devra lire aux habitants réunis, soit à la » mairie, soit dans l'école (ces lieux publics » destinés sans doute à remplacer les » églises), les principaux articles insérés au » *Bulletin de la République* (Bulletin évidemment destiné à remplacer encore l'Evangile, comme étant lui-même l'Evangile de la raison humaine et Gambettiste).

» Les populations devront être prévenues » du lieu, du jour et de l'heure choisis » pour ces lectures. L'instituteur s'attachera » particulièrement à donner connaissance » des articles de doctrine ou d'histoire » (doctrine et histoire évidemment falsifiées à la manière des libres ou tristes

» penseurs), dont la rédaction a pour » objet d'éclairer l'esprit du peuple, de » lui enseigner ses droits politiques et so- » ciaux, aussi bien que les devoirs qui en » sont le corollaire, et de démontrer cette » vérité essentielle que la République seule » peut assurer, par ses institutions, la » liberté, la grandeur et l'avenir de la » France.

» Je n'ai pas besoin de faire ressortir la » haute importance de cette propagande » (athée et matérialiste) éminemment mo- » ralisatrice. »

Voilà, sauf ce qui est entre parenthèses, la circulaire que le citoyen Léon Gambetta, alors Ministre de l'intérieur, adressait de Tours à tous les Préfets de la République. Au mois de mai 1871, nous avons vu de près ce qu'a produit de bon cette propagande Gambettiste; car, on ne peut pas le nier, et les enquêtes officielles sont là pour l'établir : les mêmes révolutionnaires qui ont fait le 4 septembre ont fait également l'horrible commune de 1871.

C'est donc à la digne mère de famille et à la chrétienne sincère que je présente mes justes observations.

Quand, sur le champ de bataille de Sedan, Dieu a permis que le maréchal de Mac-

Mahon, tout en étant blessé d'une manière grave, ne le fût point mortellement, Dieu, *par la puissante intercession de Jeanne Darc*, avait déjà des vues de miséricorde sur la France et destinait dès lors au Duc de Magenta la future présidence de la République.

En même temps et pour punir l'impiété de la France, Dieu jetait le désordre dans les conseils des nouveaux chefs de l'armée dont l'un détruisait ce qu'avait fait l'autre, et au moment où de tels contre-ordres, en fatiguant inutilement des soldats déjà démoralisés, ne pouvaient qu'amener une déroute complète.

Dieu a ainsi prouvé, comme le dit l'Ecriture sainte, que, lorsqu'il veut perdre ou châtier une nation, il frappe d'aveuglement les chefs qui la gouvernent. L'armée erre alors à l'aventure comme des brebis sans pasteur, que des bêtes féroces ne tardent pas à dévorer.

Par la blessure du Maréchal, Dieu a donc châtié la France; et, en permettant que cette blessure, quoique grave, ne fût point mortelle, Dieu a fait éclater en même temps ses miséricordes en conservant *miraculeusement* Celui qui devait, en 1871, comme Napoléon III en 1851, sauver la France de la guerre civile et de l'anarchie; car si le Maréchal de Mac-Mahon n'avait pas été vivant lors de la plus criminelle des insurrections, celle du mois d'avril 1871; s'il n'avait pas eu ce prestige d'un chef d'armée qui a fait son devoir sur les champs de bataille, et qui a été même dangereusement blessé; oui, sans ce brave et loyal militaire, sans le duc de Magenta, l'armée aurait été désorganisée, et c'est dans toute la France que l'odieuse Commune de Paris aurait promené son drapeau sanglant, ses orgies, ses meurtres et ses crimes.

Le Maréchal de Mac-Mahon a été dès lors, en 1871, et depuis, comme Napoléon III en 1851, le digne instrument des miséricordes de Dieu envers la France.

Au nom de Dieu et de Jeanne Darc, Madame la Maréchale, je supplie donc respectueusement votre auguste époux de préserver la France d'une nouvelle guerre civile.

Qu'il n'oublie pas que c'est le parti radical qui, sous l'empire, a désorganisé notre système militaire, en refusant sciemment les crédits demandés, en s'opposant au vote des lois proposées par Napoléon III, et en affirmant, avec la dernière des présomptions et avec l'incapacité la plus complète, qu'au moyen d'une levée en masse la France exterminerait toujours ses ennemis.

On a vu, à l'œuvre, le mérite de ces théories radicales.

Elles sont tout aussi rationnelles que cette opinion répandue dans les rangs du même parti, à savoir, que ce sont les crimes et les massacres de 1792 et de 1793 qui ont à cette époque sauvé la France de l'invasion.

Ce qui sauva la France, ce fut l'héroïsme de l'armée formée et disciplinée par la monarchie, et ayant à combattre des ennemis divisés et aux allures indécises.

Les crimes de 1792 et de 1793 ont, au contraire, tué la République d'alors et dans le présent et dans l'avenir, et lui ont porté un coup dont elle ne se relèvera jamais, pas plus que la République de 1870 ne se relèvera, devant l'histoire, des incendies, du pillage et des assassinats de 1871, opérés par les gens du parti même qui, *en présence des Prussiens,* a commis le crime national de désorganiser la France.

Ce qu'il y a d'honnête dans la République actuelle et ce qui en fait la force n'appartient certainement pas au 4 septembre.

Voilà les vérités, Madame la Maréchale, que Dieu et Jeanne Darc m'ordonnent de mettre respectueusement sous vos yeux, et pour les transmettre à qui de droit; car c'est surtout par les femmes, par leur influence, par leurs prières et par leurs vertus que nous serons sauvés.

Dans un siècle où l'on ne croit plus à Dieu, une véritable épée de Damoclès, la menace de me faire enfermer comme un fou politique et dangereux, est sans cesse suspendue sur ma tête.

Madame la Maréchale, je proteste contre cette menace ridicule et me recommande hautement à votre bienveillante protection.

Ma folie consisterait à croire que je suis réellement inspiré et soutenu par Dieu et Jeanne Darc. Je ne puis pas mentir à ma conscience, et je l'affirme plus que jamais.

En ma qualité donc de *Prophète*, permettez-moi, madame, de bénir vous, Monsieur le Maréchal et toute votre famille; en vous faisant observer respectueusement que, lorsque je parle ou que j'agis au nom de Dieu et de Jeanne Darc, je porte bonheur à ceux qui ont confiance en eux et malheur à ceux qui s'en moquent.

Votre très-humble et très-obéissant serviteur.

Fortuné Roustan,

Libraire bouquiniste et marchand de papier.

Versailles, le Samedi 10 juin 1876.

II.

Au nom de Dieu et de Jeanne Darc et dans l'intérêt de la France,

Très-humble supplique adressée au Maréchal de MAC-MAHON, duc de Magenta, *Président de la République Française.*

Monsieur le Maréchal

Permettez au dernier des hommes (*ego sum vermis et non homo, opprobrium hominum et abjectio plebis*), permettez au *pauvre diable,* que les sages selon le monde qualifient de *fou*, d'user de son droit de folie, et de vous tracer, *d'après les ordres formels de Dieu et de Jeanne Darc,* le sommaire de vos devoirs politiques.

Selon l'heureuse expression de mon confrère et ami Paul de Cassagnac, futur et principal ministre, avec M. le comte de Mun, de Napoléon IV, mais seulement après l'époque où la constitution aura été révisée légalement, selon l'heureuse expression de M. Paul de Cassagnac (mon ami n'est pas suffisamment respectueux et je le cite sans l'approuver), *vous ne devez pas être le*

Président soliveau sur lequel dansent toutes les grenouilles de la gauche.

La majorité de la Chambre actuelle des députés, le ministre Waddington en tête, est animée d'un fort mauvais esprit.

Vous, Monsieur le Maréchal, et le Sénat, avez pour mission providentielle de faire avorter ce mauvais esprit, et vous le ferez, je l'espère, sans aucune espèce de scrupule.

Vous ne devez rien à la chambre des députés. Bien plus, elle est votre ennemie; et, si la chose dépendait d'elle, elle mettrait même à votre honorable place un imbécile politique, un orateur de caboulots, d'après l'expression des Prussiens, et qui, comme ministre de la guerre, a achevé dans son temps de nous mettre dans le pétrin et de ruiner la France, *mais sans se ruiner lui-même.*

A un autre point de vue, vous êtes indépendant de cette même chambre des députés, qui prend à cœur de défaire l'œuvre de la chambre qui vous a conféré le pouvoir pour sept ans.

Vous devez donc être ferme envers le pouvoir législatif, qui est votre ennemi secret (je parle de la majorité), et qui vous craint, vous et l'armée, plus qu'il ne vous aime.

Ne cherchent-ils pas déjà, par la préparation de projets de loi aussi absurdes qu'eux, à désorganiser notre système militaire, et n'a-t-il pas fallu l'intervention d'un très-petit homme politique et qui se croit grand, pour les mettre à la raison ?

Dieu et Jeanne Darc, Monsieur le Maréchal, ne demandent dès lors qu'une chose très-juste : c'est que vous daigniez tenir la balance égale entre tous les partis, comme vous vous y êtes engagé, et que vous n'empêchiez point de répandre même les simples photographies de la famille impériale.

Depuis quand le simple portrait d'un souverain qui a régné 20 ans sur la France, d'un souverain régulièrement couronné par le suffrage universel et à une immense majorité, est-il séditieux ?

N'ai-je pas vu celui d'Henri V à toutes les vitrines des libraires et des marchands d'estampes de Paris !

Pourquoi donc établir deux poids et deux mesures ?

Si l'on persiste à supprimer le portrait physique, Dieu et Jeanne Darc m'ordonnent de mettre sous vos yeux un portrait moral, simplement esquissé à la plume.

Remarquez bien, Monsieur le Maréchal, que j'ai en vue l'époque où la constitution sera légalement révisée et que, *pour le moment et faute de mieux*, j'accepte la République, mais seulement d'après le principe orthodoxe que toute puissance vient de Dieu. Or, il est incontestable que, dans les circonstances actuelles, la *République est une puissance régulièrement établie* et qui doit être respectée.

Qualités essentielles

du Souverain choisi pour la France par Dieu et Jeanne Darc.

Le souverain, choisi pour la France, par Dieu et Jeanne Darc, doit être jeune (*audaces fortuna juvat*).

Henri V est ratatiné et passé de mode.

Il faut surtout que le souverain ainsi choisi soit pieux et qu'il ait bon cœur.

Si Napoléon IV, comme je le crois, remplit ces trois conditions, *qui seules sont essentielles*, Dieu et Jeanne Darc lui donneront le reste soit personnellement, soit en l'entourant de bons conseillers, de conseillers pratiquant sérieusement la religion, et choisis dans les rangs du parti légitimiste (M. de Mun, par exemple) ; et cela, conformément à ces paroles de l'Evangile : *Cherchez d'abord le royaume de Dieu et sa justice, et le reste vous sera donné par surcroît.*

Rouher, l'ex vice-empereur, a fait son temps : dans le passé, il n'a pas été impeccable, et il n'est, pour un régime nouveau, ni pieux, ni jeune, ni populaire. Ce n'est pas lui qui doit avoir la haute main dans les conseils du futur empereur Napoléon IV. Il viendra tout au plus au troisième rang, en conformité de ces paroles du psalmiste : *deposuit potentes de sede et exaltavit humiles*, et de ces paroles équivalentes de l'Evangile : *Les premiers seront les derniers, et les derniers les premiers.*

Après avoir ainsi tracé à la plume le portrait du souverain choisi pour la France par Dieu et Jeanne Darc, je continue, Monsieur le Maréchal, à leur servir, auprès de vous, de très-humble et très-indigne secrétaire.

En dehors d'un droit antérieur et supérieur, la souveraineté nationale exclusivement manifestée par le suffrage universel, est mobile comme les flots de la mer et solide comme un édifice bâti sur le sable.

D'habiles et perfides influences, peuvent modifier coup sur coup le suffrage universel et l'amener à détruire le lendemain ce qu'il a fait la veille.

Qu'est-ce que le peuple ou ses représentants

livrés à eux-mêmes, sans frein, sans Dieu et sans religion ? — Une collection d'égoïsmes individuels et contradictoires, sans aucun lien sérieux; ou des baguettes séparées et sans force, dès qu'on ne les réunit pas en faisceau!

Le chef d'un Etat, pour former ce faisceau, doit à coup sûr s'inspirer de l'opinion publique et tenir compte de ce qu'elle a de bon ; mais il doit aussi résister avec vigueur à ce qu'elle a de mauvais, surtout quand elle subit l'évidente influence de mauvaises doctrines et de passions détestables. Ce serait alors le cas d'appliquer la maxime : *etiamsi omnes, ego non !*

Sur la question religieuse et sur celle de la liberté de l'enseignement catholique, un suffrage universel et malsain aurait beau dire énergiquement : *Non*; le devoir d'un chef d'Etat sérieux serait de dire non moins énergiquement : *Oui*.

De l'aveu même de J.-J. Rousseau (*Contrat social*, livre III, chapitres 4 et 5), « il est » contre l'ordre naturel que le grand » nombre gouverne, et que le petit soit gou- » verné... » (*D'où la conséquence, pour le gouvernement, d'éclairer et de redresser l'opinion publique, quand elle se pervertit ou qu'on l'égare*).

« En un mot, c'est l'ordre le meilleur et le » plus naturel, que les plus sages gou-

» vernent la multitude, quand on est sûr
« qu'ils la gouverneront pour son profit et
» non pour le leur. »

Voilà ce que le père de la démocratie moderne dit en termes exprès.

Or, Monsieur le Maréchal, personne ne contestera, ni votre haute loyauté, ni votre désintéressement, et votre dévouement le plus entier aux intérêts publics,

En présence de certaines complications politiques toutes récentes, les imbéciles du parti radical qui conseillent à la France de regarder de loin la guerre et de conserver une neutralité absolue, feraient bien de méditer ces paroles d'un autre écrivain également préconisé par eux, et de rapprocher la doctrine qui en résulte des anciens démêlés de la Prusse avec le Danemark d'abord, ensuite avec l'Autriche, et en dernier lieu avec la France.

« Lorsqu'on voit deux grands peuples se
» faire une guerre longue et opiniâtre, c'est
» souvent une mauvaise politique de pen-
» ser qu'on peut demeurer spectateur tran-
» quille ; car celui des deux peuples qui est
» le vainqueur entreprend d'abord de nou-
» velles guerres, et une nation de soldats
» va combattre contre des peuples qui ne
» sont que citoyens.

» Ceci parut bien clairement dans ces
» temps-là ; car les Romains eurent à peine

» dompté les Carthaginois, qu'ils attaquè-
» rent de nouveaux peuples, et parurent
» dans toute la terre pour tout envahir.
» (MONTESQUIEU : *Grandeur et décadence des*
» *Romains, chapitre V*). »

Monsieur le Maréchal, en ce qui concerne les insurgés de 1871, *dont le repentir est sincère et qui ont maintenant une bonne conduite*, vous ferez très-bien, malgré les criailleries de certaines feuilles et même de quelques journaux religieux, de faire pencher la balance du côté d'un indulgent oubli plutôt que du côté du châtiment; car, comme Dieu que vous représentez, vous devez être bon et miséricordieux, surtout envers les pères de famille qui furent égarés par de funestes influences autant que par la misère et le désespoir.

Sur une question capitale et très-essentielle, sur la question d'enseignement, ce qu'il faut à la France ce sont des professeurs de morale et de bons principes, bien plus que des professeurs de physique, de chimie ou de matérialisme. Or, il est incontestable qu'en fait de morale et de bons principes, l'éducation cléricale vaut beaucoup mieux que celle de l'Université.

Dans les établissements religieux, les

élèves sont surveillés avec plus de soin : ils sont constamment sous les yeux de leurs maîtres qui donnent eux-mêmes le bon exemple et pratiquent sincèrement la religion.

Parmi les professeurs de l'Université, combien y en a-t-il qui surveillent leurs élèves en dehors des classes? Et combien, parmi ces professeurs, y a-t-il de catholiques fervents, convaincus et foncièrement pieux? -- C'est, à coup sûr, le très-petit nombre.

Et même parmi les professeurs de l'Université qui ont tous les dehors de la religion, combien n'en existe-t-il pas qui, au fond et dans le secret de leur conscience, sont indifférents et dès lors sans religion, ou bien libres-penseurs, sinon athées ou matérialistes?

Quelle bonne et sérieuse influence de tels professeurs peuvent-ils donc avoir sur leurs élèves? car c'est le cœur seul qui peut parler au cœur; et un professeur secrètement athée ne saura point former des élèves pieux : tels maîtres, tels disciples!

Il est d'ailleurs prouvé par l'expérience que la génération révolutionnaire, la génération athée ou matérialiste de nos jours est surtout celle qui sort des écoles de l'Université ou qui plus tard s'est empreignée de ses principes; principes aux tendances protestantes et de libre examen, bien plus qu'aux tendances catholiques et respectueuses envers Dieu et envers l'Autorité !

En bonne politique, on ne peut admettre la séparation de l'Eglise et de l'Etat. L'Etat, sans l'appui de la religion et sans la force qu'elle lui prête, n'a ni prestige, ni droit sur les consciences. On obéit et l'on doit obéir à Dieu, parce que nous tenons tout de lui, qu'il est tout-puissant et infiniment au-dessus de nous. Mais à nos semblables et en tant seulement qu'ils sont nos semblables et même nos égaux, nous n'obéirons jamais que par la force. Or, ainsi que J.-J. Rousseau l'enseigne dès les premières pages du *Contrat social*: *sitôt que c'est la force qui fait le droit, l'effet change avec la cause: toute force qui surmonte la première, succède à son droit. Sitôt qu'on peut désobéir impunément, on le peut légitimement; et puisque le plus fort a toujours raison, il ne s'agit que de faire en sorte qu'on soit le plus fort.*

Voilà pourquoi les gouvernements qui se séparent de Dieu n'ont pas de puissance réelle, n'inspirent aucun respect et ne peuvent se maintenir que par la force. Mais cette force éphémère les élève ou les renverse tour à tour, sous l'impulsion désordonnée d'une foule aveugle, mobile et sans frein.

L'Université dès lors ne peut être indépendante de la religion, qu'en se proclamant indirectement athée ou matérialiste et en minant ainsi l'autorité par sa base.

Il est du devoir de tout gouvernement sérieux de s'opposer à de telles tendances.

Pour l'avenir, le gouvernement de la France sera donc un *Empire sainement démocratique par la base, et autoritaire par le sommet, un Empire s'appuyant sur le Pape et sur la légitimité, aussi bien que sur le peuple,* enfin un *Empire catholique,* comme l'a dit avec beaucoup de raison M. Paul de Cassagnac.

Sous ces réserves, les institutions impériales de 1852 seraient rétablies en 1880, au plus tard; mais elles devraient être complétées, *et ceci est de rigueur, par le droit de pétition devant le corps législatif, comme deuxième et indispensable degré de juridiction.*

En résumé, Monsieur le Maréchal, Dieu et Jeanne Darc m'ordonnent de vous dire publiquement que votre devoir est de vous appuyer sur le Sénat, qui représente la vraie opinion publique, l'opinion des honnêtes gens, et de résister vigoureusement au *Corps législatif* dont la majorité ne représente, en général, que l'opinion (passez-moi ce mot que je n'entends pas employer d'une manière irrespectueuse pour la Chambre) que l'opinion de la radi-canaille.

Quand, sur une question essentielle, le Corps législatif dit *oui*, vous et le Sénat devez dire hardiment *non*. Ceci s'applique particulièrement à un ministre protestant qui, dans un pays catholique, ne devrait pas être au pouvoir; et à notre future alliance avec un peuple qui nous aime, avec la Russie, dont la mission providentielle est de faire disparaître bientôt et à tout jamais, de la carte de l'Europe une race qui, au fond, fut et sera toujours l'implacable ennemie des chrétiens, l'odieuse race turque et musulmane.

Monsieur le Maréchal, en suivant fidèlement le programme ainsi tracé, Dieu et Jeanne Darc affirment que vous serez heureux, vous et votre famille; que vous jouirez paisiblement et honnêtement du pouvoir jusqu'à son expiration légale; et que, nouveau Monk ou nouveau Washington, vous remettrez fidèlement ce pouvoir à l'élu de la France, à sa future Majesté Napoléon IV, et *après nous avoir ainsi préservés des horreurs d'une nouvelle guerre civile.*

Dans le cas contraire (*hoc omen nobis Deus avertat*), mon respect pour vous et ma sincère sympathie m'empêchent de prédire ce qui pourait arriver; car je ne veux pas être un prophète de malheur!

Mais, *quels que soient les futurs événements, il est certain que la proclamation que j'ai faite en pleine Chambre des députés se réalisera :* car *telle est bien la volonté de Dieu et de Jeanne Darc.*

Et sur ce, Monsieur et honorable Maréchal, que Dieu et Jeanne Darc vous aient en leur sainte et digne garde !

Votre très-humble, très-dévoué et très-obéissant serviteur :

FORTUNÉ ROUSTAN,
Libraire-bouquiniste et marchand de papiers.

Versailles, rue de la Paroisse, n° 100.

Le lundi 17 juillet 1876.

Post-scriptum.

La présente lettre était imprimée depuis plusieurs jours, quand le vote du Sénat, du Vendredi 21 Juillet 1876, est venu donner gain de cause à la prophétie de Dieu et de Jeanne Darc.

Le Sénat a repoussé en bloc le projet de loi du Ministre Waddington ayant pour objet de n'attribuer qu'au Gouvernement le droit de conférer des grades.

Après un tel échec, à la suite de débats aussi publics et aussi prolongés, un ministre de l'instruction publique, et surtout un ministre protestant, ne devrait pas, dans un pays catholique, conserver plus longtemps son portefeuille.

Et s'il est vrai, Monsieur le Maréchal, que M. Waddington vous ait offert lui-même sa démission et que vous ayez cru devoir ne pas l'accepter, Dieu et Jeanne Darc m'ordonnent de vous dire que, malgré vos bonnes intentions, vous avez cédé à une fausse prudence humaine, Dieu et Jeanne Darc ne voulant positivement pas, je le répète, qu'un ministre libre-penseur, dans un pays catholique, soit à la tête de l'Enseignement public.

C'est comme *prophète* et non comme homme, Monsieur le Maréchal, que j'ai l'honneur de vous donner très sérieusement et très respectueusement le présent avis, et même le présent blâme.

« Ce que je vous dis dans les ténèbres,
» dites-le dans la lumière ; et ce que je
» vous dis à l'oreille, prêchez-le sur le haut
» des maisons.

« Et ne craignez point ceux qui ôtent la vie du Corps, et qui ne peuvent tuer l'âme. »

(Evangile selon Saint Mathieu, chapitre x, *versets* 27 *et* 28*)*.

III

Au nom de Dieu et de Jeanne Darc

Sommation respectueuse

Faite à une Majesté se disant de Droit divin et dont le peuple ne veut plus (Vox populi, vox Dei);

A Henri V *de Bourbon, qui n'a jamais été et qui ne sera jamais roi de France et de Navarre.*

Monseigneur,

En ma qualité de *pauvre diable* et d'homme du peuple, et même de républicain peu au courant des usages de la Cour, j'ignore si je vous désigne par un terme suffisamment convenable, ne voulant, au fond, ni vous manquer de respect, car je vous considère comme un bon catholique romain et comme un fort honnête homme, ni vous traiter sérieusement de Sire et de Majesté, parce que je suis bien convaincu que Dieu et Jeanne Darc n'ont jamais voulu de vous comme roi de France et de Navarre.

Dans ces circonstances, Monseigneur, daignez excuser un *prophète* peu au courant des usages du monde, et chargé néanmoins, par Dieu et Jeanne Darc, de porter audacieusement et à vos pieds légitimistes, la libre et sainte vérité.

Un fait indéniable, c'est que toutes les personnes réellement pieuses, à peu d'exceptions près, les couvents et les autres établissements religieux surtout, vous considèrent comme le seul roi légitime des Français, et prient en conséquence, avec ferveur, pour votre avènement. Or, comment se fait-il que Dieu n'ait jamais exaucé de telles prières et ait laissé passer le temps où, *selon les prévisions humaines,* vous eussiez, peut-être, été possible comme Roi ; car, aujourd'hui, la plupart même de vos partisans considèrent votre cause comme définitivement perdue ?

Selon moi, la réponse à cette question est toute simple : Dieu vous rejette et vous frappe de stérilité, à cause des crimes secrets et des abus de pouvoir de vos pères, de leur impiété voltairienne, et des turpitudes et des adultères publics, notamment de Louis XIV et de Louis XV ; adultères publics, et turpitudes qui ont fait descendre la corruption jusqu'aux dernières classes de la société et provoqué par contre coup la Révolution de 1789. A son origine, cette révolution était nécessaire et inévitable. Elle n'est tombée dans des excès que lorsqu'elle a méconnu l'autorité du Roi et violenté la religion et ses ministres.

Je ne suis pas dès lors ennemi des principes de 89 sainement entendus et conformes à l'Evangile et à la charité chrétienne, principes qu'il faut bien se garder de confondre avec ceux de 92 et 93, avec les prétendus droits de l'homme, pour lesquels je professe la plus grande horreur. De tels droits sont l'œuvre du diable, qu'on reconnait à ses fruits : assassinats, pillage et incendies.

La révolution de 1789, convenablement appréciée, n'a donc été qu'une juste protestation contre les abus de l'ancien régime, et contre l'insolence et la corruption d'une noblesse impie et dégénérée.

En prenant dans les principes de 1789, ce qu'ils ont de bon, c'est-à-dire la charité chrétienne, l'égalité devant la loi et le respect du pauvre, quand il est honnête et n'est que malheureux Dieu, en vous rejetant définitivement comme Roi, *à cause des crimes publics et secrets et des impiétés également publiques et secrètes de vos pères,* a choisi une nouvelle dynastie, celle de Napoléon IV, *pour appliquer sainement les principes de 1789, et protéger d'une manière efficace le Pape et le catholicisme.*

Il est dès lors de votre devoir, Monseigneur, pour épargner de nouveaux malheurs à la France et pour empêcher que la radi-canaille de 1793 et de 1871 ne reprenne le dessus, d'abdiquer solennellement et publiquement au profit de Napoléon IV et *aux conditions sus-énoncées*; et, en renonçant ainsi à tout rôle politique, d'engager vous-même vos partisans à reporter leurs voix sur le Prince impérial, *quand il s'agira de réviser, par les voies pacifiques et légales, la constitution qui nous régit.*

Il est encore de votre devoir, Monseigneur, d'empêcher que la couronne dont vos ancêtres ont été les légitimes dépositaires, ne tombe jamais entre les mains de ceux qui, d'après vos propres expressions (Lettre à l'Assemblée nationale du 18 mai 1848), vous ont *spolié; et, par un crime resté impuni, vous ont ravi la fortune du dernier des Condé, qui vous était destinée;* entre les impures mains des descendants du geôlier italien Chiappini; ou, en d'autres termes, des descendants de celui qui, justement puni par l'ignominieux supplice de l'échafaud, eut l'infamie, comme mon grand oncle paternel, le conventionnel Ricord, de voter la mort de l'infortuné Louis XVI; car c'est à Dieu, et non aux hommes, qu'il appartient de punir les rois, quand ils sont réellement coupables. La perte du pouvoir et l'exil sont pour eux des peines suffisamment dures.

Les peuples chrétiens doivent, même en

punissant un prince ou un roi coupable, le traiter avec respect, et ne pas imiter les horribles procédés des mécréants et du grand Turc. Le souverain que Dieu a régulièrement investi du pouvoir conserve en effet, même dans ses malheurs et malgré ses fautes, quelque chose du caractère divin dont il a été revêtu.

Toute autorité, sans doute, vient de Dieu et non du peuple. Néanmoins on ne peut pas gouverner une nation *contrairement à une opinion générale, constante et fortement prononcée.* Or, Monseigneur, des élections régulières et dirigées par d'honnêtes gens prouvent de plus en plus que la légitimité dont vous êtes le représentant et qui, dans son passé et abstraction faite de ses abus, a été très-respectable, n'est plus, maintenant, ni conforme à nos mœurs, ni en harmonie avec nos nouvelles aspirations. Les préjugés que certaines fautes et certains crimes ont soulevés contre elle, sont tellement enracinés dans le peuple qu'il serait plus qu'imprudent de ne pas en tenir compte. Or, quand il s'agit d'appliquer des principes nouveaux, mais au fond très-honnêtes, on n'aurait pas suffisamment confiance en une dynastie qui aurait donné lieu à de tels abus.

A des principes nouveaux, il faut forcément une dynastie nouvelle; et voilà pourquoi, Monseigneur, vous êtes aujourd'hui impossible en France. Il faut en prendre votre parti.

Dans vos manifestes, Monseigneur, vous parlez de la bannière de Jeanne Darc. Si, du temps de Charles VII, cette bannière a été momentanément le drapeau de la légitimité, convenez que les choses ont bien changé, même du vivant de Charles VII, et qu'on a depuis lors tristement relégué cette noble bannière, dans les parvis de la cathédrale Ste Croix d'Orléans.

Monseigneur, en vous réclamant de la bannière de Jeanne Darc, vous faites une revendication malencontreuse, vous commettez en quelque sorte une usurpation et semblez oublier la déplorable conduite de vos ancêtres envers cette sainte fille du peuple.

Comme je ne suis qu'un pauvre ignorant, qui, à raison de mes nombreuses occupations de commerce et de famille, n'ai ni le temps ni le loisir de me former même la plus modeste bibliothèque, je vais vous citer seulement et au hasard les premiers ouvrages qui me tombent sous la main.

Je commence par un écrivain de quelque mérite, par l'honorable M. Wallon, un ex-ministre bien connu :

« Mais les coupables ne sont pas seu-

» lement ceux qui ont fait ou ordonné
» le procès : les Bedford, les Winchester,
» les Warwick et leurs pareils ; ce sont
» encore ceux qui l'ont laissé faire. Rien
» dans cette histoire si remplie de pro-
» diges et si souillée d'infamies, rien de plus
» surprenant au premier abord et de plus
» révoltant, quand on y regarde, que la con-
» duite de la cour de France envers la Pucelle.
» Jeanne est prise à Compiègne ; elle est
» gardée à la frontière, elle appartient à un
» seigneur qui ne demande qu'à tirer le
» meilleur parti de sa bonne fortune ; elle
» est sous la haute main du duc de Bourgo-
» gne, qu'elle combattait comme un allié de
» l'Angleterre, mais qu'elle a toujours res-
» pecté, ménagé comme un fils de la France :
» nulle tentative pour l'enlever par un coup
» de main, nulle démarche pour la racheter
» à prix d'argent, pour surenchérir sur l'of-
» fre des Anglais, quand, pour contre-ba-
» lancer les efforts de leur haine, on a les
» remords du vendeur et les prières de sa
» famille ; nulle négociation avec un prince
» dont les ressentiments s'étaient déjà fort
» adoucis, qui avait accepté plusieurs trê-
» ves, qui devait bientôt faire la paix.
» Jeanne est donc livrée aux Anglais.....
» Ceux qui, ayant suivi de bon gré la Pu-
» celle à Orléans, à Patay, à Reims, à Paris,

» iraient bien plus volontiers encore la » chercher à Rouen, sont comme enchaî- » nés....

« C'est de propos délibéré que Jeanne, » prise à Compiègne, est abandonnée à son » sort; et sa mort même entre dans les » calculs de ces politiques détestables qui, » s'appropriant les fruits de ses triomphes, » veulent faire peser sur elle, comme par » un jugement de Dieu, ses revers dont ils » sont les auteurs. Aux Pierre Cauchon, aux » d'Estivet, aux Loyseleur, aux Betford, aux » Winchester, aux Warwick, il faut donc » associer les Regnault de Chartres, les la » Trémouille et tous ces tristes personnages » qui, pour garder leur ascendant dans les » conseils du Roi, ont sacrifié, avec Jeanne, » le Prince, la patrie et Dieu même: car » ils ont, autant qu'il était en eux, fait » mentir ses oracles, en abandonnant la » Pucelle aux mains de ceux qu'elle avait » pour mission de chasser....

« Que les Anglais, après avoir lancé leur » manifeste (un venin d'accusation et de » fiel, digne couronnement de leur œuvre » abominable), l'aient accompagné chez eux » de mensongers commentaires; que le » Pape, l'Empereur, les Princes étrangers, » n'ayant d'ailleurs aucun renseignement » sur l'affaire, n'y aient pas répondu, cela » se comprend· mais comment la cour de

» France n'a-t-elle rien fait pour les éclai-
» rer à son tour? En France, on ne s'asso-
» cie point aux déclarations du roi d'Angle-
» terre, sans doute, mais on se tait. Même
» dans les circonstances où il faut parler
» des derniers évenements, Jeanne est passée
» sous silence. Dans une assemblée d'Etats
» tenue à Blois, Jean Juvénal des Ursins,
» rappelant les prodigieux succès du Roi, en
» remercie Dieu *qui a donné courage à une*
» *petite compagnie d'hommes de ce entre-*
» *prendre*, sans dire un mot de la Pucelle.
» Même silence dans une lettre apologéti-
» que de Philelphe à Charles VII : silence
» honteux, mais vraiment d'accord avec la
» politique égoïste qui a laissé périr Jeanne
» d'Arc. Si la cour de France n'avait pas,
» comme celle d'Angleterre, intérêt à perdre
» sa mémoire, elle éprouvait le besoin de
» l'effacer : car si Jeanne était une sainte, les
» Anglais, battus par elle, étaient-ils plus
» coupables de l'avoir fait mourir, que les
» Français, sauvés par elle, de n'avoir rien
» tenté pour sa délivrance? »

(*H. Walon, Jeanne d'Arc, nouvelle édition*, 1876, *in-12; tome* II, page 298, 299, 301 et 302 ; et pages 307 et 308).

Je termine par une simple et courte citation de *l'histoire de France d'*ANQUETIL :

« Le seul homme qu'on vit indifférent
» pendant tout le cours de ce hideux pro-

» cès, fut l'indolent, l'apathique Charles VII.
» Vingt-cinq ans plus tard, cédant à l'opinion
» générale en France, il fit revoir le procès
» de l'infortunée. Cent douze témoins, pré-
» lats, généraux, magistrats, qui l'avaient
» connue, déposèrent pour elle de la
» manière la plus honorable ; son jugement
» fut déclaré nul, abusif, injuste, l'arrêt
» lacéré publiquement; et on fit à Rouen
» deux processions solennelles, suivies de
» prédications en forme d'apologie. *Cepen-*
» *dant, malgré l'iniquité avérée des premiers*
» *juges, on ne les poursuivit pas criminel-*
» *lement.* »

Voilà, Monseigneur, quelles ont été la conduite et l'ingratitude de vos ancêtres envers la libératrice de la France et d'eux-mêmes, envers Jeanne Darc.

Comme leur héritier et leur représentant, vous n'avez donc pas qualité pour invoquer en votre faveur les faits miraculeux de celle qui, vierge et martyre à la fois, fut reniée lâchement par ceux-mêmes qu'elle avait sauvés.

Depuis lors, vous et les vôtres n'avez, dans le fait, ni adopté sa bannière, ni demandé la canonisation de cette inspirée de Dieu. La canonisation de Jeanne Darc était néanmoins une juste protestation contre le plus cruel des supplices, une équitable réparation de son honneur comme femme et comme chrétienne catholique, et le complément indispensable du procès de réhabilitation. C'était sans doute une justice bien tardive à lui rendre, mais une justice qu'on ne devait pas différer si longtemps et que vous et vos ancêtres êtes bien coupables de n'avoir point provoquée.

A raison de ce grand crime royal, bien plus que national, car c'est sous la seule pression de l'opinion publique qu'eut lieu le procès de réhabilitation, à raison de ce grand crime de vos pères, ma mission spéciale est de vous renier à votre tour comme Roi : De faire comprendre, au nom de Dieu et de Jeanne Darc, à la France et à tous les partis, que, comme homme politique, vous êtes mort depuis longtemps ; et, sur ce point, de détromper surtout les gens de religion, notamment les couvents d'hommes et de femmes imbus à cet égard d'un bien triste préjugé : en d'autres termes, ma mission est de réconcilier la démocratie raisonnable, dans la personne de Napoléon IV et sous la protection spéciale de Dieu et de Jeanne Darc, avec la religion catholique et avec la légitimité.

Dès lors, Monseigneur, que vous abdiquiez ou que vous n'abdiquiez pas au profit de Napoléon IV, il n'arrivera pas moins au Pouvoir, conformément à la proclamation publique et anticipée que j'en ai faite au nom de Dieu et de Jeanne Darc, et sans avoir même sérieusement violé la loi, ainsi que je vais en fournir la preuve dans la présente brochure.

Monseigneur, Dieu et Jeanne Darc m'ordonnent de vous annoncer d'une manière très ferme et très claire, que, si vous n'obéissez pas à leurs injonctions, il vous arrivera malheur.

D'après le principe républ. qu'il vaut mieux qu'un homme périsse que tout un peuple (*Salus populi suprema lex esto*), le nœud gordien politique serait dénoué par une mort imprévue, par une mort rapide et foudroyante comme celle de Casimir Périer ou celle du Ministre Ricard.

Daignez agréer, Monseigneur, l'hommage de tout mon respect.

L'ex-mendiant en habit noir de la Chambre des représentants Belges de 1865,

Fortuné ROUSTAN,

Actuellement libraire-bouquiniste et marchand de papier.

Versailles, le lundi 14 août 1876.

IV

Un accident arrivé a Ville-d'Avray, *le mercredi 9 août 1876, à de très-augustes personnes.*

Le mercredi 9 Août 1876, le maire de Ville-d'Avray faisait annoncer, au son de la caisse, qu'il était défendu, le 15 Août 1876, jour de l'Assomption, et jour de fête aussi d'une famille exilée, de tirer des feux d'artifice; car on se rappelait sans doute la manifestation faite l'année dernière à pareille époque et dans la même localité.

Le roulement du tambour se fait entendre au moment où le Duc et la Duchesse de........ traversaient la commune en voiture découverte.

Les chevaux effrayés s'emportent; et, sans le dévouement et la présence d'esprit d'un épicier de la localité (qui a prouvé de la manière la plus péremptoire que les épiciers ne sont pas aussi bêtes qu'on a tort de le dire), de grands malheurs, et publics et particuliers, pouvaient survenir. La voiture seule a été brisée.

Dieu et Jeanne Darc m'ordonnent d'affirmer énergiquement et de publier que ce fait contient une double leçon et vient à l'appui d'une des trois lettres qui précèdent: un avertissement solennel et politique; et une nouvelle preuve de la miséricorde de Dieu et de Jeanne Darc envers le Duc et la Duchesse de........

DIEU
JEANNE DARC
ET
NAPOLEON IV

VISION PROPHÉTIQUE DE L'AVENIR

Le jour même de la rentrée des Chambres, le mercredi 10 mai 1876, vers trois heures moins vingt minutes, il s'est passé, à l'Assemblée nationale de Versailles, un incident singulier et dont tous les journaux ont parlé.

Nous allons d'abord citer textuellement quelques-uns de ces journaux et les réponses de l'auteur de l'incident, et, ensuite, les motifs raisonnables de cet acte *beaucoup plus audacieux qu'excentrique*.

CHAPITRE PREMIER

Comptes-Rendus des journaux et Réponses à ces Comptes-Rendus.

§ 1er. — *Récit du* Petit Journal, *n° du Jeudi* 11 *mai* 1876.

CHAMBRE DES DÉPUTÉS

Séance du 10 *mai* 1876

« C'est par un *fait divers* que se signale la rentrée des

» élus du suffrage universel. A peine la tribune des journalistes, située maintenant en face du bureau de la » Chambre, a-t-elle été ouverte à son public spécial que » l'incident commence par la distribution d'une série » d'enveloppes portant, en guise de suscription :

» A messieurs les journalistes,
» du parti bonapartiste

» Les enveloppes, — en superbe bristol, — déchirées, » laissent apparaître une circulaire imprimée ainsi con- » çue :

« J'ai l'honneur de prévenir MM. les journalistes que » de ma place, voisine de la leur, à quatre heures pré- » cises, je crierai :

» AU NOM DE DIEU ET DE JEANNE DARC, VIVE NAPO- » LÉON IV ! »

» Bien entendu, la circulaire, œuvre évidente d'un » individu ne jouissant pas de la plénitude de ses facul- » tés, est remise à un huissier pour être transmise à qui » de droit. L'huissier chef ne tarde pas à venir et invite » à déguerpir l'auteur de l'étrange document ainsi dis- » tribué.

» Le pauvre diable, se voyant forcé de quitter la pla- » ce, prend un héroïque parti : celui de ne pas attendre » l'heure annoncée, et, bien que l'aiguille de l'horloge » ait encore quatre-vingt-dix minutes à parcourir :

« A bas les orléanistes et les gambettistes ! s'écrie-t-il » d'une voix, à vrai dire, peu retentissante ; au nom de » Dieu et de Jeanne d'Arc, vive Napoléon IV ! »

» L'individu est immédiatement expulsé, conduit à la » questure, puis relâché avec une indulgence que justi- » fie son état mental ; il est, paraît-il, libraire de son état » et s'appelle Roustan. Un nom de Mameluck.

» La séance, d'ailleurs, n'étant pas encore ouverte,

» l'incident passe à peu près inaperçu; et, sans la presse,
» la France ignorerait sans doute qu'il a eu lieu. Ce à
» quoi, soit dit en passant, nous ne verrions pas un grand
» inconvénient. »

Réponse *signifiée par exploit de Rozé, huissier à Paris, rue Montmartre,* 152, *en date du* 16 *Mai* 1876.

A Monsieur le Rédacteur en chef du Petit Journal

Versailles, le Jeudi 11 Mai 1876.

Permettez-moi de vous remercier de l'article me concernant (n° 4886, du vendredi 12 Mai 1876), non pas que j'en sois enchanté, mais parce qu'au fond il n'est point méchant ni trop satirique.

Si croire que, sous le règne de Napoléon IV et par la protection spéciale de Dieu et de Jeanne Darc, la France recouvrera l'Alsace et la Lorraine, c'est une folie, assurément je suis fou; car telle est bien mon opinion.

Il y a seulement dans votre article une inexactitude que je vous serai très-obligé de vouloir bien rectifier.

J'ai remis à un huissier ou garçon de salle deux enveloppes cachetées portant les adresses suivantes:

L'une: *à Messieurs les journalistes du parti Bonapartiste;* l'autre: *à Messieurs les Rédacteurs des journaux monarchistes autres que les journaux Bonapartistes.*

Sous ces enveloppes étaient renfermés divers écrits imprimés et qu'on a saisis, notamment un écrit *très-sérieux* composé de trois feuilles et demie d'impression et ayant pour titre: *Une séance extraordinaire de l'Assemblée nationale de Versailles.*

Sur ce dernier écrit j'avais mis et signé de ma propre

main une mention ainsi conçue : *Dès le commencement de la séance, et avant trois heures, je pousserai un cri napoléonien.*

Mes actes ont donc été conformes à mon plan, bien que j'aie été obligé de pousser mon cri, par suite de mon arrestation arbitraire, un quart d'heure plus tôt et avant que la séance fût ouverte.

Tout fou que vous me dites, Monsieur, je sais apprécier les hommes de cœur et de talent.

Je reconnais qu'en fait de *Petit Journal*, le vôtre est des mieux rédigés. J'en suis lecteur habituel : c'est en quelque sorte mon pain quotidien.

Permettez-moi, Monsieur le Rédacteur en chef, de regretter, aujourd'hui, 16 Mai, que, malgré l'extrême modération de la réponse qui précède, je sois obligé, pour vous la faire insérer, et après de vaines démarches faites à l'amiable, de recourir au ministère d'un huissier.

Vous ne me paraissez point dès lors de bonne foi ; car, lorsqu'on attaque la raison et l'honneur d'un père de famille de sept enfants et d'un commerçant établi *désigné en toutes lettres*, on doit avoir la loyauté d'insérer sa réponse.

NOTA. Malgré ma sommation faite par le ministère d'un huissier, le *Petit Journal* n'a pas inséré ma réponse et a prouvé ainsi qu'il est réellement de mauvaise foi.

---

§ 2. — *Compte-Rendu du* FIGARO, *n° du jeudi 11 mai* 1876

Le premier incident de la session. — *Au nom de Jeanne Darc, vive Napoléon IV.*

« La session a commencé par un incident tragi-comi-

» que. Que ceux qui se piquent d'être des augures en
» tirent les conséquences qu'ils voudront, nous nous con-
» tenterons du simple rôle de narrateur.

» Il était deux heures. Presque personne dans les tri-
» bunes de la Chambre des députés ; M. Grévy au fau-
» teuil, une douzaine d'honorables sur les bancs, huit ou
» neuf journalistes dans leur loge, dont nous parlerons
» tout à l'heure. Tout à coup, Friche, le garçon préposé
» à notre garde nous fait passer à chacun une lettre
» cachetée qui vient, nous dit-il, de la part d'un monsieur
» assis dans une tribune voisine.

» Nous décachetons la missive et nous y lisons le sin-
» gulier texte suivant : « *Quand trois heures sonneront*
» *tout à l'heure, je me lèverai et debout, à voix haute, je*
» *dirai ces mots :* AU NOM DE DIEU ET DE JEANNE DARC,
» VIVE NAPOLÉON IV. » Nous nous regardons avec stu-
» peur et nous jetons ensuite les yeux sur le voisin qui
» nous a transmis l'étrange communication.

» C'est un grand homme maigre, sec, long, à la mous-
» tache noire et hérissée, au regard fixe et brillant. On
» nous dit son nom : C'est M. Roustan, libraire à Ver-
» sailles.

» Mais la circulaire n'a pas été vue de nous seuls, l'in-
» telligent Friche l'a saisie au passage et va la porter au
» fidèle Bescherelle. Celui-ci s'émeut, monte quatre à
» quatre et, aidé par un autre garçon, il invite M. Rous-
» tan à quitter sa place. Celui-ci se lève et, avant qu'on
» ait pu l'en empêcher, il se penche dans le vide et crie
» aux auditeurs qui l'entourent : « *Au nom de Jeanne*
» *d'Arc, vive Napoléon IV.* »

» L'effet a été assez nul. Quelques personnes ont re-
» gardé avec étonnement l'interrupteur, que Bescherelle
» et Friche ont entraîné et mené chez les questeurs. Le
» malheureux se laissait conduire en criant de temps en
» temps : « Oui, c'est mon opinion. On aura beau faire.

» Personne n'étouffera le cri de ma conscience: Vive » Napoléon IV, au nom de Jeanne d'Arc! A bas Gam- » betta! »

» Tel est le seul événement de cette réouverture du » théâtre de Versailles. »

RÉPONSE *signifiée par exploit du même huissier Roze,* » *du* 18 *Mai* 1876, *et non publiée par le* FIGARO.

A Monsieur le rédacteur en chef du *Figaro*.

Versailles, le jeudi au soir, 11 Mai 1876, 7 heures

Monsieur le rédacteur, un client, en venant acheter chez moi une traduction des *Commentaires de César*, vient de me communiquer le numéro du *Figaro* du 11 Mai, dans lequel vous parlez de mon incident relatif à Jeanne d'Arc et à...

Une inexactitude très-grave, du moins à mes yeux, s'est glissée dans votre récit, d'ailleurs très-exact dans son ensemble. Je n'ai pas dit: *Au nom de Jeanne Darc, vive... ...*, mais bien: *Au nom de Dieu et de Jeanne Darc, vive......*

Les pièces imprimées distribuées aux journalistes complétaient mon cri, de la manière suivante:

Au nom de Dieu et de Jeanne Darc vive... en union avec le Pape et avec la légitimité! A bas les orléanistes, les Gambettistes et les radicaux.

Je prends respectueusement le mot *Dieu* dans le sens de l'Eglise catholique (Dieu Père, Fils et Saint-Esprit), et Jeanne Darc aussi, dans le sens de l'Eglise catholique, comme une très-grande sainte, envers laquelle la France a été longtemps ingrate, qui sera bientôt canonisée et que Dieu, dans ses miséricordes, donnera pour protectrice spéciale à la France et à Napoléon IV.

Oui, Dieu, après nous avoir châtiés, non pour nous anéantir, mais pour nous corriger et nous rendre meilleurs, nous donnera, *après qu'elle sera canonisée*, Jeanne Darc comme une protectrice très-puissante, et fera réparer à l'humble et pieux Napoléon IV les lourdes fautes du sceptique et orgueilleux Napoléon III; car Napoléon III, au lieu de ne compter que sur Dieu, sur le Dieu des armées, avait trop compté sur lui-même et sur ses mitrailleuses.

Après cet exposé et pour être complétement clair, permettez-moi de mettre sous vos yeux le texte complet et authentique de la Prophétie que *Dieu et Jeanne Darc m'ont réellement inspirée* et que je fis imprimer dès le 14 avril 1876, par M. Dax, rue du Potager, nº 9, à Versailles.

Je parle ici comme prophète : pour l'avenir dès lors et non pour le présent ; et je n'attaque en rien la constitution qui nous régit ; car mes devoirs de bon citoyen m'obligent à la respecter et à m'y soumettre.

Voici donc le texte complet de ma prophétie.

Sous le règne de Napoléon IV, encouragé et dirigé par sa pieuse et digne mère et par les hommes influents du parti legitimiste, sous le règne de Napoléon IV et par la protection spéciale de Dieu et de Jeanne Darc bientôt canonisée et solennellement invoquée comme une très-grande sainte ; sous le règne de Napoleon IV, âgé de moins de trente ans, la France régénérée recouvrera et conservera pour longtemps l'Alsace et la Lorraine.

Je prédis donc trois choses et dans l'ordre suivant : 1º La canonisation prochaine de Jeanne Darc ; 2º l'avénement de Napoléon IV ; 3º le recouvrement de l'Alsace et de la Lorraine avant que Napoléon IV ait atteint l'âge de trente ans.

Ainsi que je le prouverai un jour, avec pièces à l'appui, et que je l'ai déjà déclaré dans un mémoire de trois feuilles et demie d'impression, *c'est en qualité de prophète au sens de l'Eglise Catholique, en qualité de prophète réellement inspiré et soutenu par Dieu et Jeanne Darc* que j'ai proclamé Napoléon IV dès l'ouverture et la rentrée des Chambres en pleine Assemblée nationale, le mercredi 10 mai 1876, conformément à ces paroles du psalmiste: *Annuntiari justitiam tuam in ecclesiâ magnâ.*

Passage supprimé par la censure de l'huissier.

« Tout Ministre qui s'opposera à la mission que j'ai » ainsi à remplir *au nom de Dieu et de Jeanne Darc* » sera frappé de mort subite ou de toute autre manière, » par lui-même, par sa femme ou par ses enfants ; car il » est de rigueur, et de rigueur absolue, que l'œuvre de » Dieu s'accomplisse, qu'elle triomphe bientôt, et que » rien ne l'entrave! »

Suite de l'exploit signifié.

Aujourd'hui, mercredi, 17 Mai 1876, j'insiste plus que jamais pour l'insertion de la présente réponse, MM. les rédacteurs du *Figaro* ayant refusé l'insertion amiable par le seul motif que ma réponse serait de la folie toute pure. Or cette question est de la seule compétence de l'autorité ecclésiastique à laquelle je déclare me soumettre sans aucune espèce de réserve.

AUTRE RÉPONSE

Dont le Figaro *a refusé l'insertion amiable comme étant également de la folie toute pure.*

Presbytère de Bazoches, près Versailles, le Vendredi 12 Mai 1876.

Monsieur le rédacteur en chef du *Figaro*.

Je suis ici pour affaire de librairie.

Quand j'ai proféré, en pleine Chambre des Députés,

mon cri napoléonien, j'avais particulièrement en vue le ministre Ricard. Il affirmait dernièrement que l'Empire était mort : je lui ai prouvé que l'Empire était vivant, bien vivant, très vivant.

Le ministre Ricard a donné l'ordre à sa police de m'arrêter et de m'expédier à Charenton, *si je me rendais à Paris.*

Dieu l'a frappé de mort subite : je lui ai porté malheur !

Veuillez dire au ministre Waddington que, s'il ne retire pas son projet de loi, Dieu et Jeanne Darc le puniront, *mais non pas de la même manière* : Il passera comme se flétrit et se dessèche l'éphémère fleur des champs.

Quand j'arriverai au Pouvoir, je vous rendrai au centuple le bien que vous me ferez en insérant le présent écrit dans votre estimable journal.

Un misérable et impur pécheur, qui, avant sa miraculeuse conversion, ne valait pas mieux que certain député radi-cal ou radi-canaille,

FORTUNÉ ROUSTAN,
Libraire-Bouquiniste et marchand de papier.

NOTA. — Mon imprimeur travaillant pour moi avec la rapidité d'une tortue, les nouvelles prophéties que je fais n'auront plus de sel ni d'à-propos quand mon ouvrage paraîtra, c'est-à-dire après que l'événement accompli les aura fait reconnaître exactes et réelles.

Je puis, notamment, affirmer avec certitude, que ce que je disais du ministre Waddington a été rédigé, le vendredi 12 Mai 1876, au presbytère de Bazoches (près de Versailles). Le curé, M. l'abbé Saunac, pourrait attester le fait, puisqu'il m'a fourni lui-même le papier, l'encre et les plumes, quelques minutes seulement avant l'arrivée de la voiture qui devait, vers cinq heures du soir, me conduire au chemin de fer.

Je ne fis qu'un brouillon, écrit avec précipitation et sans rature, que je transmis le soir même, par la poste de Versailles, à M le rédacteur en chef du *Figaro*, à Paris.

L'article n'ayant pas été inséré, je fus, trois jours après, le réclamer. Il me fut renvoyé le lendemain, 16 Mai 1876, par la poste et sous une enveloppe affranchie, que j'ai conservée. J'en appelle au souvenir de M. le rédacteur du *Figaro* qui, sur mes observations, me déclara, le 15 Mai 1876, vers six heures du soir, qu'on n'avait pas inséré l'article, parce que c'était de la folie toute pure.

D'ailleurs, dès le jour de Pâques, 16 Avril 1876, j'avais annoncé, au bas de la troisième page d'un écrit de quatre pages in-8, imprimé à cette époque et reproduit littéralement et ci-après aux *pièces justificatives*, que le ministre Waddington *serait éphémère comme la fleur des champs dont il avait en moins la fraicheur et la grâce.*

La date du 16 avril 1876 est même imprimée à la dernière ligne de la quatrième page de l'écrit.

Dès lors j'ai prophétisé non seulement que le Ministre Waddington ne tarderait pas à tomber du Pouvoir, mais quelle en serait la cause, c'est-à-dire le projet de loi qu'il avait présenté sur l'instruction publique.

Enfin, j'ai également annoncé à diverses personnes, quelque temps après, que le ministre Waddington ne resterait pas au Pouvoir, *parce que Dieu et Jeanne Darc ne voulaient pas de lui.*

Ainsi, ma prophétie sur le ministre protestant Waddington, *faite au nom de Dieu et de Jeanne Darc*, a une date certaine au moyen de l'impression opérée par M. Dax, rue du Potager, n° 9, à Versailles, dès le seize avril 1876.

Un avenir très-prochain prouvera, *par la réalisation de cette prophétie*, que j'ai réellement été inspiré par Dieu et Jeanne Darc.

Versailles, rue de la Paroisse, n° 160, le jeudi 22 juin 1876.

Puisque M. Dax, mon imprimeur, continue, par ses retards prolongés, à exercer ma patience, ajoutons au manuscrit dont il est depuis longtemps dépositaire, à titre de compte-rendu ou de passe-temps, les nouvelles prophéties suivantes:

Dans la manifestation démagogique, sous forme de fête, organisée à Versailles, à l'occasion de l'anniversaire de la naissance du général Hoche, par les Gambettistes et les radicaux, le samedi 24 et le dimanche 25 juin 1876, on a surtout remarqué ces nombreuses lignes de lampions reliées par de longs et minces poteaux aux ternes couleurs tricolores, depuis la maison, n° 18, de la rue Satory où est né, dans une mansarde du quatrième étage, le général Hoche, jusqu'au square où se trouve, élevée sur un piédestal et silencieusement drapée dans son manteau, la statue de cette célébrité versaillaise.

Les lampions ne voulaient pas brûler. Il suffisait d'un peu de vent pour les éteindre. Sous ce rapport la fête gambettiste a complétement fait fiasco; et l'on aurait pu faire un meilleur et plus intelligent emploi de l'argent des contribuables.

Quand une ville est obérée, le conseil municipal devrait être plus réservé dans ses dépenses et ne faire payer ses lampions qu'au moyen de souscriptions volontaires.

Les radicaux du conseil refusent à Dieu quelques centaines de francs pour un reposoir. Pourquoi nous imposer de longues perches tricolores et des lampions sans feu dont nous n'avons que faire?

En punition de cette conduite impie et ridicule, la partie du parcours qui devait être la plus éclairée est restée constamment triste et obscure, comme le discours du chef de la démagogie qui physiquement est borgne, et moralement, aveugle. Le génois Gambetta n'est donc qu'un aveugle conduisant d'autres aveugles. Ils ne tarderont pas à tomber tous dans la fosse.

Ce discours et cet éclairage, qui vont de pair, peuvent donner une idée des lumières de la radi-canaille. Un simple et énergique souffle du parti honnête et conservateur suffira bientôt pour les éteindre à tout jamais.

Ces lampions radicaux et fumeux qu'on n'a pu faire brûler sont un présage certain de mort, tout au moins politique pour les organisateurs de cette fête.

Le général Hoche, s'il vivait de nos jours, serait des premiers à la désavouer, ne voulant certainement pas que son nom honorable soit traîné dans l'ordure et la fange de manifestations de mauvais aloi, justement réprouvées par l'autorité militaire. Ce n'est pas aux partisans des assassins de notre brave et loyale armée, assassins pour lesquels on réclame une impunité complète sous le nom d'amnistie, ce n'est pas aux souteneurs secrets de la commune et aux gens du 4 Septembre, ce n'est pas aux désorganisateurs de toute armée régulière et aux ennemis de toute discipline, qu'il appartient de se prévaloir d'un nom respecté de tous les partis, d'une gloire nationale, pure et sans tache. On ne devrait pas permettre plus longtemps de travestir ainsi l'histoire contemporaine ; car jamais le général Hoche, homme de bon sens avant tout, n'aurait consenti à renier tout noble sentiment et à devenir le porte-drapeau de la radi-canaille Gambettiste !

En voici une preuve sans réplique et qu'on ne contestera point. Elle est tirée d'une lettre du général Hoche, lui-même, adressée au ministre de la guerre le 19 thermidor an V, et datée de Wetzlar; elle est publiée dans le journal l'*Univers* du jeudi 29 juin 1876, 1re page, 6e colonne.

« Les cachots des cruels décemvirs m'ont renfermé » pendant cinq mois. Pendant cinq mois, j'ai été témoin » de *l'assassinat juridique* de *douze cent soixante-six* personnes immolées à la rage de l'affreux comité de salut » public. Qu'avais-je fait? Rendu de grands services à » ma patrie. . . . .

» Soyez-en persuadé, sans les circonstances actuelles, » je fuirais une terre aussi ingrate; mais alors je serais » coupable envers la patrie et mes amis.

» Cependant, croyez que je n'imiterai pas mes déloyaux » ennemis. J'estime trop la France pour lui susciter de » nouveaux maux. Elle en a assez. Le plus grand sans » doute est d'accorder sa confiance à des hommes qui ne » la méritent pas; mais je suis tranquille sur ce point: » *elle s'en corrigera un jour.* »

Il est donc bien prouvé, et d'une manière très-authentique, que, si le général Hoche vivait encore, il serait le premier à désavouer, comme ses honorables descendants, tout le bruit démagogique et de mauvais aloi que l'on fait sous son nom!

---

§ 3. — Compte-Rendu *de l'*Univers, (*à la date du Vendredi* 12 *mai* 1876

« Il me faut vous dire un mot d'un incident curieux, » qui s'est produit quelques minutes avant l'ouverture de » la séance.

» Un calme profond régnait dans la salle où les députés arrivaient lentement et tristement. Tout à coup un homme, placé dans la tribune de face, se lève et, d'une voix vibrante, jette ces mots sur l'Assemblée :

« Au nom de Dieu et de Jeanne d'Arc, vive Napoléon IV ! A bas les gambettistes et les radicaux ! »

» Ce cri n'a causé dans la Chambre ni surprise ni émotion, car les huissiers, auxquels ce *maniaque* avait confié son dessein, en avaient averti la questure qui, à son tour, avait averti les députés.

» Cependant le nom de Dieu lancé par cet homme et traversant cette atmosphère saturée d'athéisme avait quelque chose d'étrange et de profondément dramatique. Cet homme qui, *dans le naufrage de sa raison*, confessait encore Dieu et Jeanne d'Arc inspirée de Dieu, nous a paru moins fou que bien des prétendus sages. Aussi ne pouvait-on se défendre d'une certaine émotion en entendant cet étrange avertisseur, tandis que les garçons le poussaient dehors, répéter, comme s'il eût été forcé d'accomplir une mission, le cri qui affirmait Dieu et la patrie.

» C'est un libraire de Versailles. On le dit très-aimé et très-estimé dans son quartier ; *mais on a soin d'ajouter qu'il ne jouit pas de toutes ses facultés.* Il est certain qu'*il y a dans sa formule politique et religieuse une association d'idées assez étrange*; mais si la formule laisse à désirer, le sentiment qui l'a inspirée est juste et respectable. »

RÉPONSE *signifiée par exploit du même huissier, Rozé, du* 18 *mai* 1876, *et non inséré (du moins à ma connaissance)*

Versailles, le mardi 16 Mai 1876.

Monsieur le rédacteur en chef de l'*Univers*

Mes nombreuses occupations de commerce et mes

devoirs de père de sept enfants, dont six sont encore à ma charge, joints aux violences morales que ma femme ne cesse de me faire (*et inimici hominis domestici ejus*), ne m'ont permis de prendre connaissance qu'aujourd'hui de l'article me concernant publié dans l'*Univers* du vendredi 12 Mai 1876, nº 3149.

Je ne suis pas un maniaque et ma raison n'a point fait naufrage, ainsi que vous l'imprimez en toutes lettres.

Dans ma formule religieuse et nationale: *Au nom de Dieu et de Jeanne Darc, Vive... en union avec le Pape et avec la légitimité*, dans ma formule religieuse et nationale, il n'y a aucune association d'idées assez étrange.

Un mémoire de trois feuilles et demie d'impression, remis à MM. les journalistes et *qu'ils n'ont point lu*, prouve avec détail que, malgré ma profonde indignité et bien que je sois non-seulement un pauvre diable, mais encore un misérable pécheur, un mémoire de trois feuilles et demie d'impression prouve péremptoirement qu'il a plu à Dieu de me douer du don de prophétie.

D'un autre côté, nous, catholiques, à la différence d'un célèbre docteur aliéniste M. M....., qui, dans le temps, a déclaré à moi-même (le misérable), que si Jeanne Darc et si sainte Thérèse vivaient de nos jours, il les enverrait sans scrupule prendre des douches à Charenton, nous, catholiques, nous croyons fermement que Jeanne Darc était inspirée de Dieu pour sauver la France.

C'est donc *au nom de Dieu, et d'une inspirée de Dieu* destinée à être, *pour l'avenir*, la protectrice spéciale de la France et de l'armée française, que j'ai prophétisé de rechef.

Cette nouvelle prophétie, dont je reproduis le sens et non le texte, afin de ne pas excéder le droit de réponse porte sur trois objets et dans l'ordre suivant :

1° La future et prochaine canonisation ou béatification de Jeanne Darc ; — 2° l'avénement au Pouvoir de .... et des légitimistes : — 3° enfin, le recouvrement de l'Alsace et de la Lorraine, le Prince .... étant âgé de moins de trente ans.

Je dis, en outre, que l'avenir politique n'appartient pas à Henri V. S'il est bon chrétien, s'il est de bonne foi et s'il aime la France, comme il l'affirme, son devoir est de transmettre à..., au moyen d'une abdication, sincère, de prétendus droits qui, devant Dieu, sont plus que douteux.

Il aura ainsi non pas la couronne fragile de ce monde, mais l'impérissable couronne du ciel.

Il n'est pas prouvé suffisamment, en effet, que Louis XVII soit réellement mort au Temple, et qu'il n'y ait pas eu une substitution de personne. Louis XVIII, d'ailleurs, n'a pas été le successeur régulier de Louis XVII. Louis XVIII n'était, au fond, qu'un roi impie et révolutionnaire, imposé par l'étranger : ce qui pour lui et pour sa dynastie est une tache indélébile.

Le laboureur Martin, de Gallardon, a été suscité dans le temps pour porter la libre et sainte vérité aux pieds de ce roi voltairien.

Je continue aujourd'hui l'œuvre de cet halluciné selon le monde et les médecins aliénistes, de cet inspiré selon moi et les hommes religieux.

Oui, la race se disant légitime, justement frappée de stérilité, a été rejetée par Dieu à cause de crimes secrets qui ont comblé la mesure de l'iniquité. Le long martyre du masque de fer est un de ces crimes restés impunis et qui tuent à jamais une race coupable.

C'est donc en qualité de prophète, au sens de l'Eglise catholique, ainsi que je l'ai déclaré dans mon mémoire; c'est donc *en qualité de prophète réellement inspiré et soutenu par Dieu et Jeanne Darc*, que j'ai proclamé en pleine ne Assemblée nationale, conformément à ces paroles du psalmiste : *Annuntiari justitiam tuam in ecclesiâ magnâ.*

Passage supprimé par la censure de l'huissier

« Tout ministre qui s'opposera à la mission que j'ai
» ainsi à remplir *au nom de Dieu et de Jeanne Darc* sera
» frappé de mort subite, comme le libre-penseur Ricard,
» ou de toute autre manière, soit personnellement, soit
» dans sa femme ou dans sa famille; car il faut, il faut
» absolument que l'œuvre de Dieu s'accomplisse, qu'elle
» triomphe bientôt et que rien ne l'entrave !

---

§ 4 — Récit *du Journal le* Gaulois, *du Vendredi* 12 *Mai* 1876.

« Il nous reste à rendre compte d'un incident qui s'est
» produit avant l'ouverture de la séance.

» Sur nos pupitres, nous avons trouvé une grande
» enveloppe portant cette suscription : *A messieurs les*
» *journalistes de la presse conservatrice.* Etait-ce un pros-
» pectus ou une demande de secours ?

» Non ! c'était une brochure sur la couverture de
» laquelle on lisait : « Au nom de Dieu et de Jeanne
» Darc? Vive Napoléon IV ! » La brochure était en vers.

» Evidemment la musique de Mermet avait troublé la
» cervelle de quelque pauvre diable.

» Cette brochure contenait un avis annonçant que son
» auteur avait l'intention de crier, à 4 heures, en pleine
» séance : « Au nom de Dieu et de Jeanne Darc ! (ô
» Mermet !) vive Napoléon IV ! à bas les gambettistes ! »

« Nous envoyons immédiatement enveloppe et contenu » à la questure.

» Tout à coup un homme de quarante ans, à l'air exalté » crie d'une tribune voisine de celle de la presse: « Au » nom de Dieu et de Jeanne Darc !... » Les huissiers » l'emmènent; il sort sans résistance, mais en répétant » son cri tout le long des couloirs.

» Les questeurs n'ont pas cru devoir donner suite à » l'affaire. L'auteur de ce scandale est un M. Roustan, » bouquiniste-libraire, rue de la Paroisse, à Versailles. » Il est père de sept enfants et très-estimé dans son quar- » tier. Il n'a qu'un travers, c'est de faire des poésies à » l'instar de M. Gagne et de les envoyer aux journaux » de Seine-et-Oise.

» *M. de Jolly a eu tort de ne pas annexer à la buvette » une salle de douches.* Jules BILLAUT.

RÉPONSE *notifiée le* 19 *Mai* 1876, *par exploit de Rozé, huissier à Paris, rue montmartre*, n° 152 ; *et insérée dans le* GAULOIS, *du Mardi* 23 *mai* 1876, 3e *page*, 4e *colonne*, SOUS LE TITRE : UN NOUVEAU PROPHÈTE.

Versailles, le jeudi 18 Mai 1876.

Monsieur le Rédacteur en chef,

Mes nombreuses occupations de commerce et les soins à donner à mes sept enfants ne m'ont pas permis de m'occuper plus tôt de réfuter l'article publié sur mon compte dans le journal *Le Gaulois* du Vendredi 12 Mai 1876, n° 2762.

Vous avez mal apprécié et mon caractère et mon énergie méridionale. Veuillez donc me pardonner d'entrer dans quelques détails autobiographiques.

Pour me juger sainement il faut se placer à mon point de vue. Or, voici des principes qui forment la règle de ma conduite, spécialement de ma conduite politique.

1° Quand le but que l'on poursuit est sérieux et honorable, il est permis d'employer la voie de l'*excentricité*, si cette voie est la seule possible et efficace.

2° Je suis un catholique fervent et convaincu. Je crois dès lors profondément à la divinité de Notre-Seigneur Jésus-Christ et à sa présence (en corps, en âme et en divinité) sous les espèces eucharistiques.

3° Je crois également et d'une manière toute particulière à l'inspiration du Saint Esprit, qui a parlé et qui parle encore par les prophètes (*qui locutus est per prophetas*),

4° Je considère Jeanne Darc comme une sainte et une très-grande sainte, qui sera bientôt canonisée, et que Dieu, *après sa canonisation*, donnera à la France et à l'armée comme une protectrice très-puissante.

5° Je suis intimement convaincu, et j'en fournirai plus tard les preuves, que, malgré ma profonde indignité et bien que je ne sois qu'un serviteur inutile, un *pauvre diable* comme on l'a dit, et un misérable pécheur, Dieu, en daignant me gratifier du don de prophétie, m'a imposé la mission de proclamer *** en pleine assemblée nationale, en son nom et en celui de Jeanne Darc, conformément à ces paroles du psalmiste : *Annuntiavi justitiam tuam in ecclesiâ magnâ.*

C'est ce que j'ai fait impunément et avec un plein succès en employant sciemment et avec préméditation la seule voie possible et efficace, la voie de l'excentricité, *d'après les conseils mêmes de Dieu et de Jeanne Darc.*

Passage supprimé par la censure de l'huissier

A la première occassion, je recommencerai, et encore avec succès, *mais d'une autre manière*, c'est-à-dire par la discussion calme, libre et rationnelle.

Suite de la réponse notifiée par exploit d'huissier

J'affirme donc plus que jamais avoir réellement prophétisé, et l'avenir est là pour me condamner ou m'absoudre.

Quant à la musique de Mermet, elle n'a pu me troubler la cervelle, par la raison toute simple que je n'ai jamais entendu cette musique. Je suis même tellement peu au courant des questions théâtrales, que, pour comprendre votre allusion, j'ai été obligé de me la faire expliquer par une tierce personne,

Il est évident dès lors, Monsieur le Rédacteur en chef, que, pour une aussi mince bagatelle, il n'y avait aucune nécessité d'annexer à la buvette de l'Assemblée une salle de douches, à moins qu'elle ne fût destinée aux libres ou tristes penseurs; et, en me donnant à vue d'œil quarante ans, de me rajeunir de quatorze printemps, d'après le principe, sans doute, que tête de fou ne mûrit jamais.

Notre siècle, d'ailleurs, est tellement gangrené par les doctrines athées et matérialistes, que la simple affirmation du surnaturel passe pour un acte de folie. Mais j'espère bien prouver un jour, et même dès maintenant, que je ne suis pas fou, *à moins que l'on ne prenne l'extrême audace pour de la folie.*

5. — Compte Rendu *du journal Le* Pays, du Vendredi 12 Mai 1876.

Ce compte-rendu est la reproduction textuelle de celui du *Gaulois*.

Seulement la dernière phrase: *M. de Jolly a eu tort de ne pas annexer à la burette une salle de douches*, est remplacée par celle-ci :

« Ce malheureux libraire de Versailles est évidemment » fou ; mais on sait que l'inspiration prophétique a plus » d'une fois visité la cervelle des fous; par conséquent » les radicaux feront bien de mettre un terme à leurs » gorges chaudes: rira bien qui rira le dernier. »

Ma Réponse, signifiée par exploit du même huissier Rozé, du 19 Mai 1876, insérée dans le numéro du *Pays*, du lundi 22 Mai 1876, 2e page, 2e colonne, a été la même que pour le journal le *Gaulois*, sauf la modification suivante :

« Vous voyez donc, Monsieur le rédacteur en chef du *Pays*, que je ne suis pas fou, comme vous le dites trèslégèrement; mais que *j'ai agi en qualité de prophète*, ainsi que je l'ai prouvé, en vers et en prose, dans une épreuve imprimée de trois feuilles et demie, distribuée, le jour même de la rentrée des Chambres, le mercredi 10 Mai 1876, à MM. les journalistes et à l'honorable M. Grévy, Président *républicain* de l'Assemblée nationale.

» Je n'ai jamais fait, du reste, des vers à l'instar de M. Gagne, et je n'en ai jamais envoyé aux journaux de Seine-et-Oise.

» Je respecte trop la famille impériale pour faire traîner mes vers et mon enthousiame dans les bas-fonds des journaux. Mes écrits et mes vers sont désintéressés comme mon amour pour eux. Je ne ferai donc jamais de tels sentiments métier et marchandise. »

---

§ 6. — COMPTE-RENDU *du Journal* l'ÉVÉNEMENT, *numéro du vendredi* 12 *mai* 1876, 1re *page*, 5e *colonne.*

« La séance ne commence pas avant trois heures. Je » donne, en attendant, des coups de lorgnette dans la » salle, mais elle est à peu près vide.

» J'essaie notre nouvelle tribune qui fait face au bu» reau, ce qui me permet de constater que nous avions eu » tort de nous plaindre, la nouvelle installation étant fort » incommode, et de trouver à la tribune aux harangues » un faux air de piano d'exposition.

» Pendant que je compte dans les tribunes et les ga» leries les quelques spectatrices qui sont venues affronter » les insignifiances de la reprise parlementaire, un inci» dent comique se produit dans une loge voisine de la » nôtre.

» Un libraire de Versailles, nommé Roustan, aliéné » ou tout au moins halluciné, monomane, s'y est introduit » dans le seul but de proférer, pendant la séance, des » cris séditieux.

» Mais, informés à temps par l'un de nos confrères, les » huissiers viennent l'expulser. Au moment de sortir, il » se penche, furieux, sur l'appui de la tribune et jette aux » échos cet appel dont les banquettes vides n'ont pas » tressailli :

» *Au nom de Dieu et de Jeanne Darc : Vive Napo-*
» *léon IV! A bas les radicaux et les gambettistes!* »

Vivement empoigné par les gardes, il s'est encore écrié, en s'éloignant :

« *Je ne suis pas fou! Je sais ce que je dis, et Jeanne Darc me vengera. Vive Napoléon IV!* »

« On dit que ce Roustan est un illuminé. J'ignore si
» on l'a conduit au poste ou à Charenton. »

RÉPONSE. — Je suis en effet un *illuminé*, mais dans le sens prophétique et sérieux du mot, conformément à ces paroles du psalmiste que j'ai citées moi-même, dans les pièces distribuées à M. le Président républicain Grévy et à MM. les députés : *Dominus illuminatio mea et salus mea : quem timebo?*

Je n'ai jamais été *furieux*; mais j'ai eu toutes les allures et tous les gestes d'un *inspiré*, ce qui est bien différent.

Je n'ai opposé de résistance qu'autant qu'il en fallait pour empêcher l'huissier en chef, le tout petit Bescherelle, de m'étouffer en appliquant fortement sa main sur ma bouche. A mesure qu'il plaçait sa main, je la lui abaissais de ma main droite restée libre, et je continuais à proférer mon cri de plus belle.

Qu'on se figure Tom-Pouce tout chamarré d'or et de clinquant et dans son costume officiel, se dressant de toute la hauteur de ses petits pieds et de sa petite taille pour placer sa petite main sur la bouche située à une grande hauteur, d'un vrai confrère de don Quichotte, d'un don Quichotte chrétien et catholique, tout de noir habillé, y compris ses cheveux et sa barbe; qu'on se figure tom Pouce voulant empêcher un don Quichotte sérieux de remplir sa mission, et les abaissements successifs de la main de Tom-Pouce par la puissante main de don Quichotte, et l'on aura une idée approximative de cette phase de l'incident.

C'est en ce moment que ma manifestation politico-religieuse, toute sérieuse qu'elle était, et d'après les justes observations du *Figaro*, est devenue tragi-comique. Don Quichotte, d'ailleurs, se possédant parfaitement, *malgré des apparences contraires*, agissait avec la fermeté, le sans gêne et le sang-froid d'un *inspiré* bien convaincu qu'il n'avait rien à craindre, conformément à ces autres paroles du psalmiste, citées de la même manière que les précédentes : *Dominus protector vitæ meæ, à quo trepidabo?*

Il n'est pas vrai que j'aie crié : « *Je ne suis pas fou ;* » *je sais ce que dis, et Dieu et Jeanne Darc me protègeront.* » Mais j'ai pensé et je pense encore tout cela. Je suis persuadé que sur ce point et *même à son insu*, le journaliste a été illuminé par Dieu et Jeanne Darc.

Enfin, on ne m'a conduit ni au poste, ni à Charenton. J'ai été conduit seulement à la questure. Là, Dieu et Jeanne Darc ont inspiré à moi et à d'autres ce que je devais répondre ; et l'on m'a mis en liberté, sous la promesse que j'ai faite, *et que je tiendrai*, DE NE POINT RÉCIDIVER DE CETTE MANIÈRE.

Ce résultat inattendu ne m'a point surpris. Dieu et Jeanne Darc m'avaient fait connaître d'avance, *comme preuve que j'agissais réellement en leur nom*, qu'ils me prendraient sous leur protection spéciale, qu'ils m'inspireraient à l'instant même ce que je devrais répondre à ceux qui m'arrêteraient, et dont ils disposeraient le cœur et l'esprit en ma faveur.

Ce qui s'est pleinement réalisé.

Dieu et Jeanne Darc m'ont encore donné de leur protection spéciale d'autres preuves dont je parlerai plus loin.

§ 7. — *Un* COMPTE-RENDU *impartial et comme devraient en faire tous les journalistes qui se respectent.*

CONSTITUTIONNEL *du jeudi* 11 *mai* 1876, *page* 2, 2e *colonne.*

« Cette première séance a été de courte durée ; elle a » été néanmoins marquée par un incident qui, en se pro- » duisant quelques minutes plus tard, aurait pu avoir de » sérieuses conséquences. A trois heures, une vingtaine » de députés avaient pris place dans la salle. Dans la » tribune des journalistes, le rédacteur de la *Patrie* et le » rédacteur du *Constitutionnel* rédigeaint leurs dépêches, » lorsque l'huissier leur a remis un pli cacheté portant » cette inscription : *A Messieurs les journalistes.* Nous » avons décacheté l'enveloppe dans laquelle se trouvait » une pièce de vers précédée des lignes suivantes : » Messieurs les journalistes sont prévenus que je vais » pousser le cri de *vive Napoléon IV, au nom de Dieu et* » *de Jeanne Darc !....*

» L'huissier ayant eu connaissance des intentions de » l'auditeur qui venait de lui remettre ces placards, l'a » sommé de quitter la tribune. Cet individu s'est levé et » a proféré trois fois le cri de : *Vive Napoléon IV ! à* » *bas les communards !*

» Expulsé de la tribune et conduit auprès des ques- » teurs, ceux-ci se sont bornés à le renvoyer à son domi- » cile. La police de la salle appartient à M. le Président » de la Chambre, et M. Grévy n'avait pas encore ouvert » la séance quand les cris ont été proférés.

» L'auteur de cet incident est un honorable négociant » de Versailles, estimé de ses concitoyens ».

Réponse. — Je dois remercier d'une manière toute particulière le rédacteur honnête et impartial du présent article.

Si les rédacteurs des autres journaux, qui, contrairement aux préceptes de l'Evangile, me jugeant selon l'apparence et non d'après la réalité, m'ont traité de fou en indiquant mon nom, ma profession et ma demeure; si ces messieurs, si légers, quand il s'agit de diffamer et de nuire; si récalcitrants, quand il s'agit de réparer une erreur ou une calomnie; si les rédacteurs des journaux voyaient en ce moment ma fille aînée, âgée de 17 ans, clouée depuis plus de dix jours sur un lit de douleur, la figure empourprée par la fièvre et en proie à d'horribles souffrances résultant de la révolution produite sur elle, par ce cri répété subitement et de toutes parts, que son père était devenu fou; révolution complétée par une dangereuse fluxion de poitrine; si une de leurs filles interrompait la nuit leur sommeil, et le jour déchirait leur cœur par sa toux saccadée et par ses gémissements douloureux; s'ils voyaient en outre les larmes et la douleur de ma femme, la consternation de mes autres enfants et de tous mes parents par le sang ou par l'alliance, ils regretteraient sans doute d'avoir été, par leur indiscrétion et leurs railleries, la cause de tant de malheurs; car il leur était bien facile d'agir comme le *Constitutionnel*, de rendre compte du fait, *sans le dénaturer et sans me nommer en toutes lettres !*

Sachant que j'étais marié et père de sept enfants (je l'avais dit moi-même dans les imprimés que je leur avais fait distribuer), sachant que j'avais une femme et une très-nombreuse famille; comment, sinon par respect pour moi, du moins par commisération pour eux, ont-ils osé imprimer que moi, Fortuné Roustan, son époux et leur père, libraire établi à Versailles, rue de la Paroisse (car c'est bien ainsi qu'ils m'ont désigné), étais évidemment atteint d'aliénation mentale?

Si le fait était vrai, si même on le considérait seulement comme tel, *c'était une cruauté de le dire et de l'imprimer en toutes lettres, en me désignant par mon nom*, dans une petite ville cancanière, où l'on est autant connu que si l'on habitait un simple village.

Et si le fait de folie n'était ni vrai, ni prouvé, comment les journaux ont-ils pu m'en accuser impunément, sans même daigner insérer mes réponses, le *Petit Journal* surtout, et malgré l'extrême modération de mes réponses?

Voilà la question que je pose, au milieu de mes malheurs, à tout lecteur honnête et impartial!

Dieu a depuis rendu la santé à ma fille, après nous avoir fait éprouver, à ma femme et à moi, toutes les angoisses d'un père et d'une mère qui craignent sérieusement pour les jours de leur enfant bien-aimée.

Ce n'était pas assez de ces souffrances et physiques et morales.

Nous ne pouvons point passer dans les rues, ni même rester dans notre magasin, sans rencontrer des sourires moqueurs, ou sans entendre des ricanements ou des paroles blessantes.

Dans les écoles publiques, fréquentées par plusieurs de mes enfants, et même dans certains établissements religieux, même persistance à me traiter de fou. J'ai cru comprendre que, pour ces chrétiens charitables, j'eusse paru beaucoup moins excentrique, si j'avais crié: *Vive Henri V!*

Mais, en agissant ainsi, j'aurais commis un double crime envers Dieu et envers les hommes: envers Dieu qui ne veut plus de la race des Bourbons, et envers les hommes, que j'aurais trompés grossièrement et en mentant à ma conscience.

J'avais offert dans le temps, au frère directeur de l'orphelinat de Versailles, de payer sept cents francs de pension annuelle, pour deux de mes jeunes enfants.

Dans un siècle où, en général, on fait tout pour les célibataires et rien pour les pères de famille, et bien que je fusse alors dans la gêne, on trouva sans doute que je demandais une trop grande faveur. Je dus me résigner à ne placer à l'orphelinat qu'un de mes enfants, et moyennant une pension annuelle de quatre cents francs.

Rousseau prétend, dans tous ses ouvrages, que l'homme est naturellement bon. En voici une preuve sans réplique.

Bien que les frères de l'orphelinat ne donnent que d'excellents principes, et qu'on soit ainsi placé dans un milieu favorable à l'éclosion de bons sentiments, de jeunes drôles, ses condisciples, se sont placés en rond, autour de mon fils Edmond, âgé de dix ans, en lui criant ironiquement : *Jeanne Darc, Jeanne Darc, Napoléon IV!*

Le pauvre enfant, qui n'était au courant de rien, ne s'est pas même fâché. L'intention n'en était pas moins mauvaise, et les auteurs de l'incident, *au nom de Dieu et de Jeanne Darc,* devraient être sévèrement punis.

Avec tous ces événements désagréables, mes jeunes filles ne cessent de pleurer, leur mère me répétant devant elles que tous mes enfants sont déshonorés par l'énorme publicité donnée, en me nommant, à ma manifestation religieuse et politique ; que cet acte et mes réponses aux journaux, rapprochés de mon envoi *arbitraire et momentané à dix-huit ans d'intervalle*, à Charenton, à Bicêtre et à Sainte-Anne, fournissent la preuve, pour les gens qui ne jugent que d'après les apparences, c'est-à-dire à peu près pour tout le monde, que je suis réellement fou, et que mes enfants, comme fils de fou, ne trouveront pas à se placer, ni mes filles à se marier convenablement. De là des scènes d'intérieur déchirantes, non pas accidentelles, mais sans cesse renouvelées, et qui auraient déjà tué ou dompté tout autre caractère que le mien. Mais, Dieu et Jeanne Darc aidant, je ne manquerai pas à ma mission, et je ferai imprimer le présent mémoire, malgré toutes les scènes de violence, malgré même d'incessantes menaces de mort ou d'envoi à Charenton.

Relativement à l'opposition inconcevable de ma femme, Dieu et Jeanne Darc m'ordonnent de n'en tenir aucun compte et ne cessent de me répéter :

Résiste à ta femme,
Résiste à ta femme,
Résiste à ta femme,

Elle remplit, à ton égard, le rôle de Dalila envers Samson !

Quant aux journalistes, si le préjudice qu'ils ont porté à moi, à ma femme et à mes enfants, est réellement sérieux, je consulterai un avocat, et je demanderai, au besoin, de justes dommages-intérêts.

---

§ 8. — *Compte-Rendu du journal* La Liberté, *du vendredi* 12 *mai* 1876, 1re *page*, 6e *colonne.*

Chambre des Députés.

« Les trains parlementaires de midi et de une heure » sont partis presque à vide.

» A deux heures, heure réglementaire de l'ouverture » de la séance, il n'y a pas plus d'une quarantaine de » députés à leurs bancs. Toutes les tribunes réservées » sont vides, celles du public très-clairsemées.

» Tout à coup, dans une tribune du second étage, voi- » sine de la tribune des journalistes, un homme se dresse » et *pousse par trois fois, d'une voix claire et distincte*, ce » cri : « *Au nom de Dieu et de Jeanne Darc, vive Napo-* » *léon IV!* » Stupéfaction de la rare assistance. Un » huissier invite le perturbateur à le suivre. Il n'oppose » aucune résistance et se contente de répéter son cri, » tout le long des couloirs, en y ajoutant : *A bas les* » *Gambettistes!* C'est un homme d'une quarantaine » d'années, grand, mince, brun, d'une tenue irrépro- » chable, à tournure d'ancien militaire. On le dit libraire » à Versailles. Conduit à la questure, il ne tarda pas à » être relâché. »

Observations. — Ce compte-rendu est un des plus exacts.

Comme j'entendais faire un acte très-sérieux, ma tenue était des plus convenables.

J'avais poussé la précaution jusqu'à m'abstenir de vin pendant un mois entier, afin que ma voix fût très-claire et très-nette.

Par suite de mon culte envers Dieu et Jeanne Darc, ayant été enfermé malgré moi, à Paris, pendant le rude hiver de 1870-1871, je savais par expérience que le régime de l'eau claire était excellent pour conserver un bon timbre de voix et n'avoir pas le gosier engorgé.

C'est comme orateur religieux dans les clubs athées et matérialistes que j'avais fait cette remarque.

Si j'ai la tournure militaire, c'est depuis, sans doute,

que j'ai monté volontairement la garde, en 1870, aux remparts de Paris, porte de Bourgogne, non loin du passage du chemin de fer de Paris à Versailles et du côté de la gare Montparnasse. J'ai vu les obus prussiens d'assez près et sans en être ému.

Jusque là je n'avais manié que des fusils de chasse et encore, seulement dans mon extrême jeunesse.

---

§ 9. — Compte-Rendu de l'Avant-Garde, *du jeudi 11 mai* 1876.

« C'est une espèce de fou, libraire versaillais, m'a-t-
» on dit, qui s'est chargé du prélude de la séance.
» M. Grévy n'était pas encore au fauteuil. Les dépu-
» tés, peu nombreux (les places ont été très-dégarnies
» jusqu'à la fin de cette première journée), ruminaient
» des souvenirs de vacances dans leurs fauteuils ou cau-
» saient dans l'hémicycle.
» Un homme maigre se lève, parmi le public des tri-
» bunes, et crie :
» — Au nom de Dieu et de Jeanne Darc, vive Napo-
» léon IV !
» Cette association de mots et d'idées donne la me-
» sure de l'insanité du pauvre diable, qu'on a, du reste,
» renvoyé simplement, à ce qu'il paraît, à sa librairie,
» quoiqu'il y ait, là, un beau cas, et des plus rares, pour
» les médecins aliénistes.
» Je n'ai à dégager de cette folie au dernier degré ni
» la responsabilité de Dieu ni la personnalité de Jeanne
» d'Arc ; je constate seulement qu'il n'y a que des aspi-
» rants à Charenton pour exalter le bonapartisme. »

Observations. — Voilà ce qu'a dit, avec sa haute sagesse, le journal l'*Avant-Garde*, ce misérable recueil de nos libres ou tristes penseurs, dont les déplorables doctrines sont une des principales causes de notre décadence et physique et morale.

Quelque violent que soit cet article, je ne ferai pas à l'*Avant-Garde* l'honneur d'une réponse en règle; car, comme mon confrère Paul de Cassagnac, j'aime à choisir des adversaires dignes et convenables, et je ne m'escrime pas à la plume avec le premier venu.

Les réponses faites ci-dessus à des journaux plus sérieux et plus autorisés que l'*Avant-Garde*, suffisent d'ailleurs pour réfuter les singulières appréciations de ce *pauvre journal*.

Il peut être bien persuadé que son article, qui porte entièrement à faux, ne m'a pas empêché de dormir tranquillement sur les deux oreilles.

Contre de pareilles imputations, je suis d'ailleurs plus cuirassé qu'un rhinocéros ou qu'un hippopotame : *Suprà dorsum meum fabricaverunt peccatores*. Je ris le premier de ces ridicules exagérations et les supporte très-chrétiennement.

A moi donc l'opprobre et les railleries, pourvu que Dieu et Jeanne Darc triomphent !

Mihi opprobrium dùm tua salva sit gloria !

Il est bien entendu que la réponse très-sommaire que je viens de faire à l'*Avant-Garde*, à ce *pauvre journal* rédigé par des fous qui se croient sages, servira en même temps de réponse à tous les journaux de la Radi-Canaille qui ont jugé à propos de me tourner en ridicule (d'après ce qu'on m'a dit) et que je n'ai le temps ni la volonté de lire.

A ces souteneurs de toutes les mauvaises causes, des causes même les plus immorales, une exécution sommaire et générale est plus que suffisante, et je n'ai pas autre chose à dire ; car aucun de ces journaux n'est à la hauteur de mon mépris, de mon mépris très-prononcé pour eux et pour leurs tristes doctrines.

Tout gouvernement qui ne serait pas éphémère et qui tiendrait à se faire respecter, ne devrait pas tolérer de pareils journaux ; et il serait temps d'en venir à leur égard au régime de 1851.

Les mauvais journaux servent la cause de nos ennemis, sapent le patriotisme par sa base, tuent la religion et la morale, énervent la nation et les individus, et deviennent ainsi une cause de corruption incessante, une véritable peste publique !

Ceux qui tolèrent de tels journaux sont bien mal inspirés. Cette tolérance est des plus coupables, et si l'on ne se hâte d'y mettre un terme, elle sera, pour la France, la cause de nouveaux et prochains malheurs.

En ma qualité de prophète, de saint Jean-Baptiste politique, et au risque de me faire envoyer dans un trou de basse fosse, j'ai poussé le cri d'alarme, j'ai sérieusement averti, même par les seules voies en mon pouvoir, *par les voies de l'excentricité*.

Dieu veuille que ma voix n'ait pas inutilement retenti dans le désert (*vox clamantis in deserto*), et que nos gouvernants et nos politiques sérieux daignent en faire leur profit !

Enfin, pour tirer parfaitement au clair cette question de folie dont je suis l'objet, et malgré toutes les préventions d'un public qui ne juge que d'après les apparences, je présenterai encore les observations qui suivent.

Il faut que sois je bien sûr de moi-même pour oser divulguer ainsi des abus de pouvoir que d'autres cacheraient avec soin. Mais je ne suis pas d'un caractère à rougir de la vérité, quelle qu'elle soit ; et tant pis pour ceux qui ne sauront point me comprendre !

Je ne puis admettre en effet qu'un envoi *arbitraire* et *pour quelques jours* dans une maison de santé, *fait par la police seulement et à dix-huit ans d'intervalle*, suffise pour déshonorer un père de famille, sa femme et ses sept enfants.

De même que *le crime fait la honte et non pas l'échafaud*, de même aussi l'envoi *illégal* à Charenton, à Bicêtre ou à Ste-Anne, ne saurait constituer une preuve de folie.

Avec un pareil principe, il serait trop facile à tout tyran de perdre et de déshonorer les hommes vertueux devenus ses ennemis, parce qu'ils ne voudraient pas se plier à tous ses caprices.

Je continue donc à dire hardiment la vérité, toute la vérité et rien que la vérité.

Ce n'est pas seulement à Charenion et à Bicêtre que j'ai subi, *par l'ordre de la police*, une détention *arbitraire* et totale de trente-trois jours, du 23 octobre au 11 novembre 1852 (voir les pages 23 à 34 des pièces justificatives).

J'ai, en outre, été détenu *non moins arbitrairement et dix-huit ans après*, dans l'asile Ste-Anne, à Paris, pendant vingt-quatre jours, du 17 septembre au 11 octobre 1870.

Voici dans quelles circonstances·

J'ai toujours pensé, et je pense encore plus que jamais, que la plaie qui gangrène la France est l'athéisme et le matérialisme; que la France ne peut dès lors se relever que par la proclamation et la pratique du sentiment religieux.

J'ai, en outre, une grande confiance en Jeanne Darc, que je considère comme une très-grande sainte envers laquelle nous avons été trop longtemps ingrats et qui nous donnera des preuves particulières de sa toute puissance et de son appui, *si nous l'invoquons sincèrement et avec un esprit chrétien et catholique.*

Sous l'empire de ces idées, je proposai de mettre la France, pour la guerre de 1870, sous la protection spéciale du Dieu des armées et d'organiser *une phalange invincible,* sous le nom de *bataillon sacré de Jeanne Darc.*

Comme preuve que mes idées sur ce point étaient sérieuses et profondément méditées, je reproduis les statuts dont j'avais remis le manuscrit à M. Louis Ulbach, pour être insérés dans le journal la *Cloche,* à la date du 15 ou du 16 septembre 1870 (1).

ORGANISATION

DU

BATAILLON SACRÉ DE JEANNE DARC

OU DE LA PHALANGE INVINCIBLE

COMPOSÉ, EN TRÈS-GRANDE PARTIE, DE JEUNES VOLONTAIRES,
DE JEUNES GARDES MOBILES BRETONS
OU DE JEUNES GENS DE L'INFANTERIE DE MARINE

» 1. — SERMENT. — Nous jurons solennellement, devant Dieu » et devant Jeanne Darc, notre belle et sainte Patronne, de » de nous faire tuer tous et jusqu'au dernier, plutôt que de » rendre le fort dont la défense nous est confiée.

» 2. — Les jeunes gens composant le bataillon sacré de » Jeanne Darc feront en chœur, à haute voix et tous les jours,

---

(1) Ces statuts sont imprimés aux pages 47 et 48 de ma brochure sur les *maisons de santé,* publiée à Paris au mois de décembre 1870.

» cette simple prière : « *Dieu des combats, Dieu bienfaisant, terrible et juste, c'est pour toi et pour Jeanne Darc que nous consentons à mourir. Daigne accepter le sacrifice de notre vie en expiation de tous nos péchés, et nous appliquer les mérites infinis de Jésus, ton seul et divin fils.* »

» Ceux même des jeunes gens qui n'auraient pas la foi et » qui trouveraient cette prière ridicule, ne devront pas moins » la fair. Dieu et Jeanne Darc leur sauront gré de ce simple » acte de soumission.

» Les jeunes gens qui ne feront point cette prière, étant » ainsi privés de protecteurs, courront, dans les rencontres dif- » ficiles, le plus grand danger d'être tués.

» 3. — Ainsi que l'enseigne l'Evangile, les âmes n'ont point » de sexe. Jeanne Darc peut donc être, dans les cœurs divins » de Jésus et de Marie, la fiancée céleste de tous les jeunes » gens qui consentiront à mourir pour Dieu et pour elle.

» 4. — Toutes les fois que l'on ira au feu, un jeune volon- » taire ou garde mobile portera la bannière de Jeanne Darc, » sur fond blanc, et dont, ailleurs, on a donné le modèle.

» 5. — La bannière de Jeanne Darc ne pourra être portée que » par un jeune homme ayant la foi et croyant dès lors à la di » vinité de Notre Seigneur Jésus-Christ et à toutes les doctrines » de l'Eglise catholique.

» Le porte-drapeau aura pour seule arme la bannière de » Jeanne Darc, qu'il *n'abandonnera jamais*.

» Il devra marcher en tête, exciter ses camarades, s'exposer » hardiment au danger comme son auguste patronne, et se faire » tuer au besoin. Mais il ne devra jamais tuer lui-même, car » jamais Jeanne Darc n'a personnellement répandu le sang de » qui que ce soit.

» 6. — Pendant tout le temps qu'ils défendront le sol sacré » de la Patrie, les jeunes gens qui composeront les bataillons » de Jeanne Darc devront observer la chasteté la plus » absolue.

» Ceux qui violeront ce précepte seront punis de mort sur le » champ de bataille ou à la première sortie des forts.

» 7. — Tous les forts de Paris, sans exception aucune, seront » gardés et défendus par les bataillons sacrés de Jeanne Darc.

» Aucun de ces forts ne pourra être pris par les Prussiens,

» qui seront *exterminés* sous les murs de Paris, et obligés dès
» lors de lever honteusement le siége (1).

» 8. — La bannière de Jeanne Darc flottera sur chacun des
» forts de Paris.

» 9. — La bannière de Jeanne Darc devra, de préférence,
» servir de drapeau parlementaire.

P. S. — M. Lortic, le célèbre et habile relieur si connu des bibliophiles, M. Lortic, revêtu de son costume de garde national, s'est rendu aujourd'hui, 13 septembre 1870, vers trois heures, et accompagné d'un ami, à la sacristie de l'Eglise des Petits-Pères, pour voir le drapeau dont il s'agit.

Le fond de l'idée patriotique représentée par ce drapeau n'a paru mauvais ni à M. Lortic ni à son ami.

Voilà donc le moyen de salut que je proposais dans la première quinzaine du mois de septembre 1870, quelques jours avant l'arrivée des Prussiens.

Un don Quichotte politique de ma force et de ma taille, un homme long et maigre, mais qui n'est pas grand, l'honorable M. Rameau (un pauvre sire au fond, un ex-bonapartiste, sur le point d'être nommé juge, devenu républicain par ambition et même républicain radical, bien que, dans l'intention sans doute de ménager et la chèvre et le chou, on le voie assister régulièrement, tous les dimanches, dans l'église Notre-Dame de Versailles, sa paroisse, à la Messe de neuf heures, en ayant soin de se placer en évidence, au beau milieu de la nef), l'honorable M. Rameau, un ambitieux sans doute, et une vraie girouette politique, mais au fond un très-honnête homme et un excellent cœur, ce qui fait qu'il compte beaucoup d'amis, tant de la main droite que de la main gauche; l'honorable M. Rameau, alors maire de Versailles, maintenant député à l'Assemblée nationale et Vice-Président de la Chambre; l'honorable M. Rameau, dans sa haute

(1) Cette prévision se serait certainement réalisée, si la France, au lieu d'afficher l'impiété et le matérialisme, s'était mise hardiment sous la protection de Dieu et de Jeanne Darc.

sagesse, trouva que mes idées étaient folles et dangereuses, et me signala comme tel à la police de Paris et de Versailles.

Quelques jours auparavant, j'avais proposé à M. le Préfet de Seine-et-Oise, de faire miner secrètement l'hôtel de la Préfecture, que je savais être demandé pour résidence par Bismarck et le roi de Prusse, d'accueillir ces chefs ennemis très-amicalement et avec beaucoup de courtoisie, de manière qu'ils ne puissent se douter de rien, me chargeant moi-même de mettre en temps opportun le feu à la mine, en jouant le rôle de fou et en portant le drapeau de Jeanne Darc. Je citais à cet effet un de mes antécédents qui pouvait faire croire que j'étais fou et dont il faudrait se prévaloir pour faire comprendre aux Prussiens que l'explosion de la mine ayant eu lieu par le fait d'un fou, la ville ne pouvait pas être déclarée responsable (1).

---

(1) Voici quel était cet antécédent.

Le 14 ou le 15 août 1870, et dans un de mes moments de *délire prophétique*, je criai à haute voix, à Versailles, rue Saint-Pierre, devant un rassemblement et sous les fenêtres de la préfecture : *A bas les lois de sûreté générale*, en sous-entendant : *et celui qui en a abusé !*

C'est bien la chute de Napoléon III que Dieu me faisait annoncer ainsi. L'autorité ne s'y méprit point et me fit un procès pour attaque aux institutions impériales.

Le 28 août 1870, je fus acquitté par le tribunal correctionnel de Versailles, comme ayant proféré mon cri, dans un subit accès d'aliénation mentale et sans avoir dès lors la conscience de ce que je faisais. Or, j'avais cette conscience tout aussi bien que le mercredi 10 mai 1876, jour où j'ai proclamé, en pleine Assemblée nationale, *sous l'empire de la même exaltation prophétique*, le futur successeur de Napoléon III.

De même que le 14 ou le 15 août 1870, j'ai annoncé, *comme*

En outre et au préalable, les habitants de Versailles et des environs devaient être évacués en très-grande partie sur Paris ou dans la province, de manière à ne laisser à Versailles et à ses alentours que des gens valides, résolus et pouvant accepter toutes les charges et toutes les privations de la guerre.

C'est en rapprochant ces deux idées patriotiques (Faire sauter en l'air Bismarck et le Roi de Prusse et former des bataillons de croyants catholiques sous la protection spéciale de Dieu et de Jeanne Darc), c'est en rapprochant ces audacieuses idées, que le sage et prudent M. Rameau craignant avant tout, je ne dirai pas pour son parchemin personnel, attendu que M. Rameau est très-sec et très-maigre, mais pour les intérêts de sa bonne et lâche ville de Versailles, s'empressa de s'entendre avec la police de Paris pour me faire enfermer à Ste-Anne, comme un fou politique et dangereux ; ce dont on me menace encore aujourd'hui, 14 juillet 1876, à près de six ans d'intervalle.

Et il est parfaitement vrai que j'agis sous l'empire des mêmes idées ; en sorte que si je ne suis pas fou en ce moment (et tous ceux qui ont des relations commerciales avec moi peuvent bien se convaincre que je suis sain d'esprit), en sorte dis-je que si aujourd'hui, 14 juillet 1876

---

prophète, le châtiment et l'expiation ; de même, le mercredi 10 mai 1876, j'ai annoncé, *en la même qualité de prophète, au sens de l'Eglise catholique, et au nom de Dieu et de Jeanne Darc*, de grandes miséricordes envers la France catholique, le pardon des crimes de Napoléon III et le futur avènement de son fils, sous le règne duquel et avant qu'il ait atteint l'âge de trente ans, la France recouvrera et conservera pour longtemps l'Alsace et la Lorraine.

je suis *mentis compos*, j'avais, au mois de septembre 1870, la même sanité et la même lucidité d'esprit.

Avec des hommes politiques de la force et de la prudence de M. Rameau et de tout son parti, je ne pense pas qu'on puisse jamais avoir raison des Prussiens et de leur insolence.

Voilà pourquoi l'avenir ne peut appartenir à ce parti, qui est forcément anti-national.

En effet, les républicains véritables, les républicains non entachés de monarchisme, sont en général, des athées ou des matérialistes qui ne croient ni à une autre et meilleure vie, ni à la divinité de Notre Seigneur Jésus-Christ, et encore moins à l'infaillibilité du Pape.

Mais ils croient fermement à leur propre infaillibilité: et, en reniant Dieu, ils se font dieux eux-mêmes: *et eritis sicut Dei.*

Pour ces dieux dès lors de la démocratie, saint François d'Assise était un halluciné; sainte Thérèse une femme hystérique; Jeanne Darc, une jeune fille exaltée au suprême degré par le sentiment patriotique, et par suite, en proie à une excitation cérébrale, sous l'empire de laquelle elle s'est crue de bonne foi, inspirée de Dieu. Et c'est la force de sa conviction, ou, en d'autres termes, de sa folie, qui lui a fait accomplir les choses extraordinaires que nous connaissons.

Il est évident dès lors, ainsi que me l'a déclaré en propres termes et avec le ton et la suffisance d'un impie et d'un libre-penseur, un célèbre médecin aliéniste qui, en 1870, habitait à Paris, rue Bonaparte, n° 17, il est évident que si Jeanne d'Arc vivait de nos jours, nos médecins athées, ou tout au moins matérialistes, l'enverraient prendre des douches à Charenton ou à Sainte-Anne, au lieu de lui donner les moyens de délivrer la France du joug des Anglais ou des Prussiens.

La science insano-médicale rendrait ainsi, comme elle le fait de nos jours, les plus grands services à l'humanité, en éteignant le feu de tout enthousiasme religieux et patriotique, et en réduisant à peu près l'espèce humaine à un véritable matérialisme, funeste avant-coureur de la décadence des nations.

S'il m'était permis de parler hardiment et sans ambages, je dirais donc que les médecins athées ou matérialistes et leurs élèves les démagogues sont de misérables corrupteurs de la nation et de toute vraie République, et que de tels gredins, loin de gouverner un Etat qui se respecterait, devraient être, sinon guillotinés comme de grands criminels, tout au moins flétris publiquement et expulsés sans miséricorde, mais néanmoins après avoir été sérieusement avertis et s'ils persistaient à ne point s'amender ; car ce n'est pas la mort du pécheur que nous voulons, mais son sincère retour à la vertu et aux doctrines honnêtes.

---

§ 10.

Pour donner un aperçu complet de la physionomie de la Presse, relativement à mon intervention politico-religieuse, faisons encore quelques citations.

I. — La France

Numéro du jeudi 11 *Mai* 1876.

CHAMBRE DES DÉPUTÉS

« *Vive Jeanne Darc, vive Napoléon IV.* »

» C'est par ce double cri que la séance a été ouverte.

» Au moment où le Président prenait possession de
» son fauteuil, un citoyen qui se tenait dans une seconde
» loge a jugé opportun de se livrer à la manifestation
» rapportée plus haut.

» La Présidence avait d'ailleurs été avertie à l'avance;
» aussi deux huissiers ont-ils prié par les épaules le
» manifestant de descendre les escaliers.

» C'est là la partie la plus intéressante de la séance.

Réponse sommaire. — Dieu et Jeanne Darc, en effet, m'avaient enjoint d'étrenner la séance du 10 Mai 1876, par ce cri, qui devait retentir dans le monde entier :

Au nom de Dieu et de Jeanne Darc, vive Napoléon IV!

Il m'était enjoint également de pousser ce cri *comme prophète inspiré et soutenu par Dieu et Jeanne Darc,* au point de vue dès lors de l'avenir, et, sans violer la constitution qui nous régit.

Dieu et Jeanne Darc, en effet, veulent que l'autorité soit respectée non seulement d'une manière extérieure, mais même du fond du cœur; et j'aurais manqué à tous mes devoirs envers eux et envers mes concitoyens, si j'avais entendu pousser un cri séditieux!

Je n'ai *réellement fait qu'exécuter l'ordre de Dieu et de Jeanne Darc,* dont je suis l'indigne et obscur instrument; et je n'ai même violé sérieusement aucune loi, ainsi que je le prouverai ci-après. A Dieu dès lors et à Jeanne Darc toute la responsabilité d'un acte qu'ils m'ont inspiré pour le salut de la France et la conversion des pécheurs!

II. — Le XIXe Siècle

Journal republicain-conservateur, du Vendredi **12** *Mai*
1876,
1re *page,* **3e** *colonne*

Le Parlement

Courrier de la Chambre

Versailles, 10 Mai.

« *Au nom de Dieu et de Jeanne Darc, vive Napoléon* » *IV!* »

« C'est de cette humoristique façon que commence la » session. Il est vrai que la séance n'est pas encore ouverte » et que les députés, rares dans la salle, n'éprou- » vent que l'émotion qu'on ressent à la vue d'un pauvre » fou.

» C'est un fou, en effet, que des huissiers entraînent, » un malheureux monomane qui, installé dans une des » tribunes de face, a préparé une petite manifestation » pour quatre heures, au moment où la chambre serait en » pleine séance, et qui a eu la sagesse de prévenir de son » dessein la tribune des journalistes.

« Son programme se trouve un peu dérangé; mais, » néanmoins, sa conscience — ou son inconscience, sem- » ble satisfaite. On l'emmène. »

Réponse Sommaire. Dieu et Jeanne Darc m'avaient enjoint de pousser mon cri religieux et napoléonien avant trois heures, mais seulement dans le cas où l'honorable

M. Grévy, Président républicain de l'Assemblée, aurait refusé de faire distribuer à MM. les députés ses confrères, les écrits que je lui aurais envoyés, *par un huissier de la Chambre*.

Dieu et Jeanne Darc m'avaient en effet ordonné d'observer les convenances et la plus stricte légalité.

Je ne devais passer outre et *casser les vitres*, que sur le refus, de M. le Président d'exécuter *par les voies pacifiques et légales*, les ordres de Dieu et de Jeanne Darc.

Mon arrestation arbitraire et illégale, ainsi que je le prouverai plus loin, a seule donné à l'incident une tournure scandaleuse.

III — Le Bien Public

Journal publié à Dijon, rue Docteur-Maret, 4.

Numéro du Vendredi 12 *Mai* 1876

CHAMBRE DES DÉPUTÉS

Séance du 10 *Mai* 1876.

« La séance a été ouverte à trois heures moins un » quart.

« Quelques minutes auparavant un incident extrà-» parlementaire s'était produit. Dans une des tribunes du » second rang, un Monsieur se levant tout à coup de sa » place, s'est écrié à haute et intelligible voix :

» *Au nom de Dieu et de Jeanne Darc, vive Napoléon* » *IV ! A bas les Gambettistes et les Radicaux !*

» Inutile d'ajouter que l'auteur de cette manifestation » a été immédiatement arrêté et emmené par les huissiers.

» Cet individu serait un sieur R......, libraire à Versailles, rue de la Paroisse.

» Ce fou, car c'en est un, avait fait distribuer à tous » les journalistes de l'Assemblée un imprimé portant » qu'à quatre heures, il pousserait le cri que l'on sait. » S'il a parlé plus tôt, c'est que les huissiers prévenus » essayaient, à ce moment même, de le faire sortir de » bonne grâce.

» Nous ne croyons pas que ce malheureux ait été » maintenu en état d'arrestation. On l'aura rendu à sa » famille, avec recommandation de mieux le surveiller à » l'avenir. »

Réponse Sommaire. — Si je suis un fou, je ne suis pas un fou dangereux.

Dans l'intérieur de mon ménage, ma plus rude pénitence est d'être obligé, même par des motifs d'humanité, de noyer de pauvres petits chats, dans la crainte qu'ils ne soient plus tard malheureux. Quand j'ai accompli malgré moi et avec un grand serrement de cœur cet acte criminel, j'en suis malade, et j'en ai des remords pendant plusieurs jours.

Bien qu'ayant des instincts guerriers, j'ai, comme prophète et d'après les principes de l'Eglise, la plus grande horreur de verser le sang : *Ecclesia abhorret à sanguine.* De même que Pythagore, et, pour ne tuer, ni voir tuer aucun animal, j'aimerais assez à ne me nourrir que de pain, de fruits, d'eau claire et de légumes.

Néanmoins, quand nous aurons de nouveau la guerre avec la Prusse, ma volonté, et ma volonté bien arrêtée, est d'y prendre part, à moins que l'on ne m'en empêche.

Comme Jeanne Darc, Vierge et martyre et ma sainte bien-aimée; comme Jeanne Darc, je ne verserai le sang de personne, pas même celui d'un ennemi, et ne serai porteur d'aucune arme pour me défendre.

Je prêcherai d'exemple, j'exciterai et électriserai les soldats en marchant hardiment à leur tête, au milieu des bombes, des boulets, et de la mitraille, et en allant au devant de l'ennemi avec la sécurité, l'entrain et la pudique joie d'un jeune homme qui courrait après sa fiancée.

Malo me Galatea petit, lasciva puella,
Et fugit ad salices et se cupit ante videri !

C'est avec cette insouciance et cette gaieté toute française, que Dieu et Jeanne Darc nous feraient marcher vers l'artillerie prussienne qu'il s'agirait d'enlever à leur barbe et dans une action d'éclat.

Jeunes gens, leur crierais-je avec le ton, les gestes et les yeux d'un inspiré, Jeunes gens, vous n'avez rien à craindre ; Dieu et Jeanne Darc nous protègent.

En avant, en avant: suivez-moi sans hésiter. C'est votre patrie de cœur et d'adoption, c'est la Lorraine, c'est l'Alsace que nous allons reconquérir et pour toujours.

Ce sont vos fiancées elles-mêmes qui vous excitent et vous parlent par ma voix. Elle poseront bientôt sur votre tête le double laurier de la victoire et de l'amour; et Jeanne Darc, du haut des cieux, présidera à votre bonheur et à votre gloire.

Jeunes gens, leur crierai-je encore dans d'autres circonstances et toujours d'un air inspiré et de toute la force de ma conviction et de mes poumons, jeunes héros, nobles fiancées célestes de Jeanne Darc, si nous tombons au champ d'honneur, c'est dans le ciel même que seront célébrées nos fiançailles ; car nos âmes sont immortelles et retourneront, au milieu des plus ineffables délices, au sein de Dieu d'où elles sont sorties.

Jeunes gens, faisons hardiment et saintement notre devoir.

Cette race de lâches brigands sans scrupule et qui ne

se battent que de loin, à travers bois, ou trois contre un; ces vils descendants des Huns et des Teutons vaincus par nos pères, ah! ils insultent à nos malheurs éphémères et disent insolemment que la force prime le droit!

Montrons-leur, par une action généreuse, par une action d'éclat et d'une immense audace *et par la protection spéciale de Dieu et de Jeanne Darc*, que le droit, soutenu par l'enthousiasme et le courage, est une vraie puissance, et qu'il prime la force.

A l'assaut! à l'assaut! N'ayons ni peur ni hésitation. Tombons sur eux avec toute la furie d'un ouragan et d'une avalanche, et que notre air résolu, notre course hardie et précipitée, portent d'avance dans leurs rangs le désordre et la terreur.

Les pommes qu'il s'agit de conquérir pour vos fiancées sont là devant vous : ce sont ces canons prussiens qui vous bombardent et vous mitraillent. Au nom de Dieu et de Jeanne Darc, il faut les enlever lestement et comme preuve particulière de leur toute puissante protection!

Malheur donc, malheur à cette race impie et insolente! De ceux qui nous bombardent, il faut qu'il n'en reste pas un de vivant; et que nous tombions sur les autres et nous en fassions un carnage aussi complet, avant même qu'ils aient pu se douter de la sainte audace et du succès de notre étonnante entreprise!

---

(1) C'est au mois de janvier 1871, pendant que je montais volontairement la garde aux remparts de Paris, en face des hauteurs de Châtillon, par des nuits sereines et lunairement éclairées que j'avais ces velléités guerrières. Après avoir vu de près les Prussiens et leurs obus, je puis affirmer sans forfanterie que j'étais bien capable de faire ce que je disais, si j'avais trouvé des *croyants* pour me suivre.

IV. — Le Petit Moniteur universel *du Mardi 23 Mai 1876, 2e page, 3e colonne.*

UN PROPHÈTE

» On n'a pas encore oublié la manifestation bizarre du » libraire de Versailles — M. Fortuné Roustan — qui, » au cours d'une séance de la Chambre des députés, cria » dans les tribunes : Vive Napoléon IV ! « au nom de Dieu » et Jeanne Darc. » Les journaux bonapartistes se sou» ciaient peu, paraît-il, de faire bon accueil à ce singulier » partisan. « Cet homme est fou », disait le *Pays.* » M. Fortuné Roustan ne l'entend pas de cette oreille. Il » vient d'adresser par huissier au journal le *Pays* une » lettre où nous remarquons les passages suivants :

» Je suis intérieurement convaincu, et j'en fournirai » plus tard les preuves, que, malgré ma profonde indi» gnité et bien que je ne sois qu'un serviteur inutile, *un* » *pauvre diable*, comme on l'a dit, et un misérable » pécheur, Dieu, en daignant me gratifier du don de pro» phétie, m'a imposé la mission de proclamer X... en » pleine Assemblée nationale, *en son nom et en celui de* » *Jeanne Darc.*

» J'affirme donc plus que jamais avoir réellement prophé» tisé, et l'avenir est là pour me condamner ou m'ab» soudre.

» M. Roustan est prophète ; sa lettre l'affirme une troi» sième fois dans la conclusion que voici :

» Vous voyez donc, monsieur le rédacteur en chef, » que je ne suis pas fou, comme vous le dites très-légère» ment, mais que j'ai agi en *qualité de prophète*, ainsi que » je l'ai prouvé en vers et en prose, dans une épreuve

» imprimée de trois feuilles et demie, distribuée à MM.
» les journalistes et à M. le Président de l'Assemblée
» nationale.

» Là-dessus, M. Roustan repousse noblement toute assimilation avec M. Gagne, le prophète de l'*Unitéide.* »

Réponse Sommaire. — Cet article du *Petit Moniteur Universel* étant la reproduction abrégée d'autres grands journaux, notamment du *Pays* et du *Gaulois*, mon affirmation, dans laquelle je persiste plus que jamais, que j'ai agi, le 10 Mai 1876, *en qualité de prophète et au sens de l'Eglise catholique*, a reçu la plus grande publicité, une publicité européenne, ainsi que je l'avais annoncé d'avance dans des écrits imprimés, dès le 14 Avril 1876, et que je citerai tout à l'heure.

Je suis donc réellement un saint Jean-Baptiste politique, et, ni les railleries des méchants et des incrédules, ni les mesures que pourrait prendre l'Autorité (injustement selon moi, puisque je ne parle qu'au point de vue de l'avenir), ne m'empêcheront de remplir la mission que Dieu et Jeanne Darc m'ont imposée.

Qu'on me laisse donc tranquille et qu'on m'applique sous une nouvelle forme, ces paroles d'un Juif toléran et bien inspiré :

« Si M. Roustan est fou, tout ce qu'il pourra dire ou écrire n'aboutira à rien et le couvrira de ridicule.

« Mais s'il est bien vrai que Dieu et Jeanne Darc l'inspirent et le protègent, tout ce qu'on fera contre lui ne « servira qu'à corroborer et à mieux faire réussir leur « œuvre commune. »

CHAPITRE II

Une déclaration de principes.

Je ne suis pas un homme politique, je suis un homme religieux et profondément religieux, dans le sens de l'Eglise catholique, hors de laquelle il n'y a pas de salut (*et en ce monde et en l'autre*).

Au point de vue des principes, je déteste souverainement et j'abhorre toute doctrine contraire à celle de l'Eglise catholique, parce qu'une telle doctrine, qui est forcément mauvaise, ne peut tendre qu'à jeter la division et l'immoralité dans l'Etat et dans les esprits, et à nous perdre *radicalement*.

Quand, sur une question nettement déterminée, l'Eglise catholique dit *oui*, et le protestantisme et les libres-penseurs, *non*, je ne puis admettre, et, comme législateur, je ne tolérerais pas, que l'affirmation et la négation soient mises sur le même pied et protégées également; que l'Etat approuve dès lors que, *sur une même question nettement déterminée*, on enseigne le pour et le contre.

L'Etat se déclarerait ainsi sceptique et athée, et j'aurai toujours le plus profond mépris pour tout Etat qui serait sceptique et athée.

Un Etat sceptique et athée est, pour les Peuples, une cause de malédiction, de décadence et de ruine: car, d'après l'axiôme même du père de la démocratie moderne, d'après J.-J. Rousseau, *les peuples ne sont, en définitive, que ce que les gouvernements les font être*. Si le gouvernement dès lors est sceptique et athée, le peuple devient sceptique et athée; et comme l'histoire est là pour nous apprendre que tout peuple sceptique et athée ne tarde pas à tomber en pourriture, il est du devoir de tout bon citoyen de contribuer à faire changer, *par les voies pacifiques et légales*, tout gouvernement qui devient ainsi le corrupteur permanent du peuple et l'ennemi de Dieu.

Dieu, en effet, ne peut pas protéger, et ne protégera jamais ni les hommes d'Etat ni les peuples sceptiques et athées. Il les frappera plutôt de mort subite (comme le ministre Ricard), et les fera disparaître de la surface de la terre.

En matière politique, je suis partisan dévoué de tous les gouvernements qui feront respecter la religion et le Pape. Ce n'est qu'à cette condition, et *à cette condition expresse*, que je reconnaîtrai ces gouvernements comme légitimes.

A ce point de vue, la République peut être tout aussi légitime et tout aussi respectable que l'ancien gouvernement de la branche aînée; et je ne pense nullement, *d'accord sur ce point avec notre très-saint Père le Pape*, que la religion catholique, ainsi que le croient bien à tort beaucoup de couvents et d'établissements religieux, soit en quelque sorte inféodée à un honnête homme incapable et qui n'est plus de son temps, à *l'énervé* Henri V.

L'Eglise catholique est assez vivace par elle-même, pour n'avoir nullement besoin de l'appui d'un frêle roseau !

Comme preuve de mon scepticisme en matière politique (et ici le scepticisme est de saison, car rien n'est plus fragile et plus changeant qu'un simple particulier, même couronné par le suffrage universel), comme preuve que je suis l'ami de tous les gouvernements qui respectent la religion catholique, je citerai le discours que j'ai prononcé pendant le siège de Paris, le mardi 15 novembre 1870, à la salle Valentino (voir le journal *des Débats*, à la date du 16 novembre 1870).

» Je suis Républicain, c'est-à-dire partisan énergique » de l'égalité, de la fraternité et de la saine liberté, et, » par contre-coup, irréconciliable ennemi des abus de » toute espèce.

» Mais je ne suis pas un adorateur exclusif de la forme, » et, pourvu qu'on ait le fond, je suis assez de l'avis du » bon la Fontaine :

» Le sage dit, selon les temps,
» *Vive le Roi, Vive la Ligue !* »

Ou, en d'autres termes :

» Vive la République, ou Vive une monarchie tempé- » rée par des institutions sagement libérales ! »

(*De la Séquestration arbitraire dans les Maisons de Santé, — brochure publiée au mois de Décembre* 1870, page 40).

Comme preuve encore que, malgré ma manifestation, d'ailleurs plus religieuse que politique, du mercredi 10 Mai 1876, je ne suis pas un bonapartiste quand même et à tous crins, je citerai une autre partie du même discours, pages 41, 42 et 43 :

« Quel esprit se montra plus sublime et plus inspiré » que celui de la miraculeuse vierge de Domrémy?

» Dès lors, et bien qu'on m'ait accusé du contraire, » puisque tel a été le principal motif de mon envoi et de » ma détention pendant vingt-quatre jours dans un asile » d'aliénés, dès lors il n'y a ni absurdité ni folie à croire » que Jeanne Darc existe encore comme un génie céleste, » protecteur de la France, bien que son corps immaculé » et sans souillure ait été brûlé, en 1430, c'est-à-dire » depuis bientôt quatre siècles et demi, sur les bûchers » de Rouen !

» Si Jeanne Darc existe encore, il est donc permis de » l'invoquer comme une grande et belle sainte ; car elle » possédait toutes les beautés, la perfection physique et » la perfection morale.

» Il est tout au moins permis de l'invoquer comme » un génie bienfaisant et qui peut, de nouveau, sauver » et régénérer la France, dans le présent comme dans » l'avenir !

» Sous l'empire de cette croyance, j'étais venu à Paris, » apportant avec l'étendard de Jeanne Darc une idée » nouvelle et patriotique : la création de bataillons de » volontaires, sous la protection spéciale de Dieu et de » Jeanne Darc, et dont j'aurais été le porte-drapeau.

» La police de Versailles et celle de Paris se mettent à » mes trousses ; et, dès ma première et courte manifes- » tation, l'on saisit sur moi, le vendredi 16 septembre 1870, » à dix heures du matin, sur le boulevard Montparnasse, » à Paris, non loin de la rue de Sèvres, le drapeau que » je mettrai tantôt sous vos yeux, que la police de Paris » a pris, bien à tort, pour le drapeau blanc de la légiti- » mité, et sur lequel il est indispensable que je donne, » au préalable, quelques explications.

» Des incrédules et des impies, ignorant peut-être un » fait historique, à savoir, que l'étendard de Jeanne Darc » portait en tête ces mots : *Jhésus, Maria*, et que j'ai dû, » par suite, me conformer à l'histoire, ont cru que je » voulais arborer le drapeau blanc du cagotisme et de la » superstition. C'est une erreur profonde ; car, bien que » je sois moi-même croyant, j'affirme que la pire canaille » que je connaisse sont les hypocrites et les faux dévots !

» D'ailleurs, la religion catholique, sainement enten- » due et sérieusement pratiquée, n'est ni du cagotisme » ni de la superstition, puisqu'elle se réduit et doit se » réduire à aimer Dieu de tout son cœur, et à aimer son » prochain comme soi-même et pour l'amour de Dieu ;

» c'est-à-dire que la religion, sainement comprise et
» pratiquée, n'est autre chose que la fraternité républi-
» caine.

» L'étendard que la police de Paris a saisi sur moi le
» vendredi 16 septembre 1870, et, à raison duquel j'ai été
» considéré et traité comme fou, était purement et sim-
» plement le drapeau républicain et national de Jeanne
» Darc, et non le drapeau blanc de la légitimité. C'est
» un fait que je vais prouver, en mettant ce drapeau
» sous vos yeux.

» Le voici (le déplier).

» Que signifie mon drapeau, lequel est, en effet, sur un
» fond blanc?

» La première face contient, comme l'étendard de
» Jeanne Darc : *Jhésus, Maria.*

» A la place des fleurs de lis, j'ai mis : *Vive la Nation !*
» ce qui suppose la République; et à la suite : *Jeanne*
» *Darc, vierge et martyre, protége la France!*

» Cette première partie est le drapeau du présent, le
» drapeau du combat, de la guerre actuelle; car il faut
» avant tout, et par un hommage public et solennel,
» appeler sur nos armes la protection de Dieu et de la
» Vierge Marie lâchement insultée et mitraillée par les
» Prussiens !

» L'autre face du drapeau porte, au milieu, une croix
» rouge de paix, de parlementaire ou d'ambulance; et,
» sur le haut : *Paix*, *Liberté*, *Humanité;* sur le bas :
» *Fraternité démocratique entre tous les peuples!*

» Cette deuxième partie du drapeau est l'étendard de
» l'avenir. Elle indique, que nous, républicains énergi-
» ques, mais honnêtes et modérés, et qui avons repoussé
» la guerre, voulons une paix qui assure, pour le pré-
» sent, les droits de la liberté et de l'humanité; et, pour

» l'avenir, la fraternité démocratique entre tous les peu-
» ples !

» Ce nouvel étendard est donc à la fois le drapeau de la paix et de la guerre. Dans ses deux parties, il forme le véritable drapeau de la France, à laquelle Dieu et Jeanne Darc m'ordonnent de dire : *In hoc signo vinces.*

» Oui, l'on ne vaincra et exterminera définitivement les Prussiens qu'après que l'étendard de Jeanne Darc flottera sur tous les forts de Paris et sera adopté, sinon par l'armée, du moins par un bataillon de la milice citoyenne (1).

» La couleur blanche, qui était d'ailleurs celle de l'étendard de Jeanne Darc, est un emblème d'innocence et de pureté. Elle signifie que la *République constituée sous la protection de Dieu et de Jeanne Darc* sera pure des excès de 92 et 93, et respectera les prêtres et la Religion, comme elle doit respecter toutes les opinions et toutes les libertés.

» *Ce n'est qu'à ce prix qu'elle sera durable* (2).

» Le gouvernement de la France doit être dès lors une *République réellement populaire et sans excès, sous*

---

(1) J'ai été sifflé et conspué par la canaille révolutionnaire. Devant les Prussiens, ils ont fui comme des lâches ; et plus tard, protégés par les remparts de Paris, ils n'ont su organiser que l'incendie, l'assassinat et le pillage.

(2) Après les jolies preuves qu'ont faites les Républicains pur sang, au mois de mai 1871, et qu'ils feront toujours quand ils n'en seront pas empêchés par le parti conservateur ou monarchiste, il est permis de se guérir de l'illusion de pouvoir établir une *République durable et qui respecterait la religion et les prêtres*. En pareil cas, changer d'avis n'est point se contredire, surtout quand on a déclaré positivement qu'on n'est pas un adorateur exclusif de la forme.

» *la protection spéciale de Dieu et de Jeanne Darc* (1).
» Dieu m'a révélé, depuis bientôt six ans, que les en-
» fants de Louis-Philippe Ier et dernier sont les descen-
» dants du geôlier Chiappini, qui n'ont aucun droit comme
» princes de sang royal.

» Dieu ne veut plus du *Drapeau rouge* (couleur de
» sang), comme rappelant les massacres, les crimes
» et les impiétés de 92 et 93; et du *Drapeau tri-
» colore* (couleur mixte et bâtarde), comme rappelant
» toutes les corruptions, les lâchetés et les turpitudes
» tant d'une partie de la bourgeoisie que du premier et
» du second empire !

» En outre, le drapeau tricolore est tombé, avec
» Napoléon III, dans la boue, le sang et la trahison; et
» nous n'en voulons plus, parce que, à une ère nouvelle et
» à la République, il faut de nouveaux cœurs et un em-
» blème nouveau ! »

Observations. — Ce discours, j'en conviens, était approprié à l'auditoire auquel j'avais affaire. Néanmoins et, quant au fond, je n'ai rien à y retrancher.

Personnellement, j'ai toujours eu une sympathie particulière pour Napoléon III, peut-être parce qu'il était comme moi, d'un caractère rêveur et aventureux, et qu'il avait passé par toutes les tristesses de l'exil et de la prison.

Comme homme, je l'ai donc plaint sincèrement dans ses malheurs.

Comme souverain, et surtout comme souverain acculé

---

(1) Aujourd'hui, mercredi 5 juillet 1876, je n'en persiste pas moins à penser que le moyen de salut que j'indiquais était le meilleur et même qu'il n'y en a pas d'autre.

à l'inextricable impasse de Sedan, et bien que, même dans ce désastre, l'empereur ait fait preuve de courage et de sang-froid, j'aurais mieux aimé le voir mourir en héros, au milieu d'une trouée faite à travers les lignes prussiennes, puisqu'il s'est trouvé des braves qui n'ont pas reculé devant une telle mort et qui ont même réussi à passer sains et saufs.

Quand les iniquités d'un peuple sont arrivées à une certaine mesure, quand le vase de la colère céleste est sur le point de déborder, il faut à Dieu et pour satisfaire sa justice, des hécatombes humaines. Or, les hécatombes de Sedan, outre qu'elles auraient été plus nobles et plus patriotiques, auraient peut-être empêché un second désastre, celui de Metz, et la criminelle insurrection de 1871.

Quant au drapeau tricolore, cet emblème de l'éclectisme politique et des libres-penseurs modérés, ou, en d'autres termes, de l'indifférence politique et religieuse, de la demi-révolution et de la bourgeoisie athée et corrompue, ce drapeau est réellement tombé, à Sedan, dans le sang, le gâchis et la boue, et ce n'est pas sous son égide que la France recouvrera jamais l'Alsace et la Lorraine.

Cet heureux événement n'aura lieu qu'après que la bannière de Jeanne Darc, portant notamment les noms de *Jésus* et de *Marie*, sera devenue le drapeau national, malgré les railleries des libres-penseurs, porteurs du drapeau tricolore, et précédemment exterminés en masse sur un champ de bataille, où les phalanges de Jeanne Darc auront à peine été entamées.

Enfin, et, quant aux turpides du premier et du second empire, turpitudes dont j'ai signalé les principales, aux pages 49 à 51 des pièces justificatives, je ne dois pas omettre la criminelle conduite de Napoléon Ier et de Napoléon III envers le Pape.

En dernier lieu, cette conduite criminelle, qui a constitué, en outre, une énorme faute politique, a eu pour résultat le plus clair de créer sur nos frontières un plus grand État devenu notre ennemi et qui, en s'alliant à la Prusse, a donné à celle-ci assez de force et d'insolence pour nous infliger plus tard le désastre et l'humiliation de Sedan.

Sur ce chapitre essentiel, il me reste à faire une dernière réponse.

Un des sages du siècle, un des tristes échos de notre bourgeoisie athée et corrompue, plus coupable devant Dieu que les gens du peuple qu'elle égare et qu'elle pervertit ; un journaliste fort content de lui-même et qui est bien loin de se prendre pour ce qu'il est, pour un écrivain à la douzaine et de dernier ordre ; bref, un paperassier ou barbouilleur sans délicatesse et dénué de tout sentiment religieux, un sieur M. G. de Molinari, se disant rédacteur du *Journal des Débats*, au lieu de nous écouter ou de nous lire, a jugé à propos de parodier dans son temps et en ces termes notre manifestation patriotique et religieuse :

CLUB DE LA DÉLIVRANCE

Salle Valentino

Séance du 15 novembre 1870.

« Enfin un orateur à l'air excentrique vient entretenir l'assemblée de l'existence de Dieu et de l'immortalité de l'âme (Marques d'*étonnement*. L'auditoire semble d'avis que cette question manque un peu d'opportunité).

» Le moment est venu, continue l'orateur, d'invoquer » la Vierge miraculeuse de Domrémy (*Nouvelles et*

» *bruyantes exclamations*). J'ai apporté le drapeau de » Jeanne Darc (un fou rire gagne l'assemblée ; on de» mande : le drapeau ! le drapeau ! sur l'air des *Lam-* » *pions*).

» L'orateur s'empresse de déférer à cette invitation. Il » va chercher le drapeau, qu'il a déposé dans un coin et » il le déroule avec précaution. C'est une bannière blan» che, avec une croix rouge au milieu. Il le montre de » face, puis il le retourne en répétant cette manœuvre à » plusieurs reprises.

» Le revers du drapeau est chargé d'inscriptions dont » l'orateur entreprend gravement d'expliquer le sens et » la portée ; mais l'auditoire en belle humeur n'écoute » plus ce champion de Jeanne Darc. Le Président le » congédie poliment, et il se décide non sans peine à s'en » aller, son drapeau sous le bras.

» Il se fait tard, la salle commence à se vider. »

(De Molinari, les clubs rouges pendant le siége de Paris, 2e édition ; Paris, Garnier frères, 1871, in-12, page 93).

Mon discours même, que j'ai ci-dessus reproduit dans sa partie essentielle, est la meilleure réponse que je puisse faire à ce compte-rendu malveillant.

Que le libre ou triste penseur M. G. de Molinari en plaisante tant qu'il voudra, les républicains français, les démagogues surtout, lui-même en tête, auraient un très-grand besoin d'apprendre et de méditer le catéchisme et le Décalogue. Mon discours sur l'existence de Dieu et l'immortalité de l'âme ne manquait pas d'à-propos ; car nous avons été châtiés, en 1870, précisément parce que, oublieux de nos destinées immortelles, nous ne rendions plus à Dieu (Dieu Père, Fils et Saint-Esprit, dans le sens de l'Eglise catholique), le culte de respect et d'amour qui lui est dû.

Quant aux journalistes de la force et des principes du sieur M. G. de Molinari, qui me tournent en ridicule ou me traitent de fou à cause de mes idées sur Dieu et Jeanne Darc, je ne me sens pas plus blessé que ne le serait une eau sale et bourbeuse frappée par un coup d'épée porté à plat et avec la dernière des violences.

Plus le coup serait fort, plus l'eau rejaillirait sur son auteur et le couvrirait de fange et d'ordure.

Il en est ainsi des coups qu'on me porte quand j'agis au nom de Dieu et de Jeanne Darc. Ce n'est ni Dieu ni Jeanne Darc que l'on atteint. On ne fait que se blesser soi-même.

Pour me servir d'une autre comparaison triviale et vulgaire, les imbéciles qui ne me comprennent point crachent en l'air, et leurs crachats, leur retombant dessus avec une force de pesanteur proportionnée à celle de projection, s'incrustent profondément, d'une manière indélébile et à tout jamais, sur leur ignoble face athée et matérialiste !

CHAPITRE III

Mon intervention politique et religieuse, mais surtout religieuse.

§ 1er

HISTORIQUE DE LA QUESTION.

Indépendamment de mes premières prophéties, imprimées et publiées dès le mois d'Août 1852 (voir les pages 6 à 27 des pièces justificatives), Dieu m'a révélé d'une manière plus particulière, au mois de novembre mil huit cent soixante-quatre, époque mémorable de ma conversion (car malheureusement j'avais fait naufrage, comme tant d'autres, et avais cédé à la corruption du siècle), dès le mois de novembre 1864, Dieu m'a révélé d'une manière toute particulière que l'avenir politique *appartient* à Napoléon III et à sa dynastie, *mais à la charge de protéger le Pape et le catholicisme, et de réprimer vigoureusement l'impiété, aussi bien que les excès de la Presse.*

Dieu m'ordonnait en outre d'en avertir sérieusement l'Empereur par tous les moyens en mon pouvoir ; ce que je fis en publiant en Belgique, au mois de juillet 1865, mon *Anti-Labiénus*, que j'envoyai de Bruxelles, à l'Impératrice EUGÉNIE, accompagné d'une lettre particulière.

Je distribuai même cette brochure à la Chambre des représentants belges d'une *manière volontairement excentrique*, et analogue à ma manifestation du 10 mai 1876, faite à l'Assemblée de Versailles. J'obtins ainsi une énorme publicité et il est impossible que l'Empereur et ses conseils n'aient point lu ma brochure. Dès lors je suis quitte et envers eux et envers Dieu.

Du reste, j'etais tellement persuadé, tout pauvre diable que j'étais (car à cette époque j'étais réellement pauvre et très pauvre), j'étais tellement persuadé que Dieu me protégeait et que je n'avais rien à craindre, que, le lendemain même de mon intervention à la Chambre des représentants belges, je retournai m'installer *innocemment* dans les tribunes publiques, où, tout en me reconnaissant et en me surveillant de près, la police flamande me laissa parfaitement tranquille (1).

---

(1) Elle ne m'expulsa de la Belgique que quelques jours après;

De mon côté, je fus très convenable, comme je le serais encore aujourd'hui, si j'assitais de nouveau aux séances de l'Assemblée de Versailles; car un acte *volontairement excentrique* étant, au fond, un acte sérieux, et très sérieux, *ne se répète pas*, afin de ne point le rendre ridicule et de ne pas en détruire l'effet.

Comme je le dis moi-même dernièrement à Messieurs les questeurs, je serais réellement fou, si je recommençais un pareil acte.

Je donnerai, sans aucun doute, une suite sérieuse à mes idées, mais d'une autre manière et par les voies rationnelles et légales.

Ceux qui pensent que le rôle de prophète ou d'envoyé de Dieu est commode ou agréable, sont de grands ignorants. C'est, au contraire, un vrai martyre et un rude labeur; et il faut que l'on soit bien sûr d'obéir à Dieu, pour avoir le courage, en présence d'un siècle athée et matérialiste, d'accepter une pareille mission.

Dieu sait que pendant longtemps je me suis débattu contre de telles idées, les considérant moi-même comme des produits malsains d'un cerveau malade, priant Dieu

---

Un agent de police belge m'accompagna jusqu'à la frontière et fut très poli envers moi.

Je débarquai à Valenciennes avec toute la pauvreté d'un apôtre et d'un martyr.

Si mon ancien collègue M. Baland, receveur de l'engistrement et des Domaines, que je ne saurais trop remercier, n'avait pas eu l'obligeance de me prêter vingt francs que je lui rendis dès mon arrivée à Versailles, la police française m'aurait traité comme un misérable et un vagabond. J'aurais, en effet, été obligé de *mendier* pour cause de nécessité absolue : ce qui rentrait dans le cas d'excuse qu'en ma qualité de *mendiant en habit noir*, j'avais voulu faire adopter par la chambre des représentants belges.

On voit que j'avais plaidé d'avance ma propre cause.

sincèrement de m'en délivrer, de choisir au besoin un meilleur instrument de ses volontés, et ajoutant même que j'avais la conscience, sinon d'être fou, au moins d'être original et même quelquefois excentrique.

Je disais même à Dieu : Vous qui êtes la suprême intelligence et qui avez eu tant de bontés pour moi, quand je m'égarais loin de vos sentiers, vous savez mieux que tout autre que je ne suis qu'une cervelle à l'envers, un homme sans crédit, sans appui et sans consistance, un pauvre diable enfin et le dernier des hommes : *ego sum vermis et non homo, opprobrium hominum et abjectio plebis.* Je ne suis capable que de vous servir des plats de mon métier, c'est-à-dire de faire, *humainement parlant*, les plus *énormes sottises.*

Notre Seigneur Jésus-Christ, surtout après que j'avais communié, n'en persistait pas moins à me dire, que, *malgré tous mes défauts*, il désirait faire de moi l'instrument de ses volontés.

Ainsi obsédé de ces idées fixes, et quoi que je pusse faire pour m'en débarrasser ; mes confesseurs, d'un autre côté, me considérant eux-mêmes à cette époque, en 1865 et au commencement de l'année 1866, comme un demi-fou inoffensif auquel on ne pouvait refuser l'absolution, parce que j'étais de bonne foi ; ainsi obsédé de mes idées politiques et blâmé par mes chefs spirituels comme n'ayant aucune qualité pour être le conseiller moral d'un Empereur, je poussai la naïveté et le désintéressement jusqu'à me rendre exprès à Paris, pour soumettre mon état mental à l'appréciation d'un célèbre médecin aliéniste, de M. le docteur Moreau, demeurant à Paris, rue Bonaparte, n° 17.

Voici le certificat qui me fut délivré et dont j'ai conservé l'original :

« Je ne me suis, sans doute, pas fait bien comprendre

» de M. Roustan, dans la conversation que j'ai eue avec
» lui vendredi dernier.

» Je dois lui réitérer que les *inspirations* qu'il dit rece» voir de la Divinité, la croyance qu'il est doué du don » de prophétie, etc., etc., constituent à mes yeux, comme » dans l'opinion de tout médecin aliéniste, un véritable » *délire partiel*, un état d'hallucination *psychique* qui, » sans compromettre nécessairement et absolument l'exer» cice *tout entier* des facultés intellectuelles, n'en trahit » pas moins une véritable anomalie mentale.

» Dr MOREAU. »

Lundi, 12 février 1866.

Au moment où je me présentai chez M. le docteur Moreau, il lisait les œuvres de sainte Thérèse.

Sur mes observations, il répondit avec la suffisance d'un athée arrogant, que, s'il était consulté comme médecin aliéniste, il enverrait sans hésiter à Bicêtre, ou à Charenton, sainte Thérèse, qu'il qualifiait d'*hystérique*.

M. le docteur Moreau ajouta que, ne croyant pas à la Divinité de notre Seigneur Jésus-Christ, il considérerait comme fou tout individu qui, au nom du sublime crucifié du Calvaire, prophétiserait ou ferait des miracles.

Au dire de la science insano-médicale, je serais atteint dès lors de la *folie de la croix*, en compagnie de saint Paul, de sainte Thérèse, de sainte Jeanne Darc, etc., en un mot, à la manière des saints et des martyrs.

A part la circonstance qu'il n'y a chez moi que l'étoffe non pas d'un saint, mais d'un grand pécheur et d'un véritable *chenapan*, je dois être flatté du parallèle.

Si je puis dire dès lors, avec Jean-Jacques Rousseau, mon illustre maître en originalité : « Je ne suis fait « comme aucun de ceux que j'ai vus, j'ose croire n'être

» fait comme aucun de ceux qui existent », je me garderai bien d'ajouter avec lui : *Si je ne vaux pas mieux, au moins je suis autre*, car ce serait le comble de l'orgueil et de la démence. Mais je dirai, avec plus de vérité, d'humilité et de bon sens :

« Avant que Dieu, par un vrai miracle de sa grâce, » m'eût entièrement régénéré, j'étais devant lui le plus » immonde pourceau qui jamais eût empuanté la » demeure des hommes. Job, sur son fumier, n'avait pas » des plaies et des ulcères pustuleux plus dégoûtants que » les miens. Trente ans de pourritures morales accumu» lées avaient fait de moi un véritable objet d'horreur. » J'étais réellement gangrené jusqu'à la moëlle des os. »

Oui, voilà ce que j'étais devant Dieu, quand je passais pour sage selon le monde. C'est alors que j'étais réellement fou, bien que je n'eusse point ce prétendu *délire partiel*, ces *hallucinations psychiques*, mots sans portée réelle, mots vides de sens, à l'aide desquels la science insano-médicale prétend d'un seul trait expliquer et condamner le surnaturel.

Pour le moment, et sauf discussion ultérieure et approfondie, je me bornerai à répondre à M. le docteur Moreau, à MM. les docteurs Lasségue et Legrand du Saulle, et à toute leur clique, ce que je publiai moi-même dès les premiers temps de ma conversion :

Réponse d'un pécheur nouvellement converti, du MENDIANT EN HABIT NOIR, *aux injustes critiques des mondains.*

Pour comprendre les choses saintes,
J'ai prié, mais du fond du cœur.
Dieu n'a point repoussé les plaintes
Du plus misérable pécheur.

Oui, Dieu m'a touché de sa grâce :
Je veux vivre et mourir pour lui.
Sans Dieu tout me pèse et me lasse,
Loin de Jésus tout m'est ennui !

Vous dont la triste intelligence
N'admet pas un Être éternel:
Docteurs d'une fausse science,
Vous jugez les choses du ciel !

Et vous me prodiguez l'outrage,
Vous me mettez au rang des fous !
Hélas ! quand je me croyais sage,
J'étais insensé comme vous !

La haine impie (1) et la discorde (2)
D'un chrétien ne sont pas l'effroi.
Dieu vous fasse miséricorde
Et vous éclaire comme moi !

Versailles, novembre 1864.

A près de douze ans d'intervalle, aujourd'hui lundi, 5 juin 1876, je n'ai rien à changer dans mes appréciations.

Si jamais j'arrive au pouvoir, je serai beaucoup plus énergique et je dirai hardiment :

Il faut débarrasser la France de cette sale et puante vermine qui la dévore et qui la tue.

Il faut reléguer à l'étranger ces tristes corrupteurs de la jeunesse, tous ces professeurs d'athéisme, que je ferais

---

(1) Allusion à toutes les injures et à toutes les calomnies dont on abreuve l'auteur, sans le lire ni le comprendre.

(2) Allusion à de certaines violences physiques et morales, et à l'opposition de tous ses proches. *Et inimici hominis domestici ejus.*

brûler sans pitié (*non est pax impiis*), comme leur confrère Félix Pyat, si l'inquisition existait chez nous *et si, après avoir été sérieusement avertis, ils persistaient dans leurs doctrines pernicieuses.*

O ma France bien-aimée, c'est parce que je te veux grande et forte, qu'*au nom de Dieu et de Jeanne Darc*, je déclare la guerre, et une guerre sans trêve ni merci, à tous ces faux docteurs, surtout à ces docteurs aliénistes qui, devant Dieu, sont plus aliénés que les malades qu'ils torturent inutilement et qu'ils prétendent guérir !

Di meliora piis : doctores hostibus illos (1) *!*

Oui, que Dieu donne à des élèves pieux de véritables hommes de science, et que tous ces faux docteurs, tous ces misérables professeurs d'athéisme s'amendent ou soient expatriés !

Qu'ils quittent pour toujours une France qu'ils avilissent ; et qu'ils aillent, comme le pustuleux Rogeard, inonder l'Allemagne et la Prusse de leurs doctrines empestées !

L'opinion de tous les sages selon le monde, celle des sommités de la science médicale, et surtout le blâme de mes confesseurs, m'avaient profondément troublé. Quand je me sentais inspiré et soutenu par Dieu, et malgré ce trouble, je n'étais pas malheureux. Mais quand Dieu m'abandonnait à moi-même, quand j'éprouvais cette agonie, cette sécheresse, et ces langueurs dont il est parlé dans la passion de notre divin maître :

« *Per agoniam et passionem tuam, — Per crucem et derelictionem tuam, — Per languores tuos,* »

---

(1) *Di meliora piis, erroremque hostibus illum !*
(Virgile, Georgiques, livre III, vers 513).

Oh ! alors j'étais en proie à la plus horrible souffrance morale qui puisse briser le cœur d'un mortel. Je me disais : tu es réellement fou, puisque tout le monde te considère comme tel, même les gens de religion. Tu es dans le cas de ces malheureux que tu as vus de près, que tu as reconnu toi-même être fous, qui reconnaissaient aussi que leur voisin était fou et qui, n'ayant point la conscience de leur état, se croyaient très-raisonnables. Cette cruelle souffrance, cette incertitude, indéfiniment prolongées, doivent finir par faire tomber en démence les hommes les plus sains d'esprit, s'ils sont constamment enfermés avec des fous. Voilà pourquoi l'on ne saurait flétrir assez vivement l'habitude prise, par la science aliéniste, d'envoyer à Charenton sous des prétextes qui ne sont pas suffisamment graves. Moi-même, si j'avais fait à Paris, le 10 Mai 1876, l'acte excentrique et audacieux que j'ai accompli impunément à Versailles, je serais arraché depuis plus d'un mois, comme aliéné, et comme aliéné dangereux, à mon commerce, à ma femme et à mes sept enfants. Ainsi qu'on peut le voir aux pages 27 à 37 des pièces justificatives, quand, il y a près de 24 ans, on m'a détenu 33 jours à Charenton et à Bicêtre, je n'avais pas fait la dixième partie du scandale que j'ai causé à Versailles. J'avais, au contraire, observé toutes les convenances ; et si j'avais cassé hardiment les vitres, non-seulement il ne me serait pas arrivé pis, mais j'aurais même réussi dans mes démarches. *Quand on fait un acte volontairement excentrique, on ne doit jamais le faire à demi.* Strasbourg, Boulogne, ne sont-ils pas aussi des actes excentriques et audacieux ? Or, l'auteur de ces actes m'aurait certainement compris et m'aurait amnistié !

Indépendamment de l'opinion de tous les sages selon le monde, des médecins-aliénistes et même des gens religieux, j'avais encore contre moi mon opinion personnelle.

N'ayant pas encore dépouillé complètement le vieil homme, j'avais publié, en 1866, et présenté comme d'un accomplissement certain, des prophéties en partie ridicules, *parce que j'y avais mêlé des choses personnelles.*

Ces prophéties, comme de raison, ne s'étant point réalisées (bien que je les eusse faites avec bonne foi) j'en tirai la conséquence que j'étais réellement fou ; et comme je n'avais jamais pu, malgré mes efforts et ma bonne volonté, séparer mes idées politiques de mes idées religieuses, en renonçant aux premières, je perdis la foi et la piété.

Un religieux m'avait cité un fait de la vie de Sainte-Thérèse. Elle voyait notre Seigneur Jésus-Christ lui apparaître crucifié et sous une forme sensible. Le confesseur de la sainte, ayant lieu de penser, d'après les circonstances de l'apparition, que c'était le diable qui prenait cette forme, prescrivit à sa pénitente de cracher sur l'apparition ; ce qu'elle fit avec docilité.

Notre Seigneur Jésus-Christ fit ensuite connaître à la Sainte que si elle n'avait pas ainsi craché sur le diable, elle n'aurait jamais revu son époux bien-aimé.

Pour moi, je n'ai pas été aussi heureux.

En suivant l'avis de religieux infatués de leur Henri V (que je respecte comme honnête homme, sans penser que Dieu veuille de lui comme Roi), en cédant à des conseils politiques que l'expérience m'a prouvé n'être pas fort sages, j'ai craché, vers la fin de l'année 1866 ou au commencement de l'année 1867, sur mes idées napoléoniennes, les considérant comme des hallucinations ou comme de véritables sottises.

Or, en agissant ainsi, je n'ai pas tardé à commettre devant Dieu des péchés mortels, à perdre la foi, et à tomber dans toutes sortes d'abominations, de celles que le monde encourage au lieu de blâmer et qui tendent à dépeupler les Etats ; gangrène politique produite surtout par l'excès du luxe, par les habitudes du théâtre, par l'orgueil, par la manie de vouloir s'élever au-dessus de son rang, et par l'absence totale du véritable sens moral et religieux.

Il est donc bien prouvé, par ma propre expérience, que c'est le péché mortel qui engendre l'incrédulité : pour sentir et connaître Dieu, il faut en effet, avoir le cœur pur, ainsi que l'enseigne l'Evangile : *Beati mundo corde, quoniam ipsi Deum videbunt.*

J'allai plus loin encore :

Après avoir affirmé, dans mes moments de ferveur, que je me laisserais ensanglanter et couper le poing, plutôt que de renier notre Seigneur Jésus-Christ, j'ai eu l'infamie d'adopter plus tard l'opinion de Renan, de l'écrire et de le signer sur un exemplaire de mes écrits confié à M. Launay, notaire à Laval (Mayenne), à l'appui de mon testament olographe. Dans mes moments d'impiété, et possédé que j'étais alors, comme tant d'autres, par le démon de la luxure, je disais effrontément et en vrai voltairien, de l'adorable mystère de l'Eucharistie : *panis es, panisque manebis.*

J'ai donc vécu pendant plus de trois ans, très-sage selon ma femme et selon le monde, mais réellement fou et très-criminel selon Dieu.

J'ai, depuis, réparé noblement cette impiété.

Dans mes prières de tous les jours, quand je parle de notre Seigneur Jésus-Christ, j'ai soin d'ajouter : *vrai Dieu et vrai homme.*

En outre, me trouvant, le lundi 1er mai 1876, dans le presbytère de Montfort-l'Amaury, où M. Brault, notaire, faisait la vente du mobilier de feu M. le curé Passard, Dieu et Jeanne Darc m'envoyèrent une bonne inspiration.

A titre de passe-temps, je jetais les yeux sur une belle gravure de la Cène, d'après Léonard de Vinci, éditée par la maison Goupil, de Paris.

Tout-à-coup mon cœur se dilate dans une sainte joie et je dis à notre Seigneur et divin Maître :

« O Jésus, ce grand mystère de ton amour est incom-
» préhensible à notre raison, mais très-compréhensible à
» notre cœur.

» Incompréhensible à notre raison, parce que c'est le
» secret d'un Dieu tout puissant et impénétrable ;

» Très-compréhensible à notre cœur, parce que c'est
» un acte d'amour, et que le propre du véritable amour
» est de se faire comprendre ! »

A cause de cette inspiration de Dieu et de Jeanne Darc, j'achetai au cours de l'enchère (32 fr. 50 en principal et 10 pour cent en sus) la gravure de la Cène, qui était convenablement encadrée, je l'enveloppai précieusement d'une énorme quantité de papier gris et de ficelle, me faisant même aider par un jeune ouvrier emballeur ; et je l'emportai au chemin de fer, sans jamais m'en séparer, et *avec tout le respect d'un prêtre porteur du Saint-Sacrement.*

Cette gravure était destinée à ma chambre à coucher où se trouvait, comme par l'effet du hasard, mais en réalité, par la volonté de Dieu et de Jeanne Darc, une place vide exactement appropriée à la grandeur du tableau.

Ma femme, qui ne pratique point la religion (sans être impie pour cela, et qui remplit d'ailleurs très-exactement tous ses autres devoirs), ma femme me considère, au point de vue religieux, sinon comme fou, du moins comme d'une dévotion outrée. Un catholique pieux devrait, d'après elle, se borner à faire ses pâques et à entendre la messe tous les dimanches. A quoi je réponds, que la sainte Eucharistie étant la nourriture de nos âmes, le catholique vraiment pieux qui s'en tiendrait à la simple communion pascale, se porterait, spirituellement, à peu près aussi bien que celui qui mangerait une fois par année, si la chose était possible. Dans tous les cas il serait aussi sec, aussi décharné et aussi pâle que je l'étais moi-même, quand j'arrivai de Paris, le 2 février 1871, après un long et rigoureux jeûne de quatre mois et demi.

Ma femme s'opposait dès lors à ce que mon tableau de la Cène ornât notre chambre à coucher, prétendant que ce tableau ne pouvait que m'inspirer des idées folles.

Je profitai d'un jour où ma femme était sortie pour faire accrocher clandestinement le tableau, qui est assez grand et un peu lourd, par un de nos voisins, l'excellent M. Marminond, ébéniste.

Ma femme rentra au moment où le tableau venait d'être placé.

Lui montrant Notre-Seigneur Jésus-Christ, dominant majestueusement au milieu du tableau, je lui dis, en présence de M. Marminond qui, stupéfait, me considéra lui-même comme fou : *Voilà celui qui me fera arriver au pouvoir..*

Ma femme poussa de hauts cris, en disant : *Peut-on déraisonner à ce point? Mais, avec tes divagations et tes observations insensées, tu me feras mourir de chagrin!*

Le tableau n'en a pas moins été placé où je voulais et y est resté.

Quant à ma manière d'arriver au pouvoir, elle est des plus simples.

En ma qualité de mendiant en habit noir et au nom de Notre-Seigneur Jésus-Christ, père des pauvres (*Jesu, pater pauperum*) et de Jeanne Darc, également protectrice des pauvres et des malheureux, j'aspire à devenir le chef de tous les mendiants et de tous les pauvres honnêtes. Si jamais j'arrive au pouvoir, ce sont eux, et eux seuls, que j'entends représenter. Ils me donneront certainement assez d'occupation, et tout mon temps leur sera consacré, avec le plus grand dévouement et avec le plus grand plaisir.

A la même vente de Montfort-l'Amaury, le lundi 1er mai 1876, j'achetai encore, comme marchand, un tableau en cuivre, encadré, représentant un jeune homme en prière, avec cette inscription latine placée au-dessus de sa tête :

Quoniam ego in flagella paratus sum !

Je fus frappé de cette devise, que je n'avais pas remarquée avant mon acquisition, et que Dieu et Jeanne Darc, faisant allusion à ma future manifestation du mercredi 10 mai 1876, en pleine chambre athée et matérialiste, me déclarèrent s'appliquer à moi.

A quoi je répondis : cette devise m'est applicable sans doute, parce que *Suprà dorsum meum fabricaverunt peccatores.*

Etiam, me fut-il contre-répondu.

Ma grande manifestation religieuse et politique, je l'avais du reste annoncée d'*avance* et à beaucoup de personnes, à Versailles et ailleurs, notamment en pleine vente publique à Montfort-l'Amaury, le jeudi 27 avril 1876 et le lundi 1er mai suivant.

Dieu et Jeanne Darc m'avaient prescrit de donner pleine carrière à mon *imprudence naturelle* (car il n'y a pas d'être plus compromettant que moi, comme ma femme qui me connaît bien, ne cesse de le dire) ; et si je conspirais comme homme, je ferais certainement avorter la meilleure, la plus sensée et la mieux combinée des entreprises.

Dieu et Jeanne Darc m'autorisent dès lors à suivre mon naturel imprudent, surtout quand j'agis en leur nom, afin de bien prouver que mon œuvre, ou plutôt la leur, n'a pas, pour principe, la fausse sagesse humaine.

Je reprends mon récit.

J'ai donc vécu pendant plus de trois ans dans une incrédulité complète, et en proie à toutes sortes d'impuretés, en apparence très-sage selon ma femme et selon le le monde, mais, en réalité, complètement fou et très-criminel selon Dieu.

Ma rechute prouve encore une chose : que les religieux qui disent avoir renoncé au monde, feraient mieux de s'occuper un peu plus de religion et de piété, et un peu moins de politique et d'intérêts terrestres ; et de ne pas décider *à priori* qu'un pénitent qui a des idées napoléonniennes bien arrêtées, et qui ne veut pas, et ne veut pas positivement de leur Henri V pour roi, manque d'humilité, tourne au protestantisme et ne mérite pas de recevoir l'absolution.

Si je n'en avais pas eu la preuve, et la preuve très-complète, par ma propre expérience, je n'aurais jamais cru, que dans les couvents et les établissements religieux, le nom bonapartiste, même celui de Napoléon IV, fût exécré à ce point !

Dieu et Jeanne Darc m'ordonnent de révéler impitoyablement ces faits, afin que, dans l'intérêt même de la Religion, notre Très Saint Père le Pape daigne y mettre ordre. Non, il n'est pas vrai que Notre-Seigneur Jésus-Christ et Henri V soient deux personnes inséparables, et qu'on ne puisse renier l'un sans renier l'autre !

Dans le monde politique actuel, je suis bien persuadé qu'Henri V, quelque honnête qu'il soit, ferait un triste personnage.

Comme Souverain se disant légitime, comme Roi de droit divin, il est enterré depuis longtemps !

La Religion saura bien se maintenir sans lui.

Les morts, après huit ans, sortent-ils du tombeau ? Or, pour une race royale et non régnante, un signe certain de mort, c'est la stérilité !

J'ai donc vécu plus de trois ans dans l'impiété et le

désordre, ne faisant plus mes prières, ne fréquentant plus les églises, pas même le dimanche, et me bornant au soin de ma famille et de mes intérêts matériels.

Un jour néanmoins de première communion, étant entré dans l'église Saint-Louis de Versailles, par la petite porte qui se trouve en face de la rue Saint-Honoré et en traversant la partie de l'église où se trouve sculpté un admirable *ecce homo*, un jour de première communion me trouvant dans l'église Saint-Louis, en présence du Saint-Sacrement publiquement exposé, et jetant les yeux sur les espèces eucharistiques, je sentis mon cœur se détacher en quelque sorte de ma poitrine, et attiré délicieusement, par des liens invisibles, vers la sainte hostie. Je résistai à cet attrait de la grâce, en disant : *Non, mon Dieu, non ; je craindrais de devenir encore fou !*

Voilà comment les sévérités de mes confesseurs et leur persistance à considérer comme folles mes inspirations napoléoniennes, m'avaient jeté dans une déplorable voie.

Si je n'avais pas eu une famille nombreuse ; si les cinq jeunes enfants que j'ai tous perdus à l'âge de moins d'un mois, sur douze que j'ai eus, et qui sont maintenant des anges dans le ciel ; si mes jeunes enfants n'avaient pas intercédé pour moi auprès de Dieu, je suivrais probablement encore les sentiers de la perdition.

Sous un autre rapport, Dieu sans doute aura eu pitié de mes erreurs, car j'étais de bonne foi en repoussant la question religieuse comme une cause de folie. D'après l'opinion unanime des médecins-aliénistes, de mes confesseurs et des sages selon le monde, et faisant preuve, en ceci, d'une vraie humilité, *je m'étais considéré comme fou, contrairement à mon sens intérieur.*

Et quand je pensais ainsi, je disais cependant : *Si tu as été fou, il faut avouer qu'il n'exista jamais de folie aussi douce* : les brûlants séraphins dans le ciel, n'ont peut-être pas de plus délicieuses extases que celles que j'éprouvais aux pieds des saints autels, après avoir communié et au milieu de mes rêveries napoléoniennes.

Je ne sais bien exprimer mes sentiments qu'en prenant la plume au moment où mon cœur est encore ému. Je n'ai rien écrit à cette époque, et il ne me reste de mes impressions qu'un souvenir très-affaibli. Peut-être essaierai-je un jour de reproduire le peu que ma mémoire a conservé : c'est-à-dire le squelette de mes idées et de mes sentiments.

Quoi qu'il en soit, Dieu daigna jeter encore sur moi un regard de miséricorde.

Le 16 juin 1870, ma fille aînée passe dans ma chambre et m'éveille. Elle me dit qu'elle est obligée de partir de bonne heure pour l'église où elle va faire sa première communion. Par un mouvement sans doute de la grâce, je lui réponds : Eh bien, offrez à Dieu cette communion pour moi.

C'est depuis lors, quoi qu'il m'en ait coûté dans le principe, que je suis revenu définitivement à Dieu, et que je pense lui avoir été fidèle.

Or, à mesure que j'ai pratiqué de nouveau la religion et que j'ai fréquenté les sacrements de Pénitence et d'Eucharistie, mes idées sur Napoléon et sur Jeanne Darc ont pris une tournure calme, douce et définitivement arrêtée ; comme il convient à une inspiration de Dieu, dont la paix de l'âme est le principal caractère.

Si, en 1865 et en 1866, j'avais quelquefois des doutes sur ma mission politico-religieuse, je n'en ai plus aujourd'hui ; et le souvenir de mes chutes ne sert qu'à m'affermir dans ma confiance en Dieu, dont les célestes consolations ne cessent maintenant d'inonder mon cœur et de me donner du courage.

J'aurais encore, sur ce point, bien des choses à dire ; mais elles sont d'une nature si délicate et sont compliquées d'une telle opposition de tous les sages selon le monde et de tels déchirements de cœur, que ma position d'homme marié et de père de famille m'oblige à garder le plus complet silence.

Qu'il me suffise de dire sommairement que si, pour être l'indigne instrument de Dieu, il faut passer par les tortures et le martyre, ces tortures et ce martyre, je les ai largement éprouvés. Ma figure même doit porter l'empreinte de cette lutte incessante, énergique, et *bien certainement au-dessus des forces physiques et morales* d'un pauvre diable tel que moi !

A ceux qui se moquent de mon prétendu *don de prophétie*, je répondrai que ce don, loin de supposer une haute intelligence, se concilie au contraire avec une portée d'esprit très-commune, des manières nullement distinguées, et avec une grande simplicité d'esprit.

Je répondrai encore que le don de prophétie ne prouve nullement la sainteté.

On peut prophétiser, même pour des choses sérieuses et saintes, et n'être néanmoins, et devant Dieu et devant les hommes, qu'une franche canaille.

Ceux qui me voient, en effet, dans les rues et sur les avenues de Versailles porter péniblement sur mes bras des paquets de librairie de 27 à 32 kilogrammes, avec l'air d'un portefaix tout essoufflé et à moitié contorsionné par la fatigue, ceux-là doivent trouver drôle que Dieu daigne se servir comme prophète, d'un misérable placé si bas dans l'échelle sociale. Ceux-là n'oublient qu'une chose : c'est (ainsi que M. Wallon le fait remarquer justement dans la vie de Jeanne Darc, tome II, p. 374), c'est que *le prophète est un homme et n'est prophète que pour les choses qui lui sont révélées.*

Non-seulement donc je resterai dans l'humble position que j'occupe en ce moment, mais Dieu et Jeanne Darc m'ont particulièrement fait connaître que je devrai continuer d'être simple libraire-bouquiniste et marchand de papier, *même quand je serai arrivé au Pouvoir;* c'est-à-dire lorsque, *en qualité de prophète inspiré par eux,* et de mamelouk moral, je serai admis *accidentellement* à conseiller et à guider sa future Majesté Napoléon IV.

Quand Dieu et Jeanne Darc me l'ordonneront, je me présenterai hardiment dans son cabinet pour lui dire verbalement ou par écrit, tout ce qui sera utile aux intérêts de l'Etat.

Je ne devrai jamais m'enrichir, ni moi, ni ma femme, ni mes enfants.

Au-delà du strict nécessaire et eu égard néanmoins à mon état social, toute ma fortune appartiendra aux pauvres et aux malheureux, dont je serai au nom de Dieu et de Jeanne Darc, le protecteur spécial.

C'est moi, entre autres choses, qui serai chargé d'instruire les pétitions des citoyens, celles surtout qui auront pour objet des abus de pouvoir commis par les fonctionnaires de l'Empire, que je ferai casser impitoyablement et même punir d'une manière plus sévère, quand ils seront réellement coupables.

Sous le règne de Napoléon IV, les plaintes du peuple arriveront jusqu'à lui, et justice pleine et entière sera rendue aux pauvres et aux malheureux, pour lesquels Dieu et Jeanne Darc me donneront un peu de leur amour.

Ils me donneront aussi un instinct tout particulier pour saisir rapidement et pour débrouiller, au milieu de ce tas de pétitions plus ou moins absurdes, celles qui mériteront qu'on s'en occupe.

Il y a souvent des infortunes intéressantes et qu'on ne peut légalement secourir. Je ferai voter un fonds spécial pour ces infortunes, et je ne m'arrêterai point là. Après avoir donné le pain spirituel, j'irai moi-même, à ces malheureux et au nom de l'empereur Napoléon IV, porter des paroles de paix et de consolation, leur relever le moral, les ramener à Dieu et leur expliquer particulièrement tout l'intérêt que Napoléon IV leur porte et tous ses regrets de ne pouvoir faire davantage, à cause du grand nombre de malheureux à secourir.

Or, pour l'accomplissement d'une telle mission, il faut être facilement abordable, et rester homme du peuple.

Voilà pourquoi Dieu et Jeanne Darc ne veulent pas que je change de métier.

En outre, et pour remplir avec succès mon rôle de prophète et d'envoyé de Dieu, il faudra que je reste libre et indépendant, que je sois habitué à vivre de peu, comme je le fais depuis de longues années, et que mes moyens d'existence, pour moi aussi bien que pour ma famille, ne dépendent pas du pouvoir.

Le prophète audacieux et énergique qui, en mettant le feu à une mine secrète aurait, au mois de septembre 1870, si l'on avait accepté son concours, fait sauter impunément en l'air et écrasé à tout jamais Bismark et le roi de Prusse; le prophète audacieux et énergique qui, au 10 mai 1876, a fait impunément, sans peur comme sans reproches, et en pleine chambre républicaine, ce que Dieu et Jeanne Darc lui ont inspiré; ce prophète, dans les moments où il se sent fort de la force de Dieu et de l'Esprit-Saint, saurait porter avec succès la libre et sainte vérité jusqu'aux pieds du trône impérial, et ne serait jamais retenu par aucune considération humaine.

Si, pour les sages selon le monde, le ridicule est ce qu'ils redoutent le plus; pour le réformateur sérieux et chrétien, c'est une chose absolument insignifiante et moins qu'accessoire. Soyons dès lors ridicule et même fou tant que l'on voudra, pourvu que nous arrivions à nos fins; et, après les poursuites judiciaires ou les menaces de la police, sachons supporter chrétiennement les railleries et les outrages, et, au besoin, les persécutions et les diffamations administratives.

D'après la judicieuse observation de Montesquieu, d'accord, sur ce point, avec l'Evangile, « ce qui gâte presque » toutes les affaires, c'est qu'ordinairement ceux qui les » entreprennent, outre la réussite principale, cherchent » encore de certains petits succès particuliers qui flattent » leur amour-propre et les rendent contents d'eux. » *Grandeur et décadence des Romains*, chap. XII.)

Devant Dieu et devant Jeanne Darc, je prends l'engagement solennel qu'en ce qui me concerne, il n'en sera jamais ainsi !

Périsse donc mon individualité, périsse même ma famille, pourvu que le droit et la justice triomphent !

(Bien entendu, si telle est la volonté de Dieu.)

CHAPITRE III (*Suite*)

§ 2.

Mes Colloques intérieurs avec Dieu

(Dieu Père, Fils et Saint-Esprit, dans le sens de l'Eglise catholique)

Ayant ainsi placé en Dieu ma confiance la plus absolue, et ne voulant point désobéir à ses ordres, je l'ai, depuis plus de dix ans et malgré des solutions de continuité, prié et supplié respectueusement de me délivrer de mes idées politico-religieuses, si elles étaient fausses, et de m'y affermir, si elles venaient de lui.

A cet effet, et indépendamment de mes prières ferventes et journalières, de mes fréquentes confessions et communions, j'ai fait dire des messes en divers endroits, j'ai fait brûler des cierges à l'Eglise Notre-Dame-des-Victoires et ailleurs, et récité tous les jours mon chapelet, agissant certainement avec simplicité et avec droiture et ne demandant à Dieu qu'une chose : *que sa sainte volonté s'accomplisse.*

Or, bien loin que mes idées politiques et religieuses m'aient abandonné, même au milieu de mes occupations commerciales les plus sérieuses, elles se sont de plus en plus affermies et dans mon esprit et dans ma volonté.

Maintenant je ne doute plus de ma mission, j'y crois avec une entière certitude, et Dieu me fait comprendre de jour en jour que les temps de parler et d'agir sont venus.

A cet effet Dieu m'a révélé, à peu près un mois à l'avance, et antérieurement au 14 Avril 1876, que, dès la rentrée des Chambres et le jour même de leur ouverture, le mercredi 10 Mai 1876, en son nom et en celui de Jeanne Darc, protectrice spéciale, après sa prochaine canonisation, de la France et de l'armée française, je devais accomplir l'acte prophétique et solennel dont tous les journaux ont parlé, et joindre divers écrits, à l'appui de cet acte, qui paraîtrait d'abord insensé, mais qui ne le sera plus, quand j'en aurai publié tous les motifs.

Comme Dieu me l'avait révélé, j'ai trouvé facilement un imprimeur ; et, aujourd'hui que la chose est faite et en raisonnant au point de vue humain, je ne m'explique pas comment, au milieu de mes tracas de commerce et de ménage et de six enfants encore à ma charge, dont deux âgés de trois et de quatre ans et qui exigent des soins tout particuliers, je ne m'explique pas comment, au milieu de tels embarras, (car nous n'avons ni bonne, ni femme de ménage, ni commis), j'ai pu avoir l'énergie et la santé nécessaires pour composer mes manuscrits malgré la violente opposition et les larmes de ma femme et me transporter, avec une grande perte de temps, d'une extrémité de Versailles à l'autre, pour les faire imprimer.

A cette époque seulement, c'est-à-dire du 12 avril au 10 mai 1876, Dieu m'éveillait presque toutes les nuits vers deux ou trois heures du matin et me révélait ainsi *jour par jour, comme un bon père et pour ne point trop me fatiguer le cerveau*, ce que j'avais à faire et à méditer. Quand j'avais une lassitude extrême, il me laissait dormir paisiblement toute la nuit.

D'autres fois et pendant que je produisais des actes d'amour et de contrition, en pensant à toutes les infamies et à toutes les turpitudes de ma jeunesse et de mon âge mûr, Dieu m'envoyait de douces larmes qui me rafraîchissaient le cerveau et produisaient sur moi un effet analogue à celui de la pluie ou de la rosée sur la plante qui se dessèche et qui meurt. Et, chose vraiment extraordinaire, après avoir ainsi pleuré, et pleuré amèrement, je me trouvais aussi bien que si j'avais dormi paisiblement et pendant toute la nuit.

Dieu me révélait encore que, pour une entreprise de cette nature et totalement en dehors des voies ordinaires, je serais blâmé par tout le monde, même par mes confesseurs ; et qu'il ne devait y avoir aucun intermédiaire entre LUI, (*Jéhova*) Jeanne Darc et moi, afin qu'il fût bien constaté que mon inspiration ne pouvait pas provenir des hommes. Si en effet, mes chefs spirituels m'avaient approuvé, avec une tête comme la mienne, je n'aurais pu m'empêcher de le dire : d'où l'on aurait tiré la conséquence que j'étais l'instrument non pas de Dieu et de Jeannne Darc, mais des hommes de religion.

Alors, disais-je à Dieu, moi, pauvre malheureux, envoyé deux fois déjà *par la police*, à dix-huit ans d'intervalle, il est vrai, et pour un mois seulement, limite la plus courte de l'examen médical; moi, pauvre malheureux, envoyé deux fois déjà dans des maisons de santé, à Charenton, à Bicêtre et à Ste Anne, comment pourrai-je, sans être taxé de folie, tenir tête à tout le monde et me croire plus sage qu'eux? Les apparences seront tellement contre moi qu'il suffira du simple certificat d'un médecin athée et matérialiste et ne croyant pas dès lors au surnaturel, pour me faire enfermer de nouveau; avec cette circonstance aggravante que ma nouvelle folie, prenant un caractère politique, sera, au temps de crise où nous sommes, réputée dangereuse, tout au moins pour les Ministres libres-penseurs qui sont au Pouvoir. Or, l'homme arrivé au faîte de son ambition devient quelquefois cruel, s'il pense qu'on aspire à le faire descendre : témoin le Ministre Billault, qui tint pendant trois ans enfermé avec des fous, son ancien ami Sandon.

Dieu répondait alors que je devais exécuter ses ordres purement et simplement, et avec docilité, *sans m'inquiéter des conséquences, qui ne regardaient que lui.* Au besoin, il me renvoyait à ces paroles du psalmiste : *Dominus illuminatio mea et salus mea, quem timebo? — Dominus protector vitæ meæ, à quo trepidabo?*

Je disais encore à Dieu : Mais quand j'irai, en pleine chambre républicaine et matérialiste, faire hardiment ce que vous m'ordonnez, tout le monde me traitera de fou. Voyez donc, ô mon Dieu, pardonnez-moi de vous parler avec cette liberté, voyez donc tout le préjudice que je vais porter à moi, à ma femme et à mes enfants.

Dieu me répondait de ne pas m'inquiéter davantage; que je ne l'offenserais point en résistant à ma femme et à mes confesseurs, parce que le préjudice que je porterais momentanément serait largement réparé, et que j'aurais plus tard, et quand je me serais complètement expliqué, l'approbation non-seulement de mes chefs spirituels mais de beaucoup d'autres personnes.

Confide, fili, me disait-il; me faisant entendre par là que *Lui* (*Jehova*) et Jeanne Darc me protégeraient et m'éclaireraient d'une manière particulière; ce qui, en effet, ne m'a jamais fait défaut. Et je cite particulièrement, comme preuve de ma mission, la paix de mon âme, au milieu de toutes les angoisses que j'ai à subir, et la facilité avec laquelle Dieu et Jeanne Darc font courir ma plume, bien que je sois très souvent dérangé pour acheter et vendre des livres, *Dieu ne voulant point, même au milieu de mes inspirations, que j'abandonne les devoirs de mon état.*

Je quitte donc la plume sans regret et paisiblement, quand un client se présente; et c'est ainsi que j'ai composé le présent article en diverses fois et à bâtons rompus.

Quand on me menaçait de l'envoi à Charenton ou à Sainte-Anne, Dieu et Jeanne Darc me répondaient: ne crains rien, souviens-toi de *Bernadette* SOUBIROUS, la voyante de Lourdes. De pareilles et plus fortes menaces lui furent faites: elles ne se sont jamais réalisées, et une superbe basilique, symbolisant le dogme de *l'immaculée conception*, s'élève maintenant sur ces rochers autrefois déserts. Dieu et Jeanne Darc malgré toutes les railleries des impies et des libres ou tristes penseurs, te protégeront de même.

Depuis lors et ainsi que le fait connaître le *Petit Journal*, dans son numéro du samedi 1er Juillet 1876, le Jeudi précédent, 29 Juin, Son Em. Mgr Guibert, archevêque de Paris, délégué officiellement par le Pape, et Mgr Méglia, nonce, accompagnés de prélats et de dignitaires, ont quitté Paris se rendant à Lourdes pour consacrer solennellement la basilique élevée au-dessus du rocher sous lequel se trouve la grotte célèbre dans le monde entier.

Les fêtes de la consécration commenceront le samedi et seront terminées le lundi 3 Juillet 1876.

C'est un événement considérable qui sera l'occasion d'une réunion d'évêques comme on n'en voit qu'aux époques de concile, et qui attirera une affluence immense de fidèles et de curieux.

Il y aura à Lourdes, qui est maintenant une ville double, le côté Est du château-fort étant aussi peuplé que le côté Ouest, il y aura trente évêques, trois cents prêtres et cent mille pèlerins.

Le *Petit Journal*, en effet, dans ses numéros du mardi 4 Juillet et du mercredi 5 Juillet 1876, rend, en ces termes, un compte-rendu sommaire de cette imposante cérémonie.

Lourdes, Dimanche, 2 Juillet, Midi.

Ce matin a eu lieu la consécration solennelle de la basilique en présence des trente-cinq archevêques et évêques.

A sept heures et demie, les évêques et le clergé se sont rendus processionnellement de la maison épiscopale à la basilique, et la cérémonie a commencé.

A neuf heures, les instructions et les chants ont commencé sur l'esplanade pour les fidèles dont l'affluence était énorme.

Aux chants a succédé à dix heures la grand-messe.

Dans la basilique, la consécration s'est terminée par la

messe pontificale. Le sermon a été prononcé par Mgr Mermillod.

Après la messe, Son Em. le cardinal Guibert, assisté des archevêques présents, a donné du haut de la terrasse la bénédiction pontificale à l'assistance innombrable réunie sur l'esplanade.

Un temps magnifique a favorisé cette cérémonie vraiment grandiose.

Lourdes, lundi 3 Juillet, 1 heure 40 m.

« L'affluence est encore plus grande qu'hier.

» Aujourd'hui a eu lieu le couronnement de la statue » de la Vierge, par Mgr Méglia, nonce du Pape en » France.

» Cette cérémonie a été précédée de la communion » qui a été distribuée aux fidèles à tous les autels de la » basilique, de la grotte et de l'esplanade.

» Le couronnement a eu lieu pendant la messe solen- » nelle pontificale.

» Mgr Pie, évêque de Poitiers, a prononcé le sermon, » dans lequel il a caractérisé au point de vue catholique » les fêtes de Lourdes.

» Mgr Meglia a donné, après la messe, la bénédiction » pontificale à la foule immense qui se pressait sur tous » les points de la montagne.

» Cette magnifique cérémonie s'est terminée par une » procession générale. »

Nous croyons utile de publier encore les détails très-intéressants contenus dans le même *Petit Journal*, aux dates des 6, 7 et 8 Juillet 1876.

C'est comme preuve d'impartialité que nous citons de préférence ce Journal, qu'on n'accusera point d'être partisan de la superstition et du cagotisme.

Nos lecteurs seront bien aises d'avoir tous les détails sur un événement qui sera une date dans l'histoire de la lutte des idées et des croyances à laquelle nous assistons,

---

Lourdes, samedi 1er juillet 1876, 9 h. du soir.

Les trains se succèdent, amenant leurs contingents de visiteurs.

Parmi les visiteurs de distinction figurent la duchesse de Parme et le neveu du Président de la République de l'Equateur, don Garcia Moreno.

Parmi les évêques et archevêques, au nombre de trente-cinq, se trouvent divers prélats italiens et espagnols. Le clergé, au surplus, a des représentants de toutes les nations : Américains, Irlandais, Allemands, Polonais et Brésiliens se croisent à chaque pas, essayant d'échanger entre eux des paroles de bienvenue que leur latin réussit parfois à rendre.

Dans la crypte de la chapelle, comme prélude aux grandes cérémonies annoncées pour demain, a lieu la prise de possession des reliques envoyées par le pape pour la consécration des autels de l'église.

La prise de possession, commencée à cinq heures, s'est terminée à sept. Le cardinal Guibert, entouré des évêques, a rassemblé les reliques sur un autel de la crypte ; les documents relatifs à chacune d'elles ont été lus par Mgr Cataldi, maître des cérémonies du Vatican; les hauts dignitaires de l'Eglise présents avaient à apposer leur signature sur un procès-verbal à mesure que les reliques étaient déposées dans une boîte en métal, aussitôt scellée.

Le cortége est retourné ensuite à l'habitation où séjournent S. E. Mgr Guibert et ses commensaux. Le cardinal marchait entre Mgr Méglia, nonce apostolique près le gouvernement français, et M. l'abbé Reulet, chanoine du chapitre de Notre-Dame de Paris, son secrétaire particulier.

A neuf heures, deux mille fidèles environ sont réunis en face de la grotte, au pied du monticule qui sert d'assise à la chapelle.

Cette grotte, peu profonde, a été, on le sait, le théâtre des apparitions racontées par Bernadette Soubirous.

Elle est peu profonde, et surmontée à droite d'une anfractuosité qui ressemble assez à une niche à saint. C'est là, au fond de ce creux, que Bernadette a eu ses dix-huit « visions » de la Vierge.

Une statue en marbre blanc orne maintenant la niche; elle porte autour du front une sorte d'auréole avec cette inscription en demi-cercle:

Je suis l'Immaculée Conception

Une grille en fer a été posée à l'entrée de la grotte. Derrière ses barreaux brûlent de nombreux cierges, au dessus desquels sont accrochés des bâtons, des béquilles, des appareils d'orthopédie, laissés là par les infirmes qui ont eu foi dans les bienfaits de la *source*.

Cette source coule par trois robinets, d'une fontaine formée d'une simple plaque en pierre sur laquelle on lit:

ALLEZ BOIRE

A LA FONTAINE

ET VOUS LAVER

—

Février 1858

C'est le conseil que la sainte Vierge aurait, à cette date, donné à Mlle Soubirous.

A quelques pas, est une construction basse dans laquelle sont installées des piscines. On y accède par deux portes. Sur celle de droite est écrit:

EAU DE LA GROTTE POUR HOMMES

Sur celle de gauche:

EAU DE LA GROTTE POUR DAMES

Les bords du Gave, autrefois abruptes, ont été transformés en une élégante promenade. Le cours d'eau est encaissé par des quais, en pierre grise, du côté qui longe la grotte. C'est là que la réunion est agglomérée, priant, chantant des cantiques à la Vierge, et n'interrompant ses dévotions que pour crier avec enthousiasme: — Vive Pie IX!

Lourdes, dimanche matin, 2 juillet 1876.

Si jamais le mot fameux : « Il n'y a plus de Pyrénées, » a eu quelque apparence de vérité, c'est en matière religieuse, surtout, qu'il mériterait son application.

Une ferveur toute espagnole anime les pèlerins débarqués au cours de la dernière nuit.

D'Agde, de Béziers, de Clermont, de Niort, d'Amiens et de Bordeaux, des trains ont amené des convois de fidèles. On attend pour demain les pèlerinages de Poitiers, de Mont-de-Marsan, de Narbonne, de Bayonne, de Carcassonne.

De chaque train qui arrive, s'échappent des airs religieux. Des prêtres organisent la descente et c'est encore en chantant que les voyageurs se dirigent vers la grotte.

Par toutes les routes débouchent des carrioles, des chars à bancs, des véhicules de toutes les dimensions et de tous les formats, transportant les paysans des campagnes environnantes.

Quelle que soit l'heure, quelque barrière que leur oppose l'obscurité, tous se précipitent du côté de la grotte. C'est là qu'est le rendez-vous universel. C'est de là que les croyants rayonnent vers les sites circonvoisins, s'acheminant soit vers la prairie que domine la chapelle, et où, sur seize autels en bois rapidement improvisés, des prêtres se succèdent pour célébrer la messe, soit vers la crypte de la chapelle où d'autres prêtres se tiennent à la disposition des pénitentes.

La crypte est exclusivement dévolue à la confession des femmes.

Les hommes, eux, ont la plaine entière pour épancher leurs confidences dans le sein des desservants. Au coin d'une haie, auprès d'un arbre, au bord d'un talus, qu'importe, pourvu qu'ils soient confessés !

Jusqu'au matin, des couples ont erré sur les berges du Gave, à travers les promenades que les aborigènes, évidemment prédisposés au mysticisme, appelaient le *Paradis*, bien avant qu'on ne songeât aux visions de février 1858.

En attendant la cérémonie de la consécration de la chapelle, les fidèles vont visiter l'église en construction que M. Peyramale, curé de Lourdes, environne des soins les plus zélés; elle sera l'église paroissiale de Lourdes, contiendra dix à dou mille pratiquants et deviendra comme une cathédrale dont la chapelle représentera en quelque sorte une dépendance.

Si, selon l'expression employée dans une publication spéciale, le mouvement auquel nous assistons est une croisade, M. l'abbé Peyramale est le Pierre-l'Ermite de cette prise d'armes dévote. C'est lui qui, simple curé de l'humble paroisse de Lourdes, a réussi à emporter le triomphe d'une cause pour laquelle il a dépensé dix années de sa vie. C'est grâce à sa persévérance, à ses efforts multipliés que les faits surnaturels narrés par la petite Soubirous sont passés à l'état d'articles de foi.

Après avoir trouvé deux millions et plus pour l'œuvre de la chapelle, M. Peyramale veut *son* église. La foi qui soulève des montagnes est bien capable de bâtir dessus. Il l'aura et il l'aura somptueuse.

Non loin du lieu où se dressera le magnifique temple, on voit encore le moulin où vécut Mlle Soubirous, aujourd'hui religieuse dans un couvent de Nevers. Dans la chambre principale, on a disposé un autel. La modeste maison est encore habitée par une sœur de Bernadette, qui débite des images et des médailles, aujourd'hui principale ressource du pays.

Entre six et sept heures, sous un soleil rutilant, la route poudroie et les herbages verdoient. Des gendarmes prennent position aux endroits dont l'accès devra être défendu contre la multitude. Sept ou huit brigades ont été envoyées de divers points du département. Un commandant est à leur tête. Le commissaire central de Tarbes concourt aux mesures d'ordre avec un certain personnel d'agents. On surveillera avec soin les *pick-pockets*, qui ne dédaignent aucune occasion de déplacement et dont, déjà, on signale quelques prouesses.

La gare déverse toujours sur la ville des flots d'étrangers.

Mais les cloches de la chapelle jettent leurs notes claires. Le cardinal-archevêque sort du chalet épiscopal, escorté par le haut clergé.

C'est la cérémonie de la consécration de Notre-Dame de Lourdes qui commence.

Lourdes, dimanche soir, 2 juillet 1876.

La solennelle cérémonie de la consécration a commencé par des prières devant la porte de l'église.

Le cortége, arrêté sous le porche, a récité les premières litanies. Puis ont eu lieu l'exorcisme et la bénédiction de l'eau et du sel, présentés séparément au consécrateur. Enfin l'eau et le sel ayant été combinés, des versets ont été prononcés sur le mélange formé des deux substances.

L'aspersion des murs extérieurs a immédiatement suivi. Trois fois les officiants ont fait le tour de l'édifice, frappant, après chaque tour, à la porte fermée. Au troisième circuit la porte s'est ouverte. Le cortége a disparu dans l'intérieur, laissant au-dehors les fidèles assemblés.

C'est un usage ancien comme le christianisme que celui de consacrer, par des rites solennels, les monuments destinés à la célébration du culte.

Le droit de procéder à la cérémonie appartient à l'évêque diocésain. Le pape seul a qualité pour l'en relever. Un indult apostolique peut autoriser le concours de plusieurs évêques, la consécration des autels secondaires, les onctions des murs ou piliers et les menues fractions du cérémonial.

Il n'en a pas été autrement dans les dédicaces mémorables du temps jadis, celle de Saint-Rémi de Reims par le pape Léon IX en 1049, celles des églises abbatiales de Cluny et de Marmoutiers par Urbain II en 1095.

Un décret du souverain pontife, ressuscitant les usages du onzième siècle, a disposé, en ce qui concerne Notre-Dame de Lourdes :

Que les quinze autels mineurs seraient consacrés par quinze évêques pendant la consécration du maître-autel par le cardinal Guibert;

Que la bénédiction de l'*eau grégorine*, de l'*encens*, des *linges, vases* et *ornements* de l'autel serait accomplie la veille, en même temps que la prise de possession des reliques;

Que l'homélie pourrait être prononcée par un évêque autre que le pontife consécrateur.

Cependant, le cortége prit place dans la chapelle. Parmi la foule des prêtres, ceux-là seuls en font partie qui assistent des évêques et des archevêques officiants. Ce sont, pour la plupart, des vicaires généraux, des prélats romains, *abatti* et *monsignori*, des chanoines.

Le peuple stationne au-dehors, avec les trois ou quatre mille curés et vicaires dont quelques centaines, — ceux qui occupent le premier rang et qui ont trouvé asile sur les degrés de l'escalier ou en haut, sous le péristyle, — pénétreront dans la chapelle au moment de la grand'messe.

« — *Pax huic domui,* » — Paix à cette maison, a dit sur le seuil le cardinal pontifiant.

« *In introitu vestro,* » A votre entrée, a répondu le diacre qui était à l'intérieur.

« — *Amen,* » — crient toutes les autres voix.

Des antiennes, des litanies, des prières se succèdent, au cours desquelles des cendres, répandues sur le pavé, embrassent la nef par deux lignes se croisant au milieu. Sur cette croix, le ministre consacrant trace, de la pointe de sa crosse, l'alphabet grec et l'alphabet latin.

Des chants retentissent, le défilé s'avance vers la porte pour exécuter une nouvelle promenade autour de l'église et ramener en triomphe les reliques qui serviront à la dédicace des divers autels.

C'est sur un reposoir, à côté de l'autel principal, que ces restes sacrés sont momentanément placés. L'assistance entonne des psaumes à la gloire des saints, pendant lesquels chaque évêque se prépare à consacrer l'autel qui lui est assigné.

Les phases principales de cette cérémonie consistent dans l'onction de la pierre d'autel avec le saint chrême, le dépôt du reliquaire dans un trou ou *tombeau* que l'évêque scelle de sa main en employant un ciment bénit.

L'onction des murs et des piliers, le revêtement des autels qui, aussitôt couverts de leurs nappes, recevront les ornements destinés à chacun d'eux, compléteront la consécration.

Tout à coup les chants éclatent, les orgues tonnent, les cloches s'ébranlent à toute volée ; les seize officiants encensent les seize autels, entourés de thuriféraires agitant d'autres encensoirs ; des croix d'encens et de cire brûlent sur les cinq croix de chaque table, un frémissement d'étoffes traînant sur le sol accompagne l'*Alleluia* qu'a entonné le chœur.

Les évêques vont se ranger en face du maître-autel, autour de leur chef trônant sur un trône élevé.

La messe pontificale va être dite ; la foule, délivrée, se précipite dans la nef.

Le coup-d'œil est imposant. Trente-cinq évêques, réunis comme en un majestueux concile, immobiles dans leurs chapes aux broderies chatoyantes, la mitre en tête, la crosse en main, forment comme un rempart d'or, de dentelles, de soie, devant Mgr Guibert, revêtu de la pourpre, cette parure des rois et des cardinaux.

L'ornementation de la nef émerge, tamisée par les vapeurs bleuâtres de l'encens.

A travers ce brouillard, apparaissent les suisses chamarrés de galons, les chanoines aux pèlerines bordées de satin rouge, les prélats romains en robe violette, coiffés d'un bonnet violet, les prêtres de tous ordres dans leurs surplis des grands jours.

Mgr d'Auch monte à l'autel; il est chargé de dire la messe.

C'est à Mgr Mermillod, évêque d'Hébron, vicaire apostolique de Genève, que revient l'honneur de prononcer le sermon.

On se presse autour de la chaire pour écouter le fougueux orateur. Mgr Mermillod a choisi comme épigraphe à son allocution quelques paroles tirées d'un psaume d'Isaïe : « Quand la vérité luira, les erreurs disparaîtront. » Il l'a placée sous l'invocation de l'Immaculée-Conception. C'est d'elle, c'est de son intervention qu'il attend le triomphe de ce qu'il appelle « le christianisme intégral. » Les manifestations surnaturelles, dit-il, avertissent la nation française qu'elle doit reprendre les traditions du passé. Il ajoute que l'histoire de la France est écrite dans les cathédrales qui chantent la gloire de Marie et la divinité du Christ.

« Donc, ajoute l'ardent vicaire de Genève, il faut renaître à la foi; il faut renouer la chaîne des souvenirs, et pour parvenir au salut, pour reconquérir la puissance, il n'est qu'un seul moyen : rendre sa prépondérance à l'Eglise exclue à tort de la politique depuis le traité de Westphalie. »

Dans sa péroraison, le prédicateur supplie la Vierge, qui a souri à Mlle Bernadette, de vouloir bien sourire également à la démocratie française, qui, ayant besoin de foi et de lumières, croira alors et sera éclairée.

Au bas des degrés de la chapelle, des vieillards, des femmes portant sur la poitrine une médaille à ruban bleu, une croix en drap rouge ou un cœur enflammé, et en sautoir de longs chapelets sculptés, en noix de coco, se ruent vers le cortège s'efforçant de saisir les vêtements sacerdotaux, sur lesquels leurs lèvres s'appuient avec ferveur. D'autres se prosternent dans la poussière. D'autres, et c'est le grand nombre, courent à toutes jambes pour voir.

Les abords de l'estrade sont envahis. Le cortége n'en obtient pas l'accès sans quelque difficulté.

Sur cet autel improvisé, formé de poutres, orné de feuillage et de banderoles tantôt bleu et blanc tantôt blanc et jaune, Mgr Cataldi, maître des cérémonies, délégué par le pape, lit la lettre par laquelle Pie IX autorise Mgr Guibert à donner en son nom la bénédiction au peuple chrétien, selon la demande formulée par l'évêque de Tarbes.

Le cardinal-archevêque donne la bénédiction. Cette partie de la solennité aurait plus de caractère si elle n'était pauvrement encadrée. Ces manifestations religieuses exigent une mise en scène frappante.

Il est deux heures et demie quand les membres du haut clergé regagnent le chalet épiscopal, où un magnifique banquet doit réunir les évêques, les monsignori et quelques prélats étrangers.

Entre quatre et cinq heures, l'estrade du Rosaire sert de théâtre à la bénédiction épiscopale. Les archevêques, les évêques, rangés en hémicycle, les mains étendues vers le peuple, bénissent la multitude qui, dans la plaine, s'incline à leurs pieds. La scène serait grandiose sans l'observation relatée plus haut. On n'a pas eu le temps de faire mieux.

C'est le soir, à l'heure de la procession aux flambeaux, que le spectacle est le plus saisissant.

La procession se met en route à l'instant même où nous fermons cette lettre, que nous compléterons demain.

Lourdes, lundi 3 juillet 1876.

Impossible d'imaginer rien de plus pittoresque et de plus varié que la procession aux flambeaux dont le rendez-vous général était hier au soir, — comme il le sera ce soir encore, — devant la grotte aux apparitions.

Parmi les scènes pieuses qui se déroulent ici, aucune ne laissera le souvenir d'une impression aussi vive que le spectacle de ces quinze mille pèlerins, — chiffre approximatif, — déjà illuminés par la foi, et éclairant de quinze mille cierges le roc au sommet duquel la basilique dresse vers les nuées la cime aiguë de son clocher en feu.

Au-dessous de ce clocher embrasé par des centaines de lampions, d'autres lampions dessinent dans la nuit les grandes lignes de l'église, les arêtes ogivales du portail, la rosace qui domine la plate-forme, le médaillon où se détache, sur un fond d'or, le portrait du pape Pie IX, colorié dans le style byzantin.

Sur les hauteurs de droite, les deux couvents neufs des Bénédictins et des Carmélites trouent l'obscurité de leurs bariolages lumineux. A droite, les sommets du Calvaire restent sombres; c'est là que tout à l'heure le feu d'artifice éclatera. En face de la chapelle, enfin, à l'autre bout de la plaine du Rosaire, entre le tournant du Gave et la ville, toute pavoisée de lanternes vénitiennes, le fort détache en relief sur le ciel étoilé sa silhouette massive.

Cette ruine noire au milieu de ces lueurs est la merveille du décor. Elle semble avoir survécu à l'époque féodale pour assister à des fêtes qui en rappellent les ferveurs. Son donjon carré, prison d'État sous Louis XV, et plus tard sous Napoléon Ier, s'élève là comme une protestation contre l'esprit moderne. Il exalte le passé, alors que Lourdes, cité guerrière, était la clef des vallées avoisinantes, — ses tributaires jusqu'au jour où, sur le sol de la place d'Armes, la République scella la *pierre de la liberté*, — que l'on y voit toujours, d'ailleurs.

Bien que la réunion de la grotte fût portée sur le programme pour huit heures, à neuf heures et demie seulement, l'assistance s'est trouvée au complet. Déjà les chants avaient commencé, cependant, entremêlés du cri fréquemment répété de :

« — Vive Pie IX!... »

A dix heures, le quai du Gave ressemble à une mer de flammes. La grille derrière laquelle repose, dans sa niche, la vierge de marbre blanc à la longue ceinture bleu tendre paraît émerger d'une fournaise. Du haut d'une chaire en sapin, un prêtre bat la mesure pour guider les mouvements un peu confus des cantiques. Quelques retardataires se glissent entre les groupes, massés vers la fontaine sacrée à laquelle ils espèrent s'abreuver.

L'infinie diversité des costumes parachève le tableau, qui confond dans un pêle-mêle tourbillonnant les prêtres de tous les rangs, les uns en surplis, les autres en soutane, les laïques de tout sexe et de tout âge, depuis le vieillard dont le front s'incline vers la terre, jusqu'à l'enfant qui de ses yeux rayonnants fixe la « voûte éthérée ; » depuis la jolie mondaine aux élégants falbalas, jusqu'à la pauvresse sordide, jusqu'à la mendiante aux haillons informes.

Parmi les ordres religieux, les Franciscains, les Dominicains, les Cordeliers, les Chartreux sont en nombre. Une petite troupe de jeunes gens au teint bronzé, enveloppés d'amples manteaux blancs, attire particulièrement les regards : ce sont les élèves d'un séminaire arabe institué dans le département de l'Aveyron ; ce vêtement qu'ils portent est le classique burnous de leur pays.

A dix heures, on tire le feu d'artifice. La pièce principale, plantée au point culminant du mont du Calvaire, crie en lettres de feu :

VIVE

NOTRE-DAME DE LOURDES.

Et la multitude répète :

— « Vive Notre-Dame de Lourdes ! »

La procession, déjà, s'est mise en marche ; elle a commencé l'ascension des pentes qui surplombent le Gave, dont la limpidité miroite aux reflets de la lune. Une longue, longue file s'organise, gravissant le sentier qui décrit ses lacets sur le versant.

Deux par deux, les lumières s'en vont, pointant vers le lointain et tremblant à la brise. A travers le feuillage des haies on les voit monter de nouveau, se perdre en haut du plateau, pour reparaître, plus près, aux abords de l'église. Elles font le tour de l'édifice, embrasé par des feux de bengale rouges et verts, continuent leur évolution en se dirigeant vers la plaine et, par le chemin du Rosaire, retournent à leur point de départ.

C'est une magnifique retraite aux flambeaux. Retraite, bien entendu, est pris ici dans le sens religieux. Cela est beau parce que cela est simple et que l'effet se dégage sans apprêts et sans recherche. Aucune symétrie, du reste, aucune ordonnance préméditée, si ce n'est la forme même de la procession à son départ, représentant au versant de la colline la première lettre du nom de Marie, horizontalement renversée de la grotte à l'église, entre le quai du Gave et la crête bordant le plateau :

Chacun prend son rang sinon comme il veut, du moins comme il peut. Autour de la grotte, l'hymne commencé se poursuit :

> **Ave, ave, ave Maria.**
> **Sauve, sauve la France,**
> **Ne l'abandonne pas.**

Par intervalles, un grand silence se fait, et l'on entend comme un harmonieux murmure la voix de ceux qui s'éloignent ; ou bien de l'interminable colonne qui serpente au flanc du mamelon monte tout à coup un hurrah formidable :

« — Vive Pie IX ! »

Des ecclésiastiques voudraient qu'on s'abstînt de ces acclamations. Quelques-uns d'entre eux les blâment avec énergie. Nous parlions, dans notre première lettre, de deux courants qui se disputent la masse des visiteurs. L'un et l'autre de ces courants, nous avons eu l'occasion de nous en convaincre depuis, se subdivise en de nombreuses nuances. Parmi les congréganistes, comme parmi les laïques, l'opinion flotte entre un *maximum* et un *minimum* que chacun s'efforce de définir, sans que pourtant ces divergences entre les adeptes du *plus* et les partisans du *moins* dégénèrent jamais en conflits.

L'ordre, au contraire, ne cesse pas un instant de régner, et les quelques gendarmes qui, à eux seuls, ont été jugés suffisants pour maintenir l'immense cohue, ont encore des loisirs et se croisent le plus souvent les bras. Leur principale occupation, durant ces fêtes, consiste à conduire à la prison du fort les quelques voleurs de montres et de porte-monnaie signalés dans la foule, à secourir quelques étouffés, relever les éclopés qu'une curiosité trop ardente jette jusque sous les pieds des cortéges.

A minuit, Lourdes redevient silencieux. Des ombres errent par les routes ou courent la prairie, à la recherche d'un prêtre ; on se confesse, on communie, puis on se met en quête d'un gîte.

On couche partout, sous l'estrade du Rosaire et sur les banquettes qui l'entourent, sur les pierres du quai et sur les dalles des églises. Tel visiteur a loué dans une maison une chaise sur laquelle il passera la nuit, tel autre a apporté sa chaise ou son pliant qu'il dispose en un coin, à la belle étoile. Des gens sont étendus pêle-mêle sur les tables et sur les siéges d'une rotonde couverte en chaume, salle à manger gratuite offerte aux dévots; d'autres, moins heureux, s'allongent sur la terre, humide du froid qui tombe des pics brumeux d'alentour.

Au petit jour, on afflue vers la grotte. C'est là, nous l'avons dit, que se portent d'abord les pèlerins fraîchement débarqués. On prend d'assaut les piscines. Des malades s'y trempent, prenant juste le temps de se déshabiller et de se revêtir dans les petits cabinets attenant aux bassins.

Mais le temps presse; on n'a guère le loisir de baguenauder; les cérémonies se succèdent sans répit. A neuf heures et demie doit commencer la solennité du couronnement de la Vierge.

Il sera facile au public d'assister à ce spectacle sans être trop foulé, car le chiffre des assistants reste de beaucoup inférieur à celui qu'avaient prévu les autorités.

C'est en grande procession que le cardinal, les évêques et le clergé se rendent de la maison épiscopale à l'esplanade du Rosaire.

Sur l'autel de l'estrade, une statue de la Vierge est posée, abritée par un dais gracieux à colonnettes dorées. La messe pontificale est dite devant cette image de marbre, destinée à a basilique.

Après l'Evangile, Mgr Pie, évêque de Poitiers, prononce un sermon.

Son homélie est la paraphrase de celle de Mgr Mermillod, dont nous avons donné une analyse. C'est la même pensée drapée dans d'autres termes. L'éloquence de Mgr Pie diffère essentiellement de celle du vicaire apostolique exilé de Genève. Elle est tranquille, sonore, onctueuse, et d'une ampleur qui, par instants, rappelle Bossuet.

L'auditoire entonne un cantique, au moment où l'orateur quitte la chaire. Un habile maître de chapelle de Toulouse, M. Kung; un musicien distingué, M. l'abbé Lamarque; un autre prêtre, M. l'abbé Goniat; enfin, M. Dargein, organiste de Notre-Dame de Lourdes, conduisent le chant.

La multitude assemblée dans la plaine ressuscite dans les esprits le souvenir des premiers chrétiens en prière sous l'œil du Dieu vivant. On se bouscule bien un peu pour se rapprocher de la balustrade qui enveloppe le reposoir. Mais les gendarmes veillent.

Le site, du reste, est merveilleusement disposé pour que la vue, plongeant de toutes parts, aucun détail ne soit perdu pour les spectateurs.

Aussi, si les fervents se sont tassés dans la plaine, où de larges espaces demeurent vides, d'ailleurs, les curieux ont pris position dans les anfractuosités de la colline du Calvaire.

Le ciel, ensoleillé la veille, est maintenant gris et bas. Les pics lointains sont encapuchonnés de nuages. La pluie menace: elle ne tombe pas. Jusqu'au soir l'atmosphère reste lourde. Une poussière aveuglante s'élève de tous les chemins.

Les prêtres passent sans cesse. Des pèlerins les arrêtent, leur tendant des médailles, des images qu'ils les supplient de bénir.

Mais voici l'instant solennel entre tous.

La fanfare de Lourdes lance aux échos ses notes cuivrées, la foule entonne le *Magnificat*, l'*Ave Maris Stella* et cet *Ave Maria:*

Reçois la couronne,
Mais donne en retour,
O Vierge si bonne,
Un gage d'amour.
Ave, etc.

De la sainte église
Vois les ennemis.
D'un pied vainqueur brise
L'orgueil insoumis.
Ave, etc.

Délivre et couronne
Le Pontife-Roi.
Parais, Vierge, et donne
Le monde à sa loi.

Mgr Meglia, archevêque de Damas, nonce apostolique, bénit une couronne de trente mille francs placée sur un coussin de velours bleu. Il monte sur l'autel, entouré des évêques, le candidat debout au pied du trône qu'il occupe, et, avec une lenteur imposante, il ceint du diadème le front de la statue.

Des applaudissements, timides d'abord et bientôt frénétiques, partent de tous les points de la vaste prairie.

Au même instant s'élèvent ces acclamations :

Vive Pie IX !
Vive l'Immaculée-Conception !
Vive le Pape-Roi !
Et :
Vive Notre-Dame de Lourdes !
Vive la France !

. . . .

Lourdes, 5 Juillet 1876

Quelle est la quantité de pèlerins venus à Lourdes pendant ces jours d'exaltation religieuse ?

Pour ne tomber dans aucune exagération, on peut totaliser par soixante mille environ, soixante-dix mille peut-être, le nombre des visiteurs.

Nous entendons émettre, autour de nous, des supputations faussées par l'enthousiasme, — cent mille, cent cinquante mille, ou dénotant un parti pris de dénigrement — vingt cinq mille.

Nous avons, quant à nous, évité autant que possible les hypothèses, pour nous en tenir aux chiffres officiels. Un calcul sérieux a son importance ; ce sont des régiments qu'il s'agit de compter ; Lourdes n'était-il pas le rendez-vous d'une armée de la foi !

Voilà des faits dont le *Petit Journal*, malgré ses principes républicains, s'est constitué le narrateur fidèle.

Et pour attirer un tel concours de monde, pour opérer de si grandes merveilles, il a suffi de la chose la plus bête selon les prétendus sages du siècle, il a suffi des visions et des hallucinations d'une fillette de Lourdes, frêle, illettrée, sauvage, de la pauvre fille d'un simple ouvrier meunier, cataleptique ou hystérique disent les médecins athées et les libres penseurs, inspirée et favorisée par Dieu et la Sainte Vierge, disent avec raison, le Pape en tête, tous les catholiques et tous les malades miraculeusement guéris !

Mais ceux qui n'ont pas le cœur pur, qui ne prient jamais et se livrent secrètement à tous leurs mauvais instincts et à leurs coupables passions, ceux-là ont beau voir le miracle, (*oculos habent et non videbunt*), ils n'y croient pas et ne peuvent y croire, parce que, comme le fait remarquer avec raison le Comte Joseph de Maistre, il leur manque un sixième sens, le sentiment religieux, qui ne s'obtient que par la pureté du cœur (*beati mundo corde quoniam ipsi Deum videbunt*); et, dans le principe, par un sincère retour vers Dieu, manifesté par l'humilité, le repentir et la prière (*cor contritum et humiliatum Deus non despicies*); car Dieu, qui est infiniment bon et infiniment miséricordieux, ne repousse jamais le pécheur, même couvert des plus grands crimes, qui se repent sincèrement et qui lui demande grâce et pardon.

O France, France, jusques à quand écouteras-tu les faux docteurs qui t'égarent et t'avilissent? Jusques à quand te montreras-tu rebelle aux invitations d'un Dieu tout puissant et de sa très-sainte Mère, qui ont pitié de tes malheurs et qui veulent te régénérer?

Et quel temps fut jamais si fertile en miracles?

Quand Dieu par plus d'effets montra-t-il son pouvoir ?
Auras-tu donc toujours des yeux pour ne point voir,
Peuple ingrat ? Quoi! toujours les plus grandes merveilles
Sans ébranler ton cœur frapperont tes oreilles!

Voilà ce que nous sommes en droit d'affirmer plus que jamais. — Et il faudra bien que tôt ou tard, et malgré toutes les résistances, la sainte volonté de Dieu s'accomplisse; que les libres ou tristes penseurs n'aient pas dès lors le privilège républicain d'empoisonner impunément la France de leurs désolantes doctrines!

Dieu vous parle et vous presse, et n'est point écouté.
Rompez, rompez tout pacte avec l'impiété:
Du milieu de mon peuple exterminez les crimes,
Et vous viendrez alors m'immoler vos victimes!

C'est-à-dire, expulsez impitoyablement à l'étranger ou faites taire sans miséricorde, tous ces hommes orgueilleux et énervés, tous ces misérables professeurs d'athéisme et de matérialisme. Par suite, rendez gloire à Dieu, invoquez-le sincèrement, et la France ne tardera pas à reprendre dans le monde, avec la vigueur des âmes, le juste rang qui lui est dû !

Je poursuis mon récit :

Dieu ne m'a point dissimulé le triste sort réservé aux prophètes : les souffrances et le martyre. Ma bien-aimée patronne, Jeanne Darc, n'en a pas été exempte ; le disciple ne sera donc pas mieux traité.

Le monde hait les prophètes, nous dit saint Jean, parce que ses œuvres sont mauvaises. (En son *Evangile*, chapitre VII, verset 7).

Ideo ecce ego mitto ad vos prophetas, et sapientes, et scribas ; et ex illis occidetis, et crucifigetis, et ex eis flagellabitis in synagogis vestris, et persequimini de civitate in civitatem :

Ut veniat super vos omnis sanguis justus, qui effusus est super terram, à sanguine Abel justi, usque ad sanguinem Zachariæ, filii Barachiæ, quem occidistis inter templum et altare.

(Saint Mathieu, chap. 23, versets 34 et 35).

Je durerai certainement plus que Jeanne Darc, puisque je vivrai encore quand la France recouvrera l'Alsace et la Lorraine. Comme prophète néanmoins, je m'attends à une mort violente et où mon sang coulera, mais qui servira à la gloire de Dieu, au salut de la France et à la conversion des pécheurs.

Du reste, il y a longtemps que j'ai demandé à Dieu ce genre de mort, comme une très-grande grâce ; car, à tout prendre, j'aime bien mieux mourir de cette manière, sur un champ de bataille ou ailleurs, que de m'éteindre tristement dans un lit comme l'empereur Napoléon III.

J'affirme qu'il eût été plus honorable pour lui et bien moins douloureux de trouver la mort dans les lignes prussiennes et au milieu d'une trouée désespérée, que de passer par d'horribles souffrances physiques et morales et d'expirer obscurément, oui, obsurément et sans gloire, sous le scalpel d'un opérateur !

Et l'honneur de verser mon sang pour Dieu, pour la France et pour la conversion des pécheurs, je le demande sans cesse à Notre-Seigneur Jésus-Christ, en expiation de toutes les turpitudes que j'ai commises sous ses yeux, quand je ne pratiquais point la religion. Puisqu'il a dit lui-même que mourir pour quelqu'un est la plus grande preuve d'amour qu'on puisse donner, je veux de tout mon cœur faire cette preuve et verser mon sang pour lui, comme il est vrai qu'il a versé pour nous son sang sur la croix.

Aux pieds de la statue de saint Pierre, je prie quelquefois longuement. Je fais observer alors au chef des apôtres que, comme lui et après les plus grandes protestations d'amour, ayant eu le malheur de renier mon divin maître je demande la grâce de l'imiter dans sa pénitence, et d'être désormais, comme lui aussi, inébranlable dans la foi et fidèle jusqu'à la mort!

CHAPITRE III (*suite*)

§ 3.

Malgré le blâme des gens de Religion, malgré les railleries des impies et des incrédules, et malgré mon opinion personnelle, quand je me juge au point de vue purement humain,

JE PERSISTE A CROIRE QUE JE SUIS L'OBSCUR ET TRÈS-INDIGNE INSTRUMENT DE DIEU ET DE JEANNE DARC.

Motifs à l'appui.

Un religieux auquel le samedi 22 et le dimanche 23 avril 1876, j'avais communiqué une épreuve de ma triple prophétie et des six premières pages de ma *séance extraordinaire de l'Assemblée nationale de Versailles*, le révérend père X......... m'a considéré comme fou, tout au moins comme toqué. Il m'a affirmé que la communauté entière me considère comme tel; et, en outre, comme un orgueilleux tournant au protestantisme et manquant absolument d'humilité.

Ma folie est de même nature que celle du malheureux Juif à qui Dieu faisait crier sans cesse et d'une voix prophétique : *Malheur à toi, Jérusalem ! Malheur, à toi Jérusalem ! Malheur à toi, Jérusalem !* avec cette différence néanmoins que ma mission est de bénir et non de maudire, d'annoncer des miséricordes et non des châtiments.

Depuis le mois de septembre 1870, j'avais l'habitude de me confesser tous les quinze jours et de communier deux fois par semaine. J'ai été constamment fidèle à cette salutaire pratique, sans laquelle j'aurais perdu la foi et la piété, entourés que nous sommes de tristes doctrines et d'une lourde atmosphère de corruption. Ainsi je me suis confessé et j'ai communié souvent, non pas que je fusse meilleur que les autres, mais au contraire, parce que, avec mon caractère passionné et si je n'exerçais pas sur moi-même la plus stricte surveillance, j'étais capable de tous les vices, de ces vices secrets qui n'empêchent pas les habiles d'être de fort honnêtes gens selon le monde, mais qui, devant Dieu, sont des abominations et de véritables crimes.

Après une pratique sérieuse de plus de cinq ans, la fréquente communion m'a transformé peu à peu et j'ai pu me convaincre, par une douce expérience, combien sont vraies ces paroles de notre divin maître : « Ma » chair est véritablement une nourriture et mon sang » est véritablement un breuvage. — Celui qui mange » ma chair et qui boit mon sang, demeure en moi, et moi » en lui. — Comme mon père qui m'a envoyé est vivant, » et que je vis par mon père; de même, celui qui me » mange vivra aussi par moi. (*St-Jean, chapitre* IV, *ver-* » *sets* 56, 57 *et* 58). »

M'éloigner de la sainte table était donc la plus dure pénitence qu'on pût m'imposer.

Ce n'est qu'en l'absence de mon confesseur habituel

qui, très-probablement, aurait eu moins de sévérité, que je me suis adressé au révérend père X. . . . .

Il m'a déclaré très-nettement et à deux reprises, que j'étais dans une voie mauvaise, dans une *voie folle*; que, comme confesseur et en conscience, il exigeait, et d'une manière absolue, non-seulement ma renonciation à toutes ces rêveries folles, à toutes ces idées fixes dont je me nourrissais sans cesse et qui me troublaient le cerveau, mais encore l'anéantissement et le sacrifice de tous mes manuscrits; que ma tête était malade et allait déménager, si je ne m'empressais de suivre ses conseils et de couper le mal à sa racine.

Je répondis au révérend père X. . . . . . . que je me considérais de bonne foi comme l'indigne instrument de Dieu et de Jeanne Darc, et qu'en persistant *pour le moment* dans mes idées, je ne croyais pas aimer ces idées plus que Notre Seigneur Jésus-Christ. C'est, lui disais-je, Notre Seigneur Jésus-Christ lui-même, qui m'inspire ces idées et me donne Jeanne Darc pour protectrice spéciale, à raison de tout ce que j'ai souffert pour eux depuis longtemps, notamment pendant le siége de Paris, ville où, par suite de mon culte envers Dieu et Jeanne Darc, j'ai été enfermé malgré moi pendant quatre mois et demi, du 17 septembre 1870 au 2 février 1871.

(Voir ma brochure sur les *Maisons de santé*; Paris, décembre 1870, in-8 de 54 pages très-serrées, y compris la couverture et la feuille supplémentaire).

Dieu et Jeanne Darc feront donc l'un et l'autre, et par mon entremise, triompher bientôt ces idées, quelque folles qu'elles paraissent aux yeux du monde, aux yeux aussi des gens de religion, et *même à mes propres yeux, quand je ne suis plus soutenu par l'inspiration divine.*

Le révérend père X . . . . me répondit que j'étais de plus en plus fou, et me refusa net l'absolution pour la deuxième fois.

Depuis lors j'ai dû m'abstenir, à mon très-grand regret et comme preuve pratique d'humilité, de fréquenter les sacrements de pénitence et d'eucharistie, bien que je sois persuadé que tout autre confesseur n'aurait pas poussé l'anathème aussi loin; car le révérend père X........, en me quittant pour la seconde fois, m'a donné à peu près sa malédiction, me considérant comme un entêté incorrigible, et m'a même menacé des peines éternelles.

Je supprime la partie de notre conversation relative à la politique.

Certains religieux ont de grands préjugés sur ce point et ils ont le tort très-grave, sous l'empire de ces préjugés, de trop s'occuper de questions temporelles, même publiquement, et de transformer la chaire de vérité en tribune mondaine : ce que je n'approuve nullement, aussi bien quand Dieu et Jeanne Darc daignent m'inspirer, que lorsqu'ils m'abandonnent à mes seules forces et me laissent dans toute ma pauvreté d'esprit naturelle.

Une chose qui m'a surtout frappé dans les dures observations du père X............., c'est qu'il affirme de la manière la plus positive qu'étant depuis longtemps connu comme communiant deux fois par semaine, je nuirai énormément à la religion, en faisant croire qu'elle n'est pratiquée que par des fous, des hypocrites ou des ambitieux; et que, d'un autre côté, loin de rendre Jeanne Darc plus populaire et de préparer les voies à sa canonisation, je ne servirai qu'à la faire tourner en ridicule.

J'espère bien qu'il n'en sera pas ainsi, pas plus pour Jeanne Darc que pour la religion. Et tant pis pour les esprits mal faits et corrompus qui voudront prendre les choses par leur mauvais côté ! En bonne conscience, je ne puis être responsable de la perversité ni de l'aveuglement des impies et des incrédules constamment disposés à tourner en raillerie les choses les plus graves et les plus saintes !

Toutes réflexions faites, et après avoir sérieusement et à diverses reprises invoqué les lumières du Saint-Esprit, aussi bien que Dieu le père, Dieu le fils et Jeanne Darc, je ne remplirai pas moins, et *de la manière qu'ils m'indiquent*, la mission qu'ils daignent m'imposer : *Avec leur seul appui et malgré mes excentricités volontaires, je ferai certainement beaucoup plus de bien que de mal.*

Du reste, il s'agit ici d'une question de fait.

Si j'agis en mon nom personnel et par un motif humain, je suis réellement un ambitieux et un insensé : On aura donc raison de me jeter la pierre et de me couvrir entièrement d'ordure et de boue.

Mais si je suis, *ainsi que je le crois profondément*, l'indigne coopérateur de Dieu et de Jeanne Darc, Dieu et Jeanne Darc sauront faire triompher leur œuvre; bien qu'ils aient jugé à propos de la confier au plus maladroit des coopérateurs; à un père de famille qui, malgré ses cinquante-quatre ans, *est casseur de vitres et aussi écervelé qu'un jeune homme;* qui manque absolument de tact, de prudence, de savoir-vivre, et de savoir-faire; qui est réellement un peu fou; bref, qui a toutes les qualités nécessaires pour faire avorter la meilleure des entreprises.

A cela Dieu et Jeanne Darc répondent que la sagesse selon les hommes n'est point la sagesse selon Dieu ; que c'est précisément à cause de tous ces inconvénients bien notoires qu'ils m'ont choisi, avec pleine connaissance de cause, pour leur indigne et obscur instrument, afin que, s'ils me font concourir avec succès à des choses extraordinaires, je n'aie aucune peine à reconnaître et le public à croire que je n'en suis pas auteur ; mais que c'est bien Dieu et Jeanne Darc qui ont opéré par mes mains; qu'à eux seuls dès lors en revient tout le mérite.

Et je n'ai souscrit à ce contrat qu'à une condition expresse, *formellement acceptée de part et d'autre*, que Dieu et Jeanne Darc, puisqu'ils savent très-bien de quel pauvre et impur instrument ils se servent, ne m'imputeront pas à péché, *quand j'agirai en leur nom* (1), toutes les sottises que je pourrai faire !

Versailles, rue de la Paroisse, n° 100.

Le mardi 25 avril 1876.

NOTA. J'ai revu, depuis, le bon père A..., mon confesseur. Sans être aussi sévère que le R. P. X..., il n'adopte pas moins, au fond, les mêmes principes.

Mon rôle de réformateur des abus et de prophète inspiré et soutenu par Dieu et Jeanne Darc, serait incompatible avec ma position de commerçant et de père de famille.

---

(1) Je crois devoir placer ici une observation essentielle. Quand j'agis comme l'obscur et indigne instrument de Dieu et de Jeanne Darc, je porte bonheur à ceux qui me font du bien, et malheur à ceux qui me font du mal.

Dans ces circonstances, s'en prendre à moi, *après que j'ai averti que j'agis en leur nom*, c'est attaquer Dieu et Jeanne Darc. Or, mes protecteurs invisibles sont assez puissants pour punir et terrifier tout mortel, fonctionnaire public ou non, mais surtout fonctionnaire public, qui oserait mettre les mains sur moi et me maltraiter.

Personnellement je supporterai toujours avec douceur et sans me plaindre les plus mauvais traitements, ne cherchant jamais à me venger de qui que ce soit. Au contraire, et selon les préceptes de l'Evangile, je prierai sincèrement pour eux afin que Dieu daigne leur faire reconnaître leurs torts, les éclairer et les convertir.

Dieu n'aurait pas le droit d'exposer ainsi un père de sept enfants aux inconvénients et aux dangers d'une telle mission.

Je me devrais exclusivement à mes enfants et à ma femme.

Comme si Dieu, qui est tout puissant et tout intelligent, pouvait être ainsi limité dans ses attributs, et comme s'il ne saurait pas tirer le bien du mal et faire concourir, même la malice de shommes, à l'accomplissement de ses adorables desseins!

La conversion d'un père de famille n'a-t-elle pas lieu très-souvent au milieu des déchirements les plus cruels et des plus grands orages domestiques? *Et inimici hominis domestici ejus!*

Que devient, d'un autre côté, la maxime évangélique: *celui qui aime sa femme et ses enfants plus que moi, n'est pas digne de moi?* Et cette autre maxime: *Regnum cœlorum vim patitur et violenti rapiunt illud?*

Dans quelque position que l'on se trouve, que l'on soit célibataire ou marié, que l'on ait ou que l'on n'ait pas une femme et des enfants, on a toujours des parents ou des amis qu'il faudrait ménager, et auxquels il conviendrait de ne pas nuire.

Si l'on peut passer outre dans ce dernier cas, pourquoi n'en serait-il pas de même dans d'autres circonstances?

Dieu proportionne sa protection et ses grâces aux efforts et aux souffrances qu'il impose à l'instrument de ses volontés. Soutenir, *à priori*, que Dieu ne peut pas se servir, *comme prophète*, d'un homme marié et père de famille, c'est méconnaître un de ses attributs les plus essentiels et mettre des bornes à sa toute-puissance. Dieu, au contraire, adoptera de préférence le parti qui, aux yeux des hommes, paraîtra le moins sage, parce qu'il est jaloux de sa gloire et qu'il aime à prouver qu'il n'a besoin ni du concours des hommes et de leurs plans plus ou moins bien combinés, ni de leurs petits conseils et de leur fausse sagesse. Or, en ce qui me concerne, je suis bien persuadé que Dieu a daigné me choisir, *parce que j'étais marié et père de famille* : à tel point que, sans cette condition essentielle, je n'aurais pu faire impunément ma grande manifestation religieuse et politique du mercredi 10 mai 1876.

Bien que je n'aie nullement violé la loi, ainsi que je vais le prouver au chapitre IV ci-après, les apparences contre moi étaient telles, que l'on m'aurait fait tout d'abord un fort mauvais parti, si, dans les pièces distribuées et *imprimées d'avance*, je n'avais pas fait connaître que j'étais marié et père de sept enfants. On m'a laissé tranquille, non point par sympathie pour moi, mais surtout par commisération pour ma femme et mes enfants qu'on savait être très-contraires à toutes mes idées, car nul n'est prophète chez soi ou dans son pays.

Si Dieu juge à propos dès lors de se servir d'un père de famille, il dispose les choses de telle manière que cette famille n'ait rien à perdre (ni en considération ni matériellement), par suite des actes qu'il inspire au chef de famille.

Ce qui d'abord paraît mauvais, même aux gens de religion, devient bon et excellent quand Dieu en a révélé les motifs réels. Un préjudice qui, à l'origine, paraissait certain, s'évanouit et devient un avantage par la manière de présenter et d'expliquer l'affaire.

Pour moi, je suis bien convaincu que Dieu et Jeanne Darc ont daigné jeter les yeux sur ma pauvre et misérable personne, précisément parce que, bien que marié et père de famille, je suis casseur de vitres par excellence et le plus maladroit des coopérateurs ; ma mission spéciale, en effet, est de rompre en visière à toutes les fausses maximes du siècle et de braver ouvertement tout faux respect humain.

Et Dieu et Jeanne Darc arrangeront les choses de manière que ni moi, ni ma femme, ni mes enfants ou mes parents, n'en reçoivent, *en fin de compte*, aucun préjudice ; mais, au contraire, de manière à ce qu'ils soient largement indemnisés de tout ce que je leur aurai fait souffrir à raison de ma mission prophétique ; mission qui est tout à fait en dehors des règles de la prudence et du bon sens selon le monde ; et qui, par ce motif, et dans le principe, amènera les plus graves inconvénients et même le désordre dans ma famille. Mais ces inconvénients et ce désordre seront momentanés : Dieu et Jeanne Darc ne tarderont pas à y mettre un terme définitif et à nous accorder de justes compensations.

Le jour de la procession du Saint-Sacrement, le dimanche 18 juin 1876, dans l'Eglise Saint-Louis de Versailles, Dieu et Jeanne Darc m'ont invité à compléter ma mission, en publiant l'article suivant.

La discipline doit changer selon les temps et d'après les habitudes des peuples.

Il n'est plus nécessaire, dès lors, que les religieux capucins marchent avec des sandales et les pieds à peu près nus.

Dieu et Jeanne Darc verraient avec plaisir, *dans l'intérêt même de la religion*, que les disciples de saint François se servent de chaussures ordinaires et qu'ils n'aient rien de repoussant, comme Notre-Seigneur Jésus-Christ, leur divin maître et leur modèle.

Cette nudité presque totale des pieds et même des jambes, pour des religieux en contact perpétuel avec des femmes, quoique dans l'exercice régulier de leurs fonctions sacerdotales, a quelque chose de non-suffisamment chaste, je n'ose pas dire indécent.

Des pieds et des jambes à moitié nus, si le capucin est jeune, éloquent et bel homme, pourraient servir, d'ailleurs, de traînée de poudre pour allumer la sacrilège flamme d'un impur amour.

Enfin, dans un siècle où les tempéraments humains n'ont plus la même force qu'autrefois, il est trop dur, par les froids rigoureux de l'hiver, d'avoir cette demi-nudité.

Dieu et Jeanne Darc d'accord, en cela, avec saint François d'Assise, ne veulent plus d'exagération dans la pénitence, *eu égard surtout à nos mœurs actuelles ;* exagération qui aurait pour résultat inévitable d'abréger les jours de religieux utiles et qui ne sont pas déjà trop nombreux, et, par contre-coup, d'empêcher en partie le salut des âmes et la conversion des pécheurs !

CHAPITRE IV

Mon cri religieux et politique, que j'adopte plus que jamais, n'est pas séditieux.

Pour apprécier sainement la question, il ne faut pas séparer mon cri religieux et politique des pièces imprimées qui en donnaient le véritable sens, pièces que j'avais fait distribuer d'avance aux journalistes et qui auraient en outre été distribuées à M. le Président de la Chambre et à MM. les Députés, si l'on ne m'en avait pas empêché en m'arrêtant arbitrairement.

Dans ces pièces, *imprimées depuis un mois,* je disais expressément que j'agissais *comme prophète,* c'est-à-dire *au point de vue de l'avenir*, me transportant par la pensée à l'époque où il s'agirait de réviser la constitution.

Dans mon cri religieux et politique ainsi expliqué (et devant Dieu et devant les hommes, sur mon honneur et ma conscience, je déclare n'avoir pas voulu dire autre chose), dans mon cri, religieux et politique, *sainement expliqué*, il n'y avait nullement violation de la constitution et, par suite, rien de séditieux.

Voici, en effet, et d'après les pièces distribuées aux journalistes et même à M. le Président de la Chambre des Députés, quel était mon cri complet.

Qu'on daigne remarquer que je n'ai pu pousser ce cri complet, parce que je n'ai *crié* qu'après mon arrestation. L'huissier en chef, le très-petit Bescherelle, m'a mis aussitôt sa main sur la bouche. Dans de telles circonstances, j'ai dû me borner à *crier* ce qu'il y avait d'essentiel ; et l'on me rendra la justice, je l'espère, que je n'ai pas manqué de présence d'esprit.

Voici donc, je le répète, quel était mon cri complet :

Révision légale de la constitution. Au nom de Dieu et de Jeanne Darc, Vive Napoléon IV, en union avec le Pape et avec la légitimité!

A bas les Orléanistes, les Gambettistes et les Radicaux !

C'est-à-dire, en qualité de *prophète* et ayant en vue l'époque où la constitution sera légalement révisée, j'annonce, au nom de Dieu, et de Jeanne Darc inspirée de Dieu et protectrice spéciale de la France, que cette révision aura lieu au profit de Napoléon IV faisant cause commune avec le Pape et avec la légitimité; et qu'à cette époque les Orléanistes, les Gambettistes et les Radicaux auront été jetés à bas et ne seront plus au pouvoir.

Dieu et Jeanne Darc m'ont dès lors imposé la mission de déclarer hautement et, *au besoin, par les voies excentri-*

ques, comme moyen certain de publicité européenne (ce qui, en effet, s'est pleinement réalisé), que les Orléanistes, les Gambettistes et les Radicaux perdaient la France en la conduisant à une nouvelle guerre civile; et que cette guerre civile ne sera conjurée que par une entente sérieuse et un complet accord des Bonapartistes et des Légitimistes protégeant efficacement le Pape, et protégés à leur tour par Dieu et Jeanne Darc.

Je le répète donc, sur mon honneur et ma conscience, devant Dieu et devant les hommes, voilà bien ce que j'ai réellement *crié comme prophète et comme avertissement solennel de la part de Dieu et de Jeanne Darc.*

Les pièces distribuées et imprimées depuis un mois (la date même est imprimée), les pièces distribuées portaient les titres suivants et sont publiées aux pages 103 à 111 du présent écrit, ainsi qu'aux pages I à VIII et aux pages 1 à 58 des *pièces justificatives*, savoir :

1° Révision légale de la constitution ; Au nom de Dieu et de Jeanne Darc, Vive Napoléon IV, en union avec le Pape et avec la Légitimité, etc ;

2° Une séance extraordinaire de l'Assemblée nationale de Versailles, etc, comprenant trois feuilles et demie d'impression ;

3° Lettre à M. Grévy, Président *Républicain* de la Chambre des *Députés* ;

4° Enfin, un écrit dans lequel je persistais à affirmer que, même contrairement à l'avis des gens de religion, je me considérais comme l'obscur et indigne instrument de Dieu et de Jeanne Darc.

Le mémoire de trois feuilles et demie servait surtout de preuve que j'agissais sérieusement, avec préméditation, et en qualité de prophète.

Je défie dès lors tout tribunal équitable et qui prendra une connaissance attentive et complète des pièces justificatives, de pouvoir me condamner comme ayant poussé un *cri réellement séditieux.*

J'ai poussé un *cri prophétique* et j'ai fait l'acte d'un *bon citoyen*; mais je n'ai jamais poussé de cri séditieux ni provoqué à de mauvaises passions; car je n'aurais pu le faire qu'en manquant à mes *devoirs de prophète* et en désobéissant à Dieu et à Jeanne Darc qui me recommandent expressément le respect de l'autorité.

J'étais même allé plus loin. On a saisi, à côté de moi et à mes pieds, au moment de mon arrestation, un pli cacheté à l'adresse de M. le Président de la Chambre des Députés et contenant une lettre écrite en gros caractères préparée d'avance et entièrement de ma main, par laquelle lettre je priais l'honorable M. Grévy de vouloir bien me permettre d'expliquer à l'Assemblée la portée de mon acte et de protester publiquement que je n'avais pas entendu lui manquer de respect.

Enfin, au moment où j'ai poussé mon cri religieux et politique vingt minutes plus tôt que je ne le voulais, et par l'effet de mon arrestation arbitraire, la séance de la Chambre n'était pas ouverte, l'honorable M. Grévy, par suite d'un retard extraordinaire, n'étant pas encore installé dans son fauteuil présidentiel.

Mon cri religieux et politique n'a donc pas été poussé dans un lieu réellement public: tout au plus peut-on considérer ce cri comme semi-public.

Dans la salle des séances, de l'aveu même des journalistes, il y avait à peine vingt Députés selon les uns, quarante selon d'autres Il n'y avait un certain nombre de personnes que dans les tribunes publiques; et, de l'aveu encore des journalistes, ces personnes étaient clairsemées.

J'affirme, en outre, que mon arrestation a été arbitraire.

J'avais prévenu MM. les journalistes, et, si l'on m'avait

laissé libre de mes actes, j'aurais même prévenu l'honorable M. Grévy de mes projets, le priant respectueusement de faire distribuer à la Chambre mes écrits bonapartistes. Je ne devais, en effet, *d'après l'ordre formel de Dieu et de Jeanne Darc*, recourir aux moyens extraordinaires et excentriques, qu'en cas de refus, de la part de M. le Président, de se prêter à une distribution amiable.

Tous ces faits sont prouvés par les pièces justificatives que l'on renvoie, à cause de leur longueur et pour ne pas entraver le récit, à la fin de la présente brochure.

On n'a d'ailleurs été averti de mes futures démarches, que par suite de la violation d'un secret confié aux seuls représentants d'une partie de la Presse. En me faisant arrêter contrairement à tout droit et à toute justice, ces messieurs se sont rendus coupables envers moi d'un véritable abus de confiance ; et loin de prévenir le scandale, ils l'ont provoqué.

Si je voulais faire de l'ergoterie d'avocat, je dirais :

La loi humaine, à la différence de la loi divine qui sonde les cœurs et les reins et qui punit même les pensées, la loi humaine n'a d'action que sur l'acte extérieur. Tant que cet acte n'a pas été accompli, elle n'a pas à intervenir. S'il est annoncé d'avance, comme dans l'espèce, l'autorité a le droit de faire surveiller le futur délinquant, mais non de l'expulser des tribunes publiques et de l'arrêter comme un malfaiteur, avant qu'il ait rien fait de contraire aux lois.

De l'intention à l'exécution, il y a bien loin encore ; et au dernier moment, un éclair de raison aurait pu illuminer mon cerveau et me faire comprendre tout le préjudice moral et matériel que j'allais porter à moi, à ma femme, à mes enfants, à ma belle-mère, à mon beau-frère, à mes frères et à mes neveux et nièces, à mes oncles, à mes tantes, à mes cousins et à mes cousines, enfin à toute ma nombreuse parenté.

Je ne veux pas même user de ce moyen de défense. Je dirai sommairement et très-simplement que, croyant alors et croyant encore et plus que jamais avoir réellement obéi à Dieu et à Jeanne Darc, aucune considération ni puissance humaine, lors même que la Chambre eût été en séance, ne m'aurait empêché de remplir mon *devoir de prophète.*

Mais, étant entré régulièrement dans les tribunes publiques avec une carte qu'il m'avait d'ailleurs été facile de me procurer, on n'avait aucun droit, même en ayant la certitude que j'agirais plus tard d'une manière excentrique et scandaleuse, on n'avait aucun droit, tant que je restais dans la légalité, de m'expulser publiquement des tribunes, et surtout de mettre la main sur moi comme sur un malfaiteur et de me faire sortir de vive force.

Mon cri, considéré *au point de vue humain,* n'a été qu'une juste protestation contre la violence dont j'étais l'objet.

L'autorité, dans la personne de l'huissier en chef Bescherelle et de deux de ses agents, ayant la première violé la loi, à tout prendre, nous sommes quittes; et l'on ne peut me poursuivre (au fond pour une bagatelle) sans que je sois moi-même fondé à me plaindre avec autant et plus de raison de mon arrestation arbitraire et illégale.

Enfin si l'incident a reçu une grande publicité et a même eu un retentissement européen, ainsi que Dieu et Jeanne Darc me l'avaient fait prédire, la faute n'en est pas à moi, mais à l'indiscrétion des journalistes qui sont plus bavards que des pies et dont j'attendais certainement plus de réserve; car, les ayant prévenus *par un écrit imprimé,* que j'avais une femme et sept enfants, ils auraient pu se dispenser surtout, *en me traitant de fou,* de me désigner par mon nom, ma profession et ma demeure, de rendre ma femme et mes enfants malades de chagrin, et n'osant plus sortir dans les rues, ni même, quelques-uns de mes enfants, fréquenter les écoles publiques, où l'on ne cesse de se moquer d'eux et de leur père.

Oui, messieurs les journalistes, vous êtes non-seulement indiscrets, mais encore méchants et cruels; et si jamais j'arrive au pouvoir, vous n'aurez pas le droit, comme sous la République, d'insulter les honnêtes gens, d'exciter les mauvaises passions, d'empoisonner la France de vos détestables doctrines démagogiques et anti-religieuses, et de tuer un pays physiquement et moralement.

Je ne dis pas, messieurs les journalistes rouges et républicains, que vous êtes de franches canailles, des gens de mauvaise foi, sans convictions arrêtées et capables de soutenir, pourvu que l'on paie bien, le pour et le contre sur les mêmes questions; mais, vos comptes-rendus en mains, j'affirme et je répète que vous êtes hargneux et méchants.

Messieurs les journalistes démagogues, non, vous n'êtes pas une puissance, et vous n'en imposerez jam is qu'à des lâches ou à des sots. Ce n'est pas des caractères comme le mien que vos articles feront reculer. Je vous dirai donc, en terminant et une bonne fois:

Il existe, non pas des bêtes brutes de journalistes, mais des natures indisciplinables et foncièrement mauvaises, des natures de chiens galeux et enragés, qui n'ont du plaisir qu'à mordre et à répandre leur virus mortel et leur impure gale; bref, des natures réellement perverses et qu'on ne peut contenir que par la bride et par le mors: *in camo et frœno maxillas eorum constringe.*

Pour vous ramener donc au respect des convenances, de la loi, de la raison et de la morale, il vous faut le dur et salutaire régime de 1852; et, Dieu et Jeanne Darc aidant, nous saurons bien vous l'imposer!

CHAPITRE V.

Réponse à quelques objections

Il n'est pas vrai que je suis prophète et inspiré, mais il est certain que je suis fou.

I — Il est vrai que je suis inipiré par Dieu et Jeanne Darc.

Si, devant un médecin-aliéniste, on me posait cette question :

M. Roustan, persistez-vous à soutenir que vous êtes inspiré et spécialement protégé par Dieu et Jeanne Darc ?

Je répondrais :

Ceci est une question de l'ordre surnaturel. Sans affirmer, M. le docteur, que vous êtes, comme beaucoup de vos confrères, athée et matérialiste, je puis affirmer tout au moins et avec pleine certitude que vous ne pouvez être, à bon escient, le juge d'une question spirituelle: Dieu ne vous a point donné ce droit.

Dès lors je ne suis pas obligé de vous dire toute la vérité Je répondrai néanmoins à votre question, mais seulement *au point de vue humain.* Je ne mentirai certainement pas, mais je ne vous dirai qu'une partie de la vérité.

Comme écrivain, je suis original. L'idée de remplir sérieusement le rôle de prophète m'a paru piquante; et j'ai pensé qu'au point de vue commercial, je pourrais faire une spéculation heureuse; que mon ouvrage dès lors se vendrait, tout au moins comme une curiosité politique et de circonstance.

C'est là peut-être une bizarrerie littéraire; mais si vous vouliez enfermer comme fous tous les auteurs qui ont des idées singulières et hardies, on en verrait fort peu en liberté.

Si monseigneur l'évêque de Versailles me posait la même question, je lui répondrais respectueusement :

Monseigneur, l'essence de l'erreur est de la méconnaître. On peut, dès lors, se tromper d'autant plus qu'on croit ne pas se tromper; et, particulièrement, quand on se prétend inspiré par Dieu et Jeanne Darc. Néanmoins, je ne puis pas mentir à ma conscience; or, après m'être examiné bien sérieusement et après avoir invoqué depuis longtemps et sans cesse les lumières du St-Esprit, je crois, en toute simplicité, que Dieu et Jeanne Darc daignent non-seulement m'inspirer, mais même me protéger d'une manière particulière.

Si Monseigneur allait plus loin et me disait :

M. Roustan, comme preuve de votre bonne foi, on va, sur la Place d'armes de Versailles, vous mettre en face d'un canon chargé jusqu'à la gueule. La capsule inflammatoire sera enfoncée; l'artilleur, le jarret tendu, n'aura plus qu'à faire un simple mouvement et qu'à tirer la ficelle. Là, et étant placé au préalable devant ce canon fortement chargé de mitraille, on vous sommera, une dernière fois, de rétracter votre erreur, de reconnaître qu'il n'est pas vrai que Dieu et Jeanne Darc vous inspirent et vous protègent.

Monseigneur, je répondrais hardiment et sans hésiter au chef commandant le feu : Faites tirer le canon, car il est bien vrai que Dieu et Jeanne Darc sont ma lumière et mon appui : *Deus illuminatio mea et salus mea, quem timebo? — Dominus protector vitæ meæ, à quo trepidabo ?*

Dieu et Jeanne Darc arrangeront les choses de manière que les éclats de la mitraille passent à côté de moi ou entre mes jambes, et sans me tuer, ou bien encore Dieu et Jeanne Darc me feront faire devant le canon et en temps opportun une feinte heureuse, comme celle du toréador devant un animal furieux.

Dans tous les cas, s'il plaisait à Dieu que je mourusse de cette manière, les éclats de la mitraille ou le boulet n'atteindraient jamais que ma carcasse de corps qui n'a servi qu'à l'offenser. Mon âme immortelle resterait intacte et retournerait au sein de Dieu jouir des félicités éternelles.

Voilà, dirais-je à Monseigneur, quelle est la force de ma conviction.

Puis, je lui exposerais avec détail l'état de mon âme, ainsi que je l'ai déjà fait ci-dessus pour le public, et je présenterais encore les preuves suivantes et de mon inspiration prophétique et de la protection spéciale de Dieu et de Jeanne Darc.

Voici quelles sont ces preuves :

D'abord, mon inspiration comme écrivain ; car, réduit à mes seules forces et par moi-même, je ne suis capable ni d'avoir cette verve ni de combiner avec succès de pareilles idées.

Entre le métier d'écrivain et celui de libraire, il y a une incompatibilité presque absolue.

Je ne suis d'ailleurs qu'un ignorant, un pauvre d'esprit ; je n'ai pas le temps de faire la moindre étude sérieuse, ni même de réfléchir. *Dieu et Jeanne Darc me font connaître jour par jour, ex-abrupto, au milieu de mes prières et de mes préoccupations de commerce et de famille, et sans que j'aie besoin d'autre préparation, ce que j'ai à faire ou à écrire.*

Ensuite, Dieu me donne, au milieu de grandes épreuves et de fortes tribulations, cette paix de l'âme dont parle l'Evangile, et cette confiance, non pas en moi-même, mais en Lui, qui fait que je poursuis paisiblement mon but, sans jamais me décourager réellement, et malgré des oppositions incroyables auxquelles je ne me serais jamais attendu, et qui sont d'une telle violence que je ne puis les attribuer qu'au démon.

Au milieu de toutes ces luttes qui sont certainement au-dessus de mes forces et physiques et morales, notre Seigneur Jésus-Christ ne cesse de me pousser en avant et de me dire : *Confide, fili, vici mundum !*

Enfin, Dieu, pour me donner encore plus de courage et en sus des consolations dont il daigne inonder mon cœur, a opéré sur moi des choses extraordinaires et qu'on pourrait peut-être qualifier de miracles.

PPEMIER MIRACLE.

J'avais au bas-ventre et vers le côté gauche une enflure ou commencement de hernie qui ne me permettait ni de rester longtemps debout, ni de faire de longues courses. Depuis le mois d'octobre 1874 et, en grande partie à cause de cette infirmité, je faisais faire presque toutes mes commissions et toutes mes courses de libraire à M. Dessaint, voiturier, demeurant à Versailles, rue de la Paroisse, nº 63. C'est un fait que je puis prouver par mes factures de commerce sur lesquelles j'inscrivais mes commissions, afin que M. Dessaint pût obtenir les mêmes remises que moi.

Dès le moment où il me fut révélé par Dieu et Jeanne Darc, que les temps de parler et d'agir en leur nom étaient venus, mon enflure disparut aussitôt et sans même que je m'en sois aperçu tout d'abord.

En outre Dieu et Jeanne Darc m'ont rajeuni (*ad Deum qui lætificat juventutem meam*), en me donnant toute l'impétuosité et toute la vigueur physique et morale du jeune homme, à tel point que, malgré mes cinquante-quatre ans bien complets (j'en aurai cinquante-cinq au mois de décembre), les journalistes qui, lors de ma manifestation politique et religieuse du mercredi 10 mai 1876, n'ont considéré que mon extérieur, ont été unanimes, même après m'avoir examiné de très-près (j'étais dans une tribune attenant à la leur), à ne me donner que quarante ans.

En jugeant mon acte audacieux non pas selon la réalité mais d'après les apparences et contrairement aux préceptes de l'Evangile, les journalistes ont aussi bien apprécié mon état mental qu'ils ont deviné mon âge, en me rajeunissant de la bagatelle de quatorze printemps.

Aujourd'hui, je le répète, j'ai toute la vigueur et toute la vivacité du jeune homme et je puis porter encore sur mes bras et sans être incommodé des paquets de librairie de vingt-huit à trente-deux kilogrammes.

Oui, il est bien vrai que Dieu et Jeanne Darc m'inspirent et me protègent.

DEUXIÈME MIRACLE.

Ma manifestation, *avant tout religieuse*, du mercredi 10 mai 1876, manifestation que Dieu et Jeanne Darc m'ordonnaient de faire hardiment et en pleine chambre aux tendances athées et matérialistes, était un acte grave, et très-grave, dont je ne me suis jamais dissimulé le danger.

Cela est tellement vrai que j'avais cru devoir prendre quelques précautions.

M'attendant à être arrêté et à rester tout au moins quelques jours en prison, j'avais emporté avec moi quatre mouchoirs dont un devait me servir de serre-tête et quatre livres de piété (l'Imitation de Jésus-Christ, en latin et en français, le nouveau Testament en latin, et un paroissien romain). Avec ce léger bagage littéraire, j'étais bien sûr de ne pas languir en prison, et d'y passer les moments les plus agréables.

Avant d'accomplir mon grand acte religieux et politique, j'étais vraiment d'une imprudence sans pareille.

Le 10 mai 1876, à une heure et demie, j'étais encore à l'imprimerie Dax, à Versailles, rue du Potager, 9, où je mettais de ma propre main, sur trois exemplaires d'un imprimé de trois feuilles et demie (*séance extraordinaire de l'Assemblée nationale de Versailles*, voir aux pièces justificatives), la fameuse mention destinée seulement aux journalistes et que ces messieurs accomplissant, sans s'en douter, les volontés de Dieu et de Jeanne Darc, mirent sous les yeux des huissiers qui ouvrent les tribunes.

A une heure et demie passée, je faisais encore réparer une omission importante aux ouvriers de l'imprimerie Dax. Dans ma lettre à l'honorable M. Grévy, Président républicain de l'Assemblée nationale, ils avaient oublié la chose la plus essentielle, l'indication suivante : « *Agissant comme prophète, au sens de l'Eglise* » *catholique, réellement inspiré et soutenu par Dieu et* » *Jeanne Darc.* »

On voit dès lors que mon acte était sérieusement médité et combiné, et n'a jamais été le résultat d'une exaltation passagère et subite.

Dans la matinée même du 10 mai 1876, vers 9 heures, je faisais une petite affaire de librairie avec

M. Schérer, sénateur, rue Hoche, 14, auquel M. Schérer je demandai, pour la chambre des députés et afin de pouvoir faire ma manifestation, une carte qu'il ne put me procurer et que j'eus ensuite par une autre voie. M. Schérer n'avait des cartes que pour le Sénat.

Dans la matinée du même jour 10 mai 1876, j'avais, vers dix heures et demie, réglé mon compte avec M. Delaisement, agent de change, à Versailles, avenue de Saint-Cloud, 26 ; car, m'attendant à être arrêté avant trois heures du soir, je ne voulais laisser aucune affaire en souffrance.

En me présentant à la nouvelle chambre des députés, où je n'avais pas encore mis les pieds, j'étais presque embarrassé. Avant d'entrer dans la tribune pour laquelle j'avais une carte, je vis à droite des messieurs qui écrivaient dans une salle. Pensant que c'étaient des journalistes, (je me trompais) je dis à l'huissier qui m'accompagnait que j'avais deux plis à leur remettre, et j'allais les leur porter moi-même assez bêtement, lorsque, me ravisant tout à coup, je fis remarquer à l'huissier que ce n'était qu'à trois heures moins un quart que ces documents devaient être distribués (on voit que je me défiais de la discrétion des journalistes). Fort heureusement, je ne me séparai point de mes écrits et je les avais dans mon portefeuille quand j'entrai dans les tribunes publiques, vers deux heures moins un quart.

Il y avait à mes côtés, à droite, une dame d'un certain âge, et à gauche, deux messieurs.

A deux heures et demie, perdant patience en voyant que l'honorable M. Grévy n'était pas encore à son bureau, je dis à ma voisine, pour tuer le temps, dans quel but je venais à la chambre. Elle rit de ma naïveté et du ton d'assurance avec lequel je lui parlais de ce futur incident. Elle me fit remarquer que j'irais certainement coucher en prison. A quoi je répondis en riant que je m'y attendais, mais que je n'en remplirais pas moins mes devoirs envers Dieu et Jeanne Darc.

Je fis ensuite pareille confidence à mes deux voisins de gauche, en ajoutant que j'avais sur moi, en titres nominatifs ou en certificats d'achat pour les titres au porteur, près de trente mille francs de valeurs industrielles (1) et que, pensant comme eux, que je serais mis

---

(1) Au moment de mon arrestation, à l'assemblée nationale de Versailles, le mercredi 10 mai 1876, j'avais sur moi :

1° Un carnet de la Trésorerie-Générale de Versailles, n° 1232, me constituant créancier d'une somme de 12 050 francs, en principal et intérêts	12 050 »
2° Un titre nominatif de rente 5 ./° de 120 francs. .	2 520 »
3° Un titre de rente de 3 ./° de 59 francs également nominatif.	1 340 »
4° 10 actions du Midi, nominatives	7 500 »
5° Une obligation du crédit foncier, nominative. .	500 »
Total en valeurs nominatives	23 910 »
6° La preuve que je possédais soixante actions au porteur des chemins de fer romains, achetées du 11 au 21 avril 1876, suivant les bordereaux de M. Délaisement, agent de change, avenue de Saint-Cloud, 26, à Versailles.	3 600 »
Total, au moins 27 000 francs de valeurs.	27 510 »

A raison des titres que j'avais ainsi sur moi, on a dit assez bêtement que le parti bonapartiste m'avait payé pour faire ma manifestation. Or, je puis prouver, pièces authentiques en mains, que les valeurs énoncées ci-dessus proviennent en très-grande partie des successions de ma mère, de mon oncle Paul Roustan et de mon beau-père, et, pour une très-faible partie, d'économies faites sur les produits de mon commerce.

Je ne suis pas d'un caractère à me vendre à aucun parti ; mais je suis d'une telle indiscrétion et d'une telle imprudence que tout parti qui m'achèterait (la chose est foncièrement

au clou (comme on dit vulgairement) je tâcherais de me faire mettre en liberté moyennant caution.

On a vu plus haut, pages 115 et 116, comment M. les journalistes ayant éventé la mèche, je n'ai pu mettre en son temps le feu à une mine dont le contre-coup, et avec l'appui de Dieu et de Jeanne Darc, pourrrait bien, non pas faire sauter en l'air la chambre actuelle, ce qui ne serait ni convenable ni respectueux, mais contribuer du moins à la faire remplacer, en employant les voies pacifiques et légales, par une chambre en général moins ennemie de Dieu et professant de meilleures doctrines.

Malgré toutes les prévisions contraires, j'ai accompli impunément mon grand acte religieux et politique. J'ai été arrêté, il est vrai, et conduit à la questure; mais après quelques explications très-simples et sur mon observation de plus en plus affirmative que j'avais réellement agi comme prophète et au nom de Dieu et de Jeanne Darc, on me considéra comme toqué ou demi-fou et on me laissa tranquille. J'avais fait remarquer d'ailleurs que, la séance n'étant pas encore ouverte, mon cri n'avait pas été public; et je m'engageai positivement à ne point récidiver.

---

impossible) ferait une bien triste acquisition. La meilleure preuve d'ailleurs que je n'ai pas agi de concert avec les bonapartistes, c'est que leurs journaux ont été les premiers à me tourner en ridicule et à me traiter de fou.

Enfin les dures vérités que je dis à Napoléon III viennent encore à l'appui de mon indépendance; car ces vérités sont d'une telle nature que, si le parti bonapartiste était au pouvoir, je ne pourrais pas les faire imprimer.

Concluons dès lors que je ne suis vendu, mais vendu noblement, qu'à un parti: à celui de Dieu et de Jeanne Darc. Là est seulement ma force; là seulement aussi sera ma juste récompense!

Je dis en outre à MM. les questeurs que, lorsque j'agissais au nom de Dieu et de Jeanne Darc, je portais bonheur à ceux qui me faisaient du bien et malheur à ceux qui me faisaient du mal ou qui commettaient des abus. Je leur citai deux faits à l'appui.

Au mois de novembre 1859, M. Levainville, alors simple sous-préfet à Valenciennes (département du Nord) depuis préfet à Quimper (Finistère), me fit arrêter injustement et arbitrairement en vertu des lois de sûreté générale (1). Sa femme et sa fille unique ont péri misérablement, englouties par les flots au milieu de la mer, un jour qu'elles étaient allées voir de près un gouffre horriblement curieux et dont l'eau, sous forme d'énorme vague, ne s'était jamais élevée à cette hauteur. Ce gouffre se trouvait au-dessous d'un rocher et en plein océan.

Les journaux ont retenti de cet événement malheureux qui plus tard a donné lieu à un double procès en première instance et en appel, pour la question d'héritage. Il s'agissait de décider quelle était morte la première, de la mère ou de la fille.

Autre fait. Le 11 octobre 1870, au moment où j'allais sortir de l'asile Sainte-Anne, je dis, à M. le Directeur de cet établissement, que je soupçonnais de graves abus et que, s'il en était complice, je lui déclarais, *au nom de Dieu et de Jeanne Darc, qu'il lui arriverait malheur.*

Il y avait plusieurs témoins quand j'ai prononcé ces paroles, notamment, je crois, M. le docteur Dagonnet ou une personne attachée à son service.

Personnellement, je n'avais qu'à me louer des bons procédés de M. le Directeur de l'Asile.

---

(1) Je parlerai un jour de ce fait avec détail.

On a vu encore, dans les journaux, que ce directeur d'une maison de fous s'est noyé accidentellement dans une partie de plaisir faite pendant la belle saison et en pleine mer.

Troisième fait. Depuis plusieurs jours un de mes voisins de face et toute sa famille me montrent ironiquement, comme une bête curieuse, à de nombreux amis qui viennent les visiter coup sur coup. Il n'y a pas à se méprendre sur leur mauvaise intention. De leur fenêtre ils me voient composer la présente brochure (notamment hier, avant-hier et aujourd'hui, 14, 15 et 16 juin 1876).

Hier, jeudi, jour de première communion, la dame s'est trouvée fort mal dans l'église même de sa paroisse, en présence d'une assemblée nombreuse, et l'on a été obligé de la transporter à la sacristie.

Ceci n'est qu'un premier avertissement. Je préviens cette dame maigre et pâle, son mari fluet et délicat et toute sa famille, que, s'ils persistent à se moquer, en ma personne, de Dieu et de Jeanne Darc, il leur arrivera d'autres malheurs.

Résumons maintenant notre argumentation.

J'ai donc impunément accompli un acte religieux et politique d'une telle hardiesse qu'il ne pouvait être fait avec succès et sans se compromettre sérieusement, que par un véritable fou ou par un prophète réellement inspiré et soutenu par Dieu et Jeanne Darc. Or, c'est cette dernière opinion que j'adopte, et voici pourquoi :

Dans mes ferventes prières, j'avais dit à Dieu : Tout le monde est contre moi, même les gens de religion. En présence de ce *tolle* général, je crains d'être fou, et de n'en pas avoir la conscience. Pour me rassurer, ô mon Dieu, et s'il n'y a pas indiscrétion de ma part, daignez faire un petit miracle en ma faveur. Disposez les choses de manière que je puisse, impunément et sans violer la loi, faire retentir votre nom et celui de Jeanne Darc au milieu de cette assemblée aux tendances païennes et impies, et qui, au lieu de vous invoquer, se met sous la protection du diable, représenté par le tableau des droits de l'homme. Comme pendant à ce tableau, je voudrais me placer en face (ce qui s'est précisément réalisé) et leur parler excentriquement et *à grand cri* des droits de Dieu.

J'avais, dans ce but, non pas pour acheter des choses saintes, mais d'après le principe évangélique que l'ouvrier est digne de son salaire, donné une petite rétribution à un jeune prêtre pour lequel je me sentais de la sympathie chrétienne, à M. l'abbé *** Il a dû dire une messe pour moi le mercredi matin, 10 mai 1876, jour de la rentrée des Chambres.

En outre, et le même jour, j'ai fait brûler des cierges dans l'église Notre-Dame de Versailles, à la chapelle de la Vierge, à celle de Saint-Joseph, mon protecteur particulier comme père de famille, et même à la chapelle de Notre-Dame de la Salette.

Pour cette dernière chapelle, c'est à titre d'expiation et de réparation publique que j'ai fait brûler un cierge. Du mois de mars 1847 au mois de décembre 1848 j'ai exercé les fonctions de receveur de l'enregistrement et des domaines à Corps, département de l'Isère.

La commune de la Salette-Fallavaux, lieu de l'apparition de la Sainte-Vierge, dépendait du canton de Corps.

A cette époque, j'étais un vrai misérable, ne pratiquant point la religion, et me conduisant en conséquence.

Je tournai en raillerie l'apparition, et je composai d'assez mauvais vers, que M. Long, notaire à Corps, à qui j'en avais laissé une copie, a répandus plus tard dans le pays et *sans mon aveu*. Au fond je ne parlais point contre la Sainte-Vierge (pour laquelle j'ai toujours eu un véritable respect, même lorsque je me conduisais mal), car le commencement de ma diatribe, non pas poétiquement, mais religieusement parlant, était irréprochable :

« Vierge auguste et bénie entre toutes les femmes,
» Toi qui, d'un amour pur remplis nos chastes âmes,
» Toi dont le nom si doux, si plein de volupté,
Par la bouche pieuse est toujours répété ;
» Marie, oh ! laisse-moi, saisi d'un saint délire,
» A tes pieds prosterné, devant ton peuple dire
» Tous les biens que ta main se plaît à nous verser.
» Prête à ma voix ce ton qui sait intéresser.
» Enfant, je t'ai bénie et te bénis encore,
» Ange qui me sauvas et que toujours j'honore ;
» Ce n'est donc qu'en tremblant que ma profane main
» Va divulguer un fait que l'on dit surhumain...
» Je suis franc avant tout : les gens du tabernacle
» Peuvent, par intérêt, crier vite au miracle.
» J'aime la piété : son culte précieux
» Pour l'âme délicate est un parfum des cieux :
» Elle épure le cœur et le rend plus sincère ;
» De l'homme infortuné soulageant la misère,
» Elle donne à l'amour un langage inspiré,
» Centuple ce bonheur dont on est enivré ;
» Et bientôt, emportant nos âmes sur ses ailes,
» Leur ouvre le trésor des palmes immortelles.
» O Vierge, c'est ainsi que par toi j'ai goûté
» D'un tel ravissement toute la volupté !
» Ce souvenir heureux m'électrise et m'embrase,
» Et mon cœur à tes pieds tombe encore en extase.
» Je m'élève vers toi : tendre et respectueux,
» Je prononce, éperdu, ton nom mélodieux ;
» J'admire avec amour ta céleste influence :
» Nul mieux que toi ne sait embellir l'espérance ;

» Et lorsque le chagrin mine un cœur désolé,
» Par ta voix bienfaisante il se sent consolé.
» C'est donc en m'inclinant sous ton pouvoir suprême,
» Que je vais essayer de résoudre un problème :
» Quand d'un miracle on fait un calcul odieux,
» L'honnête homme au public doit dessiller les yeux ! »

Après avoir composé cette rapsodique pièce de vers, dont la suite était rédigée dans un fort mauvais esprit, et quelques mois plus tard, j'interrogeai moi-même, pendant l'été de 1848, dans l'étude de Me Long, notaire à Corps, Maximin et Mélanie. Je cherchai à les mettre en contradiction, mais je ne pus y parvenir.

Mon opinion fut que ces enfants ne mentaient point et qu'ils avaient réellement vu quelque chose d'extraordinaire.

Comme chasseur éreinté ou comme pèlerin amateur, j'étais allé plusieurs fois sur les lieux de l'apparition. Il m'avait semblé possible que, pendant que, sur ces montagnes complétement nues et couvertes seulement d'un léger gazon, les jeunes bergers, ébahis, se trouvaient dans un pli de terrain, autrement dit creux ou *combe*, la personne auteur de la supercherie, en disparaissant aussitôt par le derrière de la montagne, qui était en pente rapide, eût fait croire aux enfants qu'elle était montée au ciel, puisque ces enfants, du creux de la *combe*, ne pouvaient voir au-dessus d'eux que le ciel. Un jour même et sur les lieux de l'apparition, j'en fis de bonne foi la remarque à un prêtre, qui me traita de voltairien.

Un fait néanmoins que je puis affirmer avec certitude, c'est que, pendant tout le temps que j'ai rempli, à Corps, des fonctions publiques, c'est-à-dire depuis les derniers jours du mois de mars 1847 jusqu'aux premiers jours du mois de décembre 1848, il n'a jamais été question de certaine demoiselle excentrique qu'un mauvais prêtre justement interdit a faussement désignée, plus tard, comme ayant joué le rôle de la sainte Vierge.

Indépendamment du désaveu formel de cette personne, je puis assurer qu'à une époque assez rapprochée de l'apparition, en 1847 et en 1848, (l'apparition de la Sainte-Vierge a eu lieu le Samedi, 19 septembre 1846), il n'a jamais été question de cette mystification singulière.

Or, puisque dans un petit village, où tout le monde se connaît, on n'a jamais, de mon temps, parlé de cette fable, il faut bien admettre qu'elle est controuvée. Je n'aurais pu ignorer cette fable, si elle eût été répandue dans le pays, puisque je supposais moi-même que les jeunes enfants n'avaient pu être trompés que de cette manière.

A cette époque j'étais un misérable sans religion, moralement plus gangrené que Job sur son fumier; et, si j'avais connu cette fable, je n'aurais point manqué d'en parler dans mes vers, que je publierai un jour intégralement.

Après mûr examen, je crois aujourd'hui à la réalité de l'apparition; et, en expiation de mon impiété et de mes blasphèmes d'autrefois, j'invoque particulièrement la très-sainte Vierge sous le nom de Notre-Dame de la Salette.

Pour en revenir au miracle qui m'est personnel, Dieu et Jeanne Darc, sans me faire connaître qu'ils exauceraient mes vœux, ne me poussèrent pas moins vivement à accomplir ma mission prophétique, et certes je n'ai point manqué à ce devoir.

Quand j'ai vu qu'on me mettait en liberté pure et simple, je n'ai pu m'empêcher de reconnaître que Dieu et Jeanne Darc, spécialement Notre-Dame de la Salette, disposaient les événements d'une manière conforme à mes vœux.

Il est évident, en effet, que si, le jour où j'ai fait mon coup d'Etat, il n'y avait pas eu, par suite d'un changement dans les trains du chemin de fer, un retard d'une heure, j'aurais agi comme *prophète* au moment où la Chambre eût été en séance; et, ainsi que le *Constitutionnel* l'a fait remarquer avec raison, le délit étant plus grave, je n'aurais pu échapper ni à une arrestation préventive, ni à une juste condamnation.

Ce qu'il y a encore de vraiment extraordinaire, c'est que, pour obtenir ma mise en liberté immédiate, je n'ai pas même été obligé d'user d'un moyen humain et que j'avais l'intention d'invoquer : obtenir mon élargissement en fournissant une caution pécuniaire.

Dieu, Jeanne Darc et Notre-Dame de la Salette ont voulu me prouver d'une manière toute particulière qu'ils me protégeaient réellement et que, bien loin de compter sur les ressources de la prudence humaine, je ne devais adopter, comme moyens de salut, que ceux qu'ils m'inspireraient.

Depuis, Dieu, Notre-Dame de la Salette et Jeanne Darc m'ont révélé que, en exécutant leurs ordres, je n'avais, au fond, violé aucune loi, et ils m'ont dicté l'article dans lequel et avec leur seule aide, je crois avoir fait cette preuve de la manière la plus péremptoire chapitre IV ci-dessus).

A mes yeux, et pour que, bien qu'abondonné et conspué par tout le monde, je continue d'avoir confiance en Dieu, en Notre-Dame de la Salette et en Jeanne Darc, le miracle est certain et doit me donner de nouvelles forces.

II. — Il n'est pas vrai que je suis fou.

Après tous les détails dans lesquels je suis entré et toutes les explications que j'ai fournies, je ne pense pas que l'on persiste à me traiter de fou et à considérer comme un acte d'aliénation mentale ma grande manifestation politique et religieuse du mercredi 10 mai 1876.

Les médecins athées ou matérialistes, ceux qui ont la réputation d'être les maîtres de la science insano-médicale, les docteurs Lassègue, Calmeil, Legrand du Saulle, Moreau et *tutti quanti*, d'autant plus sujets à l'erreur que dans leur triste orgueil, ils se croient infaillibles, m'ont aussi bien jugé qu'un de leurs confrères, assisté d'un conseil médical, appréciait un malade soumis à son examen.

Le fait, rapporté par le *Petit Journal*, numéro du mercredi 14 juin 1876, pages 2 et 3, 4e et 1re colonne, est assez plaisant et mérite d'être cité. Je transcris l'article textuellement.

« Tel que vous le voyez, cet homme eut dans sa jeu-
» nesse une situation très-honorable; il tenait de son
» père un important héritage et en usait avec prodiga-
» lité; sa conduite, certains actes de sa vie mirent en
» évidence la faiblesse de son cerveau, et il fut pourvu
» d'un conseil judiciaire.

» Cette entrave à sa liberté acheva d'aliéner son intel-
» ligence et il contracta ce genre de folie particulière
» qu'on appelle le *délire de persécution*, et qui consiste à
» se croire entouré d'ennemis et poursuivi par tout le
» monde.

» Un jour qu'il devait changer de gilet de flanelle (on
» n'est pas parfait, observa malicieusement le conteur),
» le malade s'aperçut que ce vêtement était plus étroit
» qu'il ne convenait à sa taille; il en conçut aussitôt
» une vive alarme et présuma qu'une enflure maladive
» avait envahi ses membres; il appela un médecin pour
» le consulter. Ce praticien, qui ne connaissait pas notre
» homme, examina le cas et le considéra comme très-
» grave; il prescrivit le repos la diète et des dérivatifs.

» Trois jours après, le malade voulut vérifier l'effet de » la médication et essaya de nouveau le fameux gilet de » flanelle ; mais hélas ! le fatal vêtement fut aussi rebelle » cette fois que la première aux efforts désespérés du pa- » tient ; quoi qu'il fît, ses bras robustes ne purent y » entrer. Le médecin continua ses visites, et enfin, ne » pouvant diagnostiquer d'une façon suffisante cette » singulière maladie, il appela, après un mois de traite- » ment, plusieurs confrères en consultation.

» Réunis solennellement dans le salon qui précédait la » Chambre où attendait le condamné, les disciples d'Hip- » pocrate se parlèrent longtemps dans une langue très- » spirituelle sans doute, mais inconnue des profanes, et » ne savaient encore quel remède ordonner (je crois » même, horreur ! qu'on parlait d'envoyer le malade aux » eaux), quand tout à coup la servante entra furibonde » en criant : « Ah ! cessez de torturer mon pauvre maî- » tre, je sais quel est son mal, c'est la blanchisseuse qui » s'est trompée de paquet et qui lui a apporté les gilets » de notre petit voisin. »

» Cette erreur de la blanchisseuse, dit en terminant le » logeur, coûta au malheureux un mois de traitement, » six semaines de convalescence pour se guérir des soins » qu'il avait reçus et quinze cents francs de visites.

» Ce dernier coup du sort lui enleva le peu de raison » qui lui restait ; de là sa haine invétérée contre les » médecins. »

Je puis dire, sans orgueil, qu'en ce qui me concerne, les docteurs Lassègue et Calmeil en 1852, Moreau en 1866, Legrand du Saulle en 1870, m'ont apprécié d'une manière aussi rationnelle.

Et, *sur une question religieuse et de l'ordre surnaturel*, il suffira du plus superficiel examen d'un *médecin athée et matérialiste, et certes incompétent*, pour vous faire enfermer à Charenton, à Bicêtre ou à Sainte-Anne, et vous infliger le plus cruel supplice qui puisse déchirer le cœur d'un mortel, le supplice d'une séquestration arbitraire et indéfinie, oui, indéfinie, par cela seul qu'on ne vous en fait point connaître le terme! Le criminel le plus endurci et condamné justement est beaucoup moins à plaindre que l'innocent ainsi traité de par la science insano-médicale. Il faut avoir vu d'assez près cet abus de pouvoir pour en comprendre toute l'horreur. Et bien que de tels abus soient dénoncés depuis longtemps à l'Assemblée nationale, on ne voit pas que la République, qui doit faire disparaître tant d'injustices, ait mis un frein, bien nécessaire, à l'omnipotence des médecins aliénistes.

L'individu traité de fou, *comme monomane religieux*, par des médecins athées ou matérialistes, n'a pas même les consolations de la religion. Ces médecins, prétendant que la folie religieuse est la pire des folies et qu'elle est incurable, chercheront à distraire le prétendu malade de ses idées habituelles et trouveront des inconvénients à ce qu'il fréquente les sacrements de pénitence et d'eucharistie. D'ailleurs il suffit qu'on soit détenu comme fou pour que les prêtres à leur tour soient peu disposés à vous prêter leur ministère. Moi-même et pendant les 24 jours que j'ai passés à l'asile Sainte-Anne, à cause de mes idées sur Dieu et Jeanne Darc, et du 17 septembre au 11 octobre 1870, j'ai vainement demandé à me confesser. Avant ma sortie de l'asile, comme depuis, j'ai néanmoins été autorisé, par mes chefs spirituels, à me confesser tous les quinze jours et à communier deux fois par semaine (1). Par suite de mon arrestation arbi-

(1) Depuis que, *malgré le blâme de mes confesseurs*, je me dis inspiré et soutenu par Dieu et Jeanne Darc, j'ai cessé de fré-

raire, je n'étais plus à Sainte-Anne qu'un pauvre fou, une intelligence oblitérée, une chose humaine sans nom, qu'en cas de décès on aurait soumise à une *autopsie, devant Dieu, indécente et criminelle.*

Voilà le sort que font à l'humanité des médecins la plupart athées ou matérialistes, et au fond, sans entrailles,

---

quenter les sacrements de pénitence et d'eucharistie, afin qu'il soit bien constaté que ce n'est ni la confession, ni la fréquente communion qui me montent la tête.

Je reprendrai plus tard mes exercices extraordinaires de piété, quand j'en aurai reçu l'autorisation, et après que ma brochure sera imprimée et aura été répandue dans le public. Jusque-là, je me bornerai à remplir mes devoirs ordinaires de chrétien, attendant patiemment que mes confesseurs, mieux éclairés sur mon compte, reconnaissent eux-mêmes que leur rigorisme envers moi n'était pas fondé.

Dernière observation. — Pour que personne ne soit induit en erreur sur moi ou sur mes écrits, il est de mon devoir de déclarer que des religieux m'ont refusé définitivement l'absolution, parce que je n'ai pas cru qu'en conscience je fusse obligé de rectifier ce que j'ai dit, dans tout le cours de l'ouvrage, soit sur Henri V et sur les Bourbons, soit sur Gambetta et sur les moines, particulièrement aux pages 9 et 10 des pièces *justificatives*.

Je supplie dès lors les lecteurs, et surtout les lecteurs catholiques, de contrôler mes idées et de ne les accepter que sous toutes réserves. C'est en matière politique qu'il appartient de dire plus que jamais : *tradidit mundum disputationibus hominum !*

Je suis de bonne foi certainement, et je ne voudrais ni tourner au protestantisme et au libre examen, ni nuire à la religion catholique ou troubler la conscience de qui que ce soit.

Si l'autorité compétente condamne donc mes écrits, je me soumettrai respectueusement, purement et simplement et en fils dévoué de l'Eglise.

Versailles, mercredi 2 Août 1876.

et qui n'auront jamais, pour les malheureux, la douce et efficace commisération du chrétien.

Aussi, de tous les despotismes, le plus cruel et le plus condamnable, est celui des médecins athées et matérialistes. Une maison de santé est d'ailleurs une véritable prison, avec ses gardiens et ses geôliers tenant les fous sous clef et s'opposant à leur sortie, quand ils demandent qu'on leur ouvre la porte de la cour.

Le fou a donc la conscience qu'il est enfermé et qu'il n'a plus la liberté de se promener où il voudrait; ce qui le rend très-malheureux.

Sur cette question très-délicate, les médecins-aliénistes ont une singulière doctrine. Sous le prétexte, non pas qu'un fou est actuellement dangereux, mais qu'il pourrait le devenir, on le tient indéfiniment enfermé; et néanmoins, et à l'expiration de leur peine, on met en liberté tous ces criminels endurcis qui, même au fond de leur cachot, combinent et méditent leurs forfaits futurs. Pour ceux-là il y a non-seulement présomption, mais certitude morale, qu'ils vont recommencer. De quel droit dès lors traiter plus sévèrement que des malfaiteurs de pauvres fous non encore dangereux et qu'on ne rend tels bien souvent qu'en les enfermant malgré eux dans des maisons de santé? Tout au moins ne devrait-on les envoyer là qu'après débat contradictoire et non sur le simple certificat d'un médecin qui, lorsque la folie se complique d'une question d'argent ou d'héritage, pourrait faire cause commune avec des parents ou des collatéraux avides d'escompter une succession qui tarderait trop à venir.

Enfin, quant au danger d'enfermer les fous *sans nécessité réelle*, danger qui existe pour eux aussi bien que pour les personnes qui les soignent, et quant à la cruauté et à l'inutilité des douches, supplice des plus douloureux et pouvant même devenir mortel, citons le précieux témoignage d'un médecin compétent :

« Les personnes qui pénètrent pour la première fois » dans nos asiles ne manquent pas de nous demander si » les personnes attachées au service des aliénés et appelés à leur donner des soins constants ne souffrent pas » de ce contact. Je ne veux pas exagérer ce danger, » mais j'ai la conviction que le milieu des maisons de » santé et des asiles agit d'une manière fatale sur le système nerveux de beaucoup de personnes, et qu'il n'est » pas possible à tout le monde de supporter la vue continuelle de tant de misères physiques et morales. Sans » ce rapport, mon expérience pourrait évoquer de bien » tristes souvenirs. Sans doute, on peut objecter que les » tourments administratifs auxquels tant de mes collègues » ont été soumis doivent peser pour beaucoup dans » l'interprétation de la folie dont quelques-uns ont été les » victimes, mais *il n'en reste pas moins établi pour nous* » *que le milieu a une grande influence sur la manifestation* » *du phénomène pathologique*. Tout cela doit engager les » médecins à attacher une importance capitale à la cause » *imitation*, à la *contagion de l'exemple*, lorsque surtout » on est consulté pour des individus qui, en raison de leurs » prédispositions héréditaires, de leur tempérament hypocondriaque, ou en vertu de telle ou telle autre cause » prédisposante, sont plus aptes que d'autres à contracter » la folie. (*B. A. Morel, médecin en chef de l'asile des* » *aliénés de Saint-Yon, Seine-Inférieure*; *Paris, Victor* » *Masson*, 1860, *p*. 245).

» Quant aux irrigations d'eau froide sur la tête, j'ai » depuis longtemps renoncé aux douches formidables que » j'ai vu employer dans ma jeunesse. Il y a longtemps » que Georget s'est élevé avec force contre ce moyen. » *Ce sont, dit-il, des souffrances si grandes, que les aliénés* » *les plus furieux ont assez de raison pour demander qu'on*

» *les leur épargne. La douche, finalement, doit désorganiser* » *le cerveau et déterminer l'incurabilité dans bien des cas;* » *c'est un moyen qu'on devrait proscrire comme antimédi-* » *cal.* » M. Rech (de Montpellier), qui professe le plus » grand enthousiasme pour la douche d'eau froide sur » la tête, avoue cependant que c'est un moyen qui peut » *devenir mortel*, et qui d'ailleurs détermine souvent des » sensations très-douloureuses. « Il me semble, dit avec » raison M. le docteur Brocard, qu'un moyen qui, d'après » M. Rech, est pour les aliénés un *supplice affreux*, qui » leur fait éprouver les angoisses horribles de la *suffoca-* » *tion et de l'asphyxie ;* qu'un moyen dont on ne peut, » *en aucun cas*, prévoir les effets à l'avance, qui peut » déterminer une foule d'accidents et même la mort, » devrait être banni aujourd'hui de la thérapeutique de » l'aliénation mentale.

» Je ne parle pas des bains de surprise, qui consis- » taient à précipiter les aliénés d'un lieu plus ou moins » élevé dans la rivière. Ce moyen est tombé en désuétude » par les seuls progrès de la science. Je pourrais cepen- » dant citer des cas assez récents où il a été employé par » des gens ignorants à l'insu probablement des méde- » cins.» Rien, du reste, de si répandu encore en certains » pays que la croyance à l'efficacité des douches d'eau » froide sur la tête. C'est ainsi que la *médecine populaire* » est toujours prête à exagérer les prescriptions de la » science (même ouvrage, page 779) »

Voilà ce que dit expressément un habile médecin directeur d'une maison de santé. C'est donc avec toute justice que nous appelons de nouveau sur ce chef la sérieuse attention de l'autorité publique, et l'intervention prochaine et bienveillante du législateur!

Espérons, dès lors, qu'on apportera bientôt une amélioration indispensable à la loi de 1838 sur les aliénés auxquels on ne refusera plus la garantie d'un débat contradictoire, même quand l'on prétendra qu'au point de vue politique ils sont dangereux. Sans débat contradictoire, en effet, il n'y a plus de liberté individuelle; et le pouvoir administratif, n'ayant aucun frein, pourrait se livrer aux plus coupables rancunes et aux arrestations les plus arbitaires et les plus illégales : temoin le Ministre Billaut, un vrai misérable, qui, dans son temps et par un cruel abus de pouvoir porta malheur à l'empire et à lui-même, et l'infortuné Sandon, son ancien ami, qui, après avoir été enfermé trois ans avec des fous, sortit de Charenton moralement brisé et avec un avenir à tout jamais perdu.

III. — IL EST VRAI QUE JE SUIS PROPHÈTE.

J'aborde maintenant la question prophétique.

Pour ne point faire fausse route, il ne faut ni exagérer le don de prophétie qu'il a plu à Dieu et à Jeanne Darc de me conférer, ni le tourner en ridicule.

Au fond, *et en raisonnant au point de vue humain*, j'ignore si je suis réellement prophète au sens de l'Église catholique. *Je le crois néanmoins sincèrement.* Mon juge définitif et infaillible sera notre Très-Saint Père le Pape, aux décisions duquel je déclare d'avance me soumettre avec le plus grand respect.

Je dirai encore, avec toute la naïveté et la simplicité de mon caractère :

Si j'ai parlé au nom de Dieu et de Jeanne Darc, j'ai bien parlé, et l'on doit en tenir compte, car l'événement se réalisera.

Si j'ai parlé comme homme, je n'aurai dit que des sottises et l'on peut y cracher dessus : je ne me sentirai point blessé !

Ma mission prophétique, ainsi que je l'ai déjà expliqué clairement, est donc très-simple, et se réduit à trois choses principales et *dans l'ordre suivant :* d'abord, la prochaine canonisation de Jeanne Darc; ensuite, l'avènement de Napoléon IV; enfin, l'expulsion définitive des Prussiens de l'Alsace et de la Lorraine, redevenues françaises par la volonté de Dieu et de Jeanne Darc et d'après le vœu de ses habitants.

En ce qui concerne la canonisation de Jeanne Darc, j'ai adressé à l'Assemblée nationale, dès l'été de 1871, et avec les pièces à l'appui, une pétition pour laquelle M. le vicomte de Lorgeril, actuellement sénateur, a dû faire un rapport favorable. Je proposais, en outre, d'organiser des bataillons de croyants (d'après les idées énoncées aux pages 34 à 37 ci-dessus), qui se mettraient sous la protection spéciale de Jeanne Darc et qui porteraient sa bannière.

Grâce à l'intervention de Mgr Dupanloup, évêque d'Orléans, l'affaire est maintenant en bonne voie, et il y a tout lieu d'espérer que ma première prophétie se réalisera prochainement.

Plus tôt Jeanne Darc sera canonisée, plus tôt la France recouvrera l'Alsace et la Lorraine. Il importe donc que de nouvelles et pressantes démarches soient faites auprès de notre Très-Saint Père le Pape, par le Gouvernement français et par Mgr Dupanloup, à l'effet d'arriver rapidement à une canonisation trop tardive, plus que méritée, et que désire ardemment tout bon patriote.

Quant à l'arrivée de Napoléon IV au pouvoir, c'est un événement heureux que la réalisation de mes prophéties passées doit faire considérer comme certain. (Consulter les pièces justificatives, pages 6 à 27.) En effet, j'ai prédit la naissance de Napoléon IV à une époque où personne n'y croyait. Dès le 30 janvier 1853, en parlant du *mariage de l'Empereur et de l'Impératrice des Français*, et voyant, dans cette union avec une Espagnole pieuse et catholique, quelque chose de providentiel et la juste réparation envers l'Espagne d'une partie des torts de Napoléon Ier, dès le 30 janvier 1853, je disais à l'Impératrice EUGÉNIE (un nom de bon augure) :

Oui, *ta race sera féconde*,
Comme celle que Dieu bénit :
Tu vas renouveler le monde,
Car c'est le ciel qui vous unit !

Dans une autre prophétie, déclamée en public le même jour, 30 janvier 1853, j'allais beaucoup plus loin, et je prédisais très-nettement, et en ces termes, un événement qui devait de plus en plus paraître impossible. (Voir la page 25 des pièces justificatives.)

« Moi, qui, ne m'inspirant que du feu de mon cœur,
» Dis à Napoléon : Tu seras Empereur;
» Je lui crie aujourd'hui, d'*une voix prophétique :*
» Ta race durera plus que la République,
» Plus que l'orléanisme et le sang détesté
» Qui prend l'orgueilleux nom de légitimité ! »

Je disais encore (pages 26 et 27 des *pièces justificatives* qui suivent la présente brochure) :

« O Légitimité, montre-nous donc ta tige!
» Va, c'est bien à dessein qu'un Dieu vengeur t'afflige ;
» Une tache de sang est restée à ton front :
» Tu ne revivras point, ce sera ton affront !
» Ne le vois-tu donc pas? Dieu seul te rend stérile,
» Dieu repousse à jamais ta race inepte et vile (1),
» Pour avoir des vaincus provoqué les sanglots.
» Si tu prétends régner, où sont donc tes héros?

---

(1) Pour l'explication de ce qui paraît, dans ces termes, dur et violent, se reporter aux pages 38 et 39 des *Pièces justificatives*.

» Fis-tu preuve du moins de vulgaire prudence,
» En usant à propos de pardon, de clémence?
» Et n'as-tu pas versé le sang trop précieux
» De l'infortuné Ney, ce martyr glorieux?
» Eh bien! c'est aujourd'hui que Dieu creuse ta tombe!
» Sur l'infâme Caïn le sang d'Abel retombe:
» Dans l'exil s'éteindra la race des Bourbons,
» De l'Étranger en vain implorant les canons.

A cette époque, personne ne croyait à la future fécondité du mariage de l'Empereur, et Henri V et les princes d'Orléans étant dans toute la force de leur âge, en raisonnant au point de vue humain, il y avait certainement de la témérité dans une telle prophétie.

Cependant, depuis lors et vingt-trois ans après, et malgré toutes les intrigues récentes de leurs partisans, ni les princes d'Orléans ni Henri V n'ont pu ressaisir le Pouvoir; et il ne reste debout qu'une République honnête, bien différente des aspirations de ceux qui l'ont établie au 4 septembre 1870, et qui sera désormais très-sage et très-forte, si elle fait avorter les prophéties de Dieu et de Jeanne Darc, et si elle empêche leur protégé d'arriver au trône de la France.

Relativement à l'Alsace et à la Lorraine, ma troisième prophétie se réalisera également. Mais il ne faut pas se faire des illusions. Cet événement, très-désirable, n'aura lieu qu'après que la France sera revenue à de meilleurs sentiments; et, qu'en adoptant la bannière de Jeanne Darc, elle répudiera du même coup les doctrines impies et matérialistes.

Cette condition est de rigueur; car ce n'est que par le principe religieux, et non par les principes athées et révolutionnaires, que la France sera sauvée!

Laus Deo!

CHAPITRE VI

RÉPONSE *à de nouvelles objections.*

---

§ 1er

Ce que je dis en faveur de Napoléon IV serait en contradiction avec les révélations faites à Mélanie CALVAT, *le principal témoin du miracle de la Salette.*

On me fait de nouvelles objections et l'on me dit : Puisque vous croyez au miracle de la Salette, à l'apparition de la Très-Sainte Vierge sur une haute montagne, déserte et isolée, mettez-vous d'accord avec le principal témoin de cette apparition.

Mélanie CALVAT a toujours eu la plus grande horreur pour le nom et pour la personne de Napoléon III, dont vous faites le panégyrique. Il y a donc contradiction entre vous et Mélanie. Or, Dieu, la Sainte-Vierge et Jeanne Darc ne peuvent inspirer des choses contradictoires.

Ma réponse sera très simple et très nette.

En admettant, ce qui n'est pas encore prouvé, ou tout au moins ce que j'ignore, que l'anathème lancé sur Napoléon III fasse partie du secret révélé à Mélanie par la Sainte-Vierge, cet anathème n'est pas en opposition avec mon panégyrique.

Napoléon III n'a pas toujours suivi une voie mauvaise.

De 1848 à 1860 ou à peu près, Napoléon III a été un Souverain plus digne d'éloge que de blâme. De 1848 à 1853, il a été surtout l'homme providentiel suscité par Dieu pour tirer la France du *désordre, de l'anarchie et de l'impiété.* Napoléon III a été plus tard infidèle à sa mission, en laissant propager l'odieux livre du misérable Renan, en abandonnant le Pape, et en donnant à la presse le droit de répandre ses doctrines immorales, impies et révolutionnaires.

Mélanie Calvat a vu le Napoléon III des derniers temps, le Souverain qui cède à la fausse sagesse du siècle et qui manque à ses devoirs envers Dieu et envers les hommes.

J'ai vu et j'ai dépeint l'homme Providentiel, vainqueur de l'anarchie et protecteur du Pape et de la Religion. Mais lorsque Napoléon III est devenu fourbe, infidèle et ingrat, j'ai été des premiers à l'avertir et à lui rappeler, dès le mois de mai 1865, (voir la page 47 des *Pièces justificatives*), *qu'il devait protéger le Pape et le catholicisme, et continuer à réprimer l'impiété et les excès de la Presse*. Ce sont les propres termes d'un écrit publié à Bruxelles dès le mois de juin 1865.

Loin donc d'être en désaccord avec Mélanie CALVAT, j'ai indirectement annoncé comme elle la chute de Napoléon III ; car lorsqu'un prophète trace à un Souverain, au nom de Dieu, la ligne qui doit être suivie, si ce souverain désobéit formellement à la volonté divine, sa chute est inévitable. Or, on ne peut nier que Napoléon III n'ait fait, en dernier lieu, l'inverse de ce que je lui avais indiqué.

Mais de ce que Dieu a puni, et justement puni Napoléon III et la France sa complice, il ne faut pas conclure que l'anathème doive atteindre Napoléon IV.

Sur ce point, j'ai pour mission, au contraire, d'annoncer des miséricordes de la part de Dieu, de Notre-Dame de la Salette et de Jeanne Darc.

Lorsque Dieu, en effet, punit immédiatement et dès ce monde, un souverain coupable, c'est qu'il ne veut pas prolonger le châtiment et le faire retomber sur un jeune homme innocent et pieux. Dieu se servira donc du fils pour réparer les lourdes fautes du père, spécialement pour protéger le Pape et le catholicisme.

Je suis encore d'accord avec Mélanie sur un autre point d'une nature très délicate : *qu'il y aurait beaucoup plus de religion, (en Italie surtout), s'il y avait beaucoup moins de mauvais prêtres et de mauvais religieux.*

C'est ce que j'ai dit, sous une autre forme, dans une *Prophétie* imprimée à Paris, dans l'été de 1866, par Charles Noblet, rue Soufflot, n° 18, qui s'est déjà réalisée en partie et dont voici le texte :

« Le catholicisme entre dans une phase nouvelle. *Le pouvoir » temporel a été et sera encore enlevé au Pape*, à cause des désor- » dres et du peu de foi d'une bonne partie du clergé italien » (séculier et régulier) et contrairement néanmoins à tout » droit et à toute justice. Que Sa Sainteté Pie IX se console » d'être ainsi spolié : *Dieu suscitera des prophètes, des saints et » des martyrs*, et prouvera de plus en plus que son Eglise est » bâtie sur des fondements divins et inébranlables. La puissance » spirituelle du catholicisme sera dès lors d'autant plus forte » que son pouvoir temporel sera plus faible. »

§ 2.

La Prophétie d'Orval désigne comme Roi de France pour des temps prochains, un rejeton de la cap, c'est-à-dire un Capet, un Bourbon, et non pas Napoléon IV.

On m'oppose encore la célèbre prophétie du solitaire d'Orval.

Bien que cette prophétie ne puisse passer à l'état d'article de foi et que chacun soit libre de la répudier ou d'y croire, comme elle est vraiment curieuse et que tout ce qu'elle contient sur Napoléon Ier parait s'être pleinement réalisé, je vais essayer de la prendre pour règle.

Voici la partie de cette prophétie qui s'applique aux temps modernes, ainsi que l'ont reconnu tous les commentateurs.

« Malheur à toi, grande ville ! voici dix rois armés par le » Seigneur. » (Guerre de 1870, et bombardement de Paris par la Prusse et toute la confédération allemande).

« Mais déjà le feu t'a égalée à la terre. Pourtant tes justes ne » périront pas : Dieu les a écoutés. » (Commune de Paris et incendies de 1871 : Paris échappe à une ruine plus complète, par l'effet des prières des justes).

« La place du crime est purgée par le feu (incendie des Tui- » leries) ; le grand ruisseau a conduit ses eaux toutes rouges de » sang (Défaite et massacre des insurgés de la Commune) ; la » Gaule, vue comme délabrée, va se rejoindre. (Restauration de » l'ordre par le Maréchal de Mac-Mahon, par l'armée et par » l'ancienne chambre. La France se sent revivre et se relève de » ses ruines).

Le solitaire d'Orval ajoute immédiatement ce qui suit.

C'est ce passage que l'on m'oppose et que je transcris en entier et séparément. Les commentaires viendront après.

« Dieu aime la paix. Venez, jeune Prince, quittez l'île de la » captivité ; *Joignez le* LION A LA FLEUR BLANCHE. Ce qui est » prévu, Dieu le veut. Le vieux sang des siècles terminera » encore longues divisions. Lors un seul pasteur sera vu dans » la Celte-Gaule ; l'*homme puissant par Dieu* s'assiéra bien ; » moult sages règlements appelleront la paix ; Dieu sera cru » guerroyer d'avec lui, tant prudent et sage sera le rejeton de » la Cap. »

Voilà les termes mêmes dont se sert le prophète d'Orval. Or, ce passage ne peut s'appliquer à Henri V, qui, au lieu d'être un jeune Prince et ainsi que je l'ai déjà dit, est *ratatiné et passé de mode*, comme tous ses partisans, le vieux marquis de Franclieu en tête. D'ailleurs, c'est Napoléon IV et non Henri V qui s'est trouvé et qui se trouve encore dans l'*Ile de la captivité*, c'est-à-dire en Angleterre.

Il s'agit en outre de *Joindre le Lion à la fleur blanche*. Or, le Lion désigne Napoléon IV (des mots grecs *nape*, désert, et *leon* lion). Napoléon IV devra donc s'allier à la *fleur blanche*, ou au parti légitimiste, comme je l'ai proposé avec raison. Et Henri V, qui est exclu de la prophétie, agira sagement, s'il abdique en faveur de Napoléon IV. C'est ainsi que le vieux sang des siècles *terminera encore longues divisions; que lors un seul pasteur sera vu dans la Celte-Gaule, et que l'homme puissant par Dieu*, c'est-à-dire s'appuyant sur Dieu et la religion, comme je l'ai encore proposé, *s'assiéra bien*.

Pour consommer ce grand acte politique, Napoléon IV devrait se marier avec une princesse du sang des Bourbons et adopter, comme je ne cesse encore de le dire, la bannière blanche et à fleurs de lys de Jeanne Darc.

Il accomplirait ainsi pleinement la prophétie du solitaire d'Orval et deviendrait en quelque sorte, par l'adoption et le mariage que j'indique, le seul rejeton du *vieux sang de l'homme de Cap ou de la Cap* (Capet ou Bourbon), d'après les termes mêmes de la prophétie.

Or, étant incontestable que cette prophétie ne vise pas Henri V, déjà de beaucoup trop vieux, l'application que j'en fais au jeune Napoléon IV me paraît très rationnelle et vient à l'appui de la manifestation en sa faveur que Dieu, Notre-Dame de la Salette et Jeanne Darc m'ont inspirée.

En annonçant les miséricordes de Dieu, je complète donc l'œuvre de Mélanie, cette Cassandre religieuse, douloureusement, et même trop douloureusement affectée des *menaces conditionnelles* faites à la France et à l'Europe.

Dans l'œuvre de Dieu, la miséricorde, en effet, est toujours à côté du châtiment.

Or, on ne peut nier que, depuis 1870 et malgré la coupable propagation des doctrines démagogiques, une bonne partie de la France ne soit déjà revenue à de meilleurs sentiments, témoin les nombreux et immenses pèlerinages, notamment de la Salette et de Notre-Dame de Lourdes.

Une nouvelle apparition de la T.-S.-Vierge, au petit Bourg de Pontmain, diocèse de Laval (Mayenne), le mardi 17 janvier

1871, vient à l'appui de mes idées de miséricorde : dans cette récente et dernière apparition, la Sainte-Vierge a daigné tracer elle-même, dans les airs, au-dessous de son image resplendissante et toute constellée de brillantes étoiles, sur un grand écriteau, large d'environ un mètre et demi et d'une éclatante blancheur, en beaux caractères d'or et successivement, cette invitation toute maternelle :

Mais priez, mes enfants; Dieu vous exaucera en peu de temps;

Puis, cette nouvelle très rassurante : *Mon fils se laisse toucher.*

---

§ 3.

Je me serais moi-même déclaré publiquement légitimiste.

Enfin on m'objecte un article que j'ai fait insérer dans le *Petit Moniteur Universel* du jeudi 7 Septembre 1871, 4e page, 2e colonne.

Cet article est ainsi conçu :

En me tournant en ridicule au sujet de la déposition que j'ai faite, le vendredi 18 août 1871, devant le 3e conseil de guerre, séant à Versailles, vous avez manqué aux égards que l'on doit aux témoins et au respect que l'on doit à la justice.

Vous affirmez, en outre, que je suis fou, parce que pendant le premier siège de Paris et dans divers clubs, j'ai eu le courage, malgré le tumulte, les railleries et les mauvais traitements dont j'ai été l'objet, d'opposer au drapeau rouge la bannière nationale de Jeanne Darc ou en d'autres termes, le drapeau blanc et à fleurs de lys *de la légitimité* du temps de Charles VII.

Cette prétendue folie ne m'empêche ni de doubler mes affaires commerciales, ni de remplir mes devoirs d'époux et de père et d'élever mes cinq jeunes enfants d'une manière modeste et convenable, de les élever surtout dans l'amour de l'autorité, et de l'autorité de l'Eglise, qui est le principe et la base de toute autorité.

Je ne saurais, en effet, trop le répéter, toute autorité vient de Dieu et non du peuple, et c'est l'oubli de ce principe qui est la cause réelle de notre décadence et de tous nos malheurs.

Ce n'est donc qu'en répudiant l'esprit de révolte et d'irréligion que la France redeviendra forte et vivace ; mais, pour arriver à ce but, il est de rigueur que le gouvernement donne le bon exemple en pratiquant lui-même et en faisant respecter la religion catholique ; car, selon la maxime du père des républicains honnêtes et modérés, de J.-J. Rousseau, les peuples ne sont, en définitive, que ce que les gouvernements les font être.

Ce 30 août 1871.

En supprimant de ma réponse ces mots : *du temps de Charles VII*, on a pu croire que je me déclarais légitimiste Mais il suffit de se reporter à l'histoire pour savoir que le gouvernement de la légitimité, même du temps de Charles VII, n'a pas adopté définitivement la bannière de Jeanne Darc ; qu'il n'a point racheté cette héroïne quand elle était prisonnière du Duc de Bourgogne ; et qu'il l'a même laissé livrer aux Anglais et, par suite, brûler vive.

Par mes discours prononcés dans les clubs de Paris, pendant le siège de 1870, j'ai toujours expliqué, ainsi qu'on a pu le voir aux pages 53 à 56, que la bannière blanche et à fleurs de lys de Jeanne Darc, était la bannière nationale de la France et non le drapeau blanc de la Légitimité.

Enfin et pour ôter toute équivoque, j'ai cru devoir, dans une lettre particulière publiée en tête de l'ouvrage (pages XVII et XXVIII), m'expliquer de la manière la plus claire.

Non, il n'est pas vrai que l'avenir politique appartienne à l'énervé Henri V.

Cet avenir est réservé, je ne saurais trop le dire et le redire, au jeune Napoléon IV prenant la religion catholique pour base du gouvernement, et faisant dès lors cause commune avec la démocratie honnête aussi bien qu'avec le Pape et la Légitimité.

C'est donc un Empire *catholique* qu'il faut à la France, et les institutions de 1852, complétées par le *droit de pétition devant le corps législatif comme deuxième et indispensable degré de juridiction*. C'est ce que j'ai proposé dès le mois d'avril 1866, dans diverses brochures où je parlais aussi de l'obligation, pour l'Empire, *d'agir de concert et d'un commun accord avec la papauté.*

Laudetur Deus !

DÉCLARATION IMPORTANTE ET TRÈS-SÉRIEUSE

Je consentirai de grand cœur à ce qu'on mette en tête de mon ouvrage le portrait de Jeanne Darc, ma noble et sainte inspiratrice; mais je ne consentirai jamais à ce qu'on y place mon portrait, parce que ce serait évidemment un acte de coupable orgueil et que je tendrais ainsi à m'attribuer un mérite que je n'ai pas : car tout ce qu'il y a de bon dans mes écrits vient de Dieu et de Jeanne Darc; et tout ce qu'il y a de mauvais vient de moi. Or, Dieu m'a positivement déclaré que, n'étant moi-même qu'un serviteur inutile et une tête légère et incapable de rien produire de bon, il serait impitoyable envers moi, et me briserait et m'écraserait comme un morceau de verre ou comme un immonde ver, si, accomplissant des choses extraordinaires par sa seule inspiration et coopération, et celle de Jeanne Darc, je m'attribuais personnellement le moindre mérite et dérobais ainsi à Dieu sa propre gloire!

FIN DE L'INCIDENT

DE LA CHAMBRE DES DÉPUTÉS ET DE LA PARTIE PRINCIPALE DE L'OUVRAGE.

Erratum :

Page 115, ligne 3, lisez : *Ni provoqué de mauvaises passions.*

TABLE ANALYTIQUE DES MATIÈRES

Post-Scriptum.

III. — AU NOM DE DIEU ET DE JEANNE DARC, SOMMATION RESPECTUEUSE FAITE A UNE MAJESTÉ SE DISANT DE DROIT DIVIN ET DONT LE PEUPLE NE VEUT PLUS (*Vox populi, vox Dei*).

A HENRI V de Bourbon, qui n'a jamais été et ne sera jamais Roi de France et de Navarre.

INCIDENT ARRIVÉ A L'ASSEMBLÉE NATIONALE DE VERSAILLES LE MERCREDI 10 MAI 1876. — AU NOM DE DIEU ET DE JEANNE DARC, VIVE NAPOLÉON IV!

Cet acte a été beaucoup plus audacieux qu'excentrique .....

CHAPITRE Ier

Comptes-Rendus des Journaux et Réponses à ces Comptes-Rendus.

CHAPITRE II

Une déclaration de principes

CHAPITRE III

Mon intervention politiqu et religieuse, mais surtout religieuse

§ 1er — Historique de la question

CHAPITRE III — § 2

CHAPITRE III (*suite*).

§ 3.

CHAPITRE IV

Mon cri religieux et politique n'est pas séditieux.

CHAPITRE V

Réponse à quelques objections.

II. *Il n'est pas vrai que je suis fou.*

III. *Il est vrai que je suis prophète.*

Ma mission prophétique a un triple objet, et dans l'ordre suivant :

CHAPITRE VI

RÉPONSE A DE NOUVELLES OBJECTIONS.

FIN DE LA TABLE ANALYTIQUE DE L'OUVRAGE, PARTIE PRINCIPALE, ET DE L'INCIDENT DE LA CHAMBRE DES DÉPUTÉS.

TABLE ALPHABÉTIQUE

Des Pièces justificatives

Observations tendant à en faire comprendre la portée

PIÈCE JUSTIFICATIVE N° 1

PIÈCE JUSTIFICATIVE N° 2

Une séance extraordinaire de l'Assemblée nationale de Versailles

---

FIN DE LA TABLE ANALYTIQUE DES PIÈCES JUSTIFICATIVES
ET DE LA TABLE GÉNÉRALE DE L'OUVRAGE.

NOTA. — L'ouvrage, dont la table analytique précède, et que l'on vend 6 francs, se trouve : à Versailles, chez M. ROUSTIN, libraire, rue de la Paroisse, 100; à Paris, chez M. DENTU, libraire, au Palais-Royal, galerie d'Orléans.

Versailles. — Imprimerie F. DAX, rue du Potager, 9.

Pièces justificatives.

OBSERVATIONS ESSENTIELLES

Pour que le lecteur puisse apprécier exactement les pièces justificatives, il est indispensable que je fournisse quelques explications.

Ainsi qu'on l'a vu dans tout le cours du présent ouvrage, je crois ingénument et de très bonne foi que j'ai une mission particulière à remplir au nom de Dieu et de Jeanne Darc : c'est de faire comprendre à la France, particulièrement à ceux qui nous gouvernent et aux gens de religion, que l'avenir politique n'appartient pas à la République ou à Henri V, mais à Napoléon IV s'appuyant sur la démocratie honnête aussi bien que sur le Pape et la Légitimité. Les Orléanistes, les Gambettistes et les Radicaux représentent un double parti qui ne peut que perdre la France : l'un, par son égoïsme, sa corruption, et son amour exclusif des richesses et du bien-être matériel, en dehors de tout sentiment foncièrement religieux ; l'autre, par son esprit d'impiété, de révolte et d'indiscipline, et son goût pour des jouissances terrestres et passagères, obtenues révolutionnairement et non par une probité lente et laborieuse.

Ces deux partis, divisés au point de vue politique, n'en forment qu'un au point de vue moral : au fond, et sauf la différence de forme, c'est le même esprit de corruption, d'impiété, de révolte et d'indiscipline. Ils agissent l'un et l'autre comme si Dieu n'existait pas, se mettant à sa place, rapportant tout à eux, poursuivant un bonheur et un progrès chimériques, et ne comprenant point que l'homme qui, avant tout, est esprit, ne peut être pleinement satisfait que par la paix de l'âme et les jouissances spirituelles que cette paix procure ; en d'autres termes, que l'homme ne peut être heureux que par la possession de Dieu.

Ce sont ces principes, je le répète, qu'il s'agissait de rappeler à une Chambre dont les tendances générales sont athées ou matérialistes. Ma manifestation religieuse devait donc éclater inopinément, comme un coup de foudre imprévu et qui retentit par un temps serein.

Dieu et Jeanne Darc me prescrivaient d'employer au besoin les voies excentriques dont j'ai rendu compte, si par les voies régulières et légales je ne pouvais atteindre mon but.

Je fis donc tous mes efforts pour ne pas sortir des voies ordinaires, et voici le plan que j'adoptai. Ce plan valait certainement mieux que le fameux plan du général Trochu, en vertu duquel nous avons inutilement passé à Paris, en 1870-1871, un rude hiver de froid et de famine. Ce qui prouve la supériorité de mon plan, c'est que, même en le faisant avorter on n'a pu en détruire l'effet. Si, par suite de mon arrestation arbitraire et illégale et ainsi que je l'ai prouvé au chapitre IV ci-dessus mon cri, plus religieux encore que politique, n'a pas eu un grand écho dans l'intérieur de la Chambre, les banquettes des députés et celles des tribunes étant, en ce moment, presque vides, il a eu tout au moins un grand retentissement au dehors. Et ce résultat a suffi pour l'accomplissement de ma mission, laquelle est aujourd'hui complétée par la publication du présent ouvrage.

Voici donc le plan que j'avais médité et combiné sous l'inspiration et la protection de Dieu et de Jeanne Darc.

Il s'agissait de faire connaître *publiquement et avec éclat*, à une Chambre en général athée et mérialiste, que l'avenir politique n'appartient pas aux idées révolutionnaires. Il fallait, en d'autres termes, affirmer énergiquement le surnaturel, au nom de Dieu et de Jeanne Darc, inspirée de Dieu.

A cet effet, je fis imprimer près d'un mois d'avance (pièce n° 1 ci-après) un écrit de quatre pages serrées et dans lequel je prophétisais, au nom de Dieu et de Jeanne Darc, l'avenir politique de la France.

Ce premier écrit était accompagné, à titre de preuve, d'un mémoire (pièce n° 2) de trois feuilles et demie d'impression.

Il s'agissait, en outre, de donner de la publicité à ces deux écrits et de les faire distribuer, séance tenante, à Messieurs les députés.

Pour me conformer à la volonté de Dieu et de Jeanne Darc, je devais ne recourir aux voies excentriques qu'après avoir inutilement essayé des voies pacifiques et légales.

J'avais donc apporté des écrits préparés d'avance, dont le principal était même imprimé.

Cet écrit principal comprenait, d'une part, la première page de la pièce n° 1 : *Au nom de Dieu et de Jeanne Darc*, jusqu'à : *dùm tua salva sit gloria* ; et, d'autre part, la lettre suivante, également imprimée en entier dès le Vendredi-Saint 14 Avril et le Jeudi 20 Avril 1876.

« *A l'honorable M. GRÉVY, président* RÉPUBLICAIN » *de l'Assemblée nationale.*

» Monsieur le Président,

» J'ai l'honneur de vous demander l'autorisation de » faire distribuer immédiatement, à MM. les députés et » à MM. les journalistes, les écrits ci-joints.

» C'est pour observer les convenances et pour éviter » toute espèce de scandale, que *Dieu et Jeanne Darc* » *m'ordonnent d'en agir ainsi.*

» *Ils m'ordonnent également, au besoin, de passer outre ;* » *car il est de rigueur, et leur ordre est formel, que ces écrits* » *soient distribués aujourd'hui même, dès ce moment, et* » *toute affaire cessante.*

» S'il m'arrivait donc malheur, Monsieur le Président, » en obéissant ainsi aux *ordres de Dieu et de Jeanne Darc*, » permettez-moi de me mettre sous votre haute protection » et de me recommander à l'indulgence de la chambre » envers laquelle je proteste de tout mon respect ; car je » n'ai *personnellement* aucune mauvaise intention et je » serais désolé de provoquer, *par un motif humain*, le moin- » dre scandale.

» A Dieu donc et à Jeanne Darc la seule responsabilité
» des actes qu'ils me feront faire.

» **Fortuné ROUSTAN,**

» Homme de lettres, âgé de cinquante-quatre ans, comme
» étant né à la Roquebrussanne (Var), le 20 Décembre 1821;
» Receveur *démissionnaire* de l'Enregistrement, des
» Domaines et du Timbre;
» Actuellement libraire établi à Versailles, rue de la Pa-
» roisse n° 100;
» Père de *douze enfants vivants*, dont sept sont *encor*
» de ce monde;
» Et agissant, dans les circonstances actuelles, comme prophète au
» sens de l'Eglise catholique, réellement inspiré et soutenu par Dieu et
» Jeanne Darc.

Versailles, le jour de la rentrée de l'Assemblée nationale.

Prévoyant le cas, *plus que probable*, où M. Grévy se refuserait à faire distribuer mes écrits religieux et politiques et donnerait l'ordre de m'arrêter, et prévoyant aussi et avec certitude ce que je ferais moi-même, j'avais rédigé d'avance et apporté sous une enveloppe cachetée, la lettre manuscrite que je vais transcrire, et qu'on a saisie sur moi avec la lettre imprimée qui précède, au moment de mon arrestation arbitraire et illégale.

« Palais de Versailles, salle des séances de l'Assemblée
» nationale, le mercredi 10 Mai 1876, avant trois heures
» du soir.

» *A l'honorable M. Grévy, Président républicain de*
» *l'Assemblée nationale.*

» Monsieur le Président,

» Permettez-moi de solliciter auprès de la Chambre, par
» votre entremise, l'autorisation de monter à la tribune,
» pour demander pardon à vous tous et vous présenter
» mes excuses, relativement à l'acte insolite et, en appa-
» rence, très-extravagant, que je viens d'accomplir.

» Je serai convenable et me bornerai à fournir quel-
» ques explications qui vous paraîtront sans doute ration-
» nelles.

» Si vous accédez à ma juste demande, Dieu et Jeanne
» Darc vous prendront sous leur protection spéciale et
» vous rendrez à la France entière le plus grand ser-
» vice.

» Daignez agréer, Monsieur le Président, l'hommage de mon estime particulière et de mon très-profond dévouement.

FORTUNÉ ROUSTAN,

« Libraire-bouquiniste à Versailles, 100, rue de la Paroisse. »

Cette lettre supposait qu'après avoir inutilement essayé d'observer les convenances, j'aurais adopté la voie excentrique, qui était celle-ci.

Avant trois heures, et dès que j'aurais vu M. le Président de la Chambre installé dans son fauteuil, j'aurais crié de toute la force de mes poumons : *Au nom de Dieu et de Jeanne Darc, Vive ***, en union avec le Pape et avec la Légitimité; à bas les Orléanistes, les Gambettistes et les Radicaux !*

J'aurais immédiatement ajouté : *Voici les preuves à l'appui,* en lançant, du haut des tribunes, mes écrits aux pieds ou sur la tête des Députés.

On a vu que, par l'effet de mon arrestation arbitraire, je ne pus donner une suite complète à mes projets.

Mon plan avorta par suite de l'indiscrétion des journalistes.

Je leur avais fait distribuer, à trois heures moins vingt minutes, un exemplaire de mes écrits imprimés.

Le principal de ces écrits, celui de trois feuilles et demie d'impression, commençait ainsi :

« Je demande bien pardon à la Chambre de l'audace et
» de l'excentricité de mon manifeste; mais il n'y avait
» pas d'autre moyen de lui faire produire son effet. »

Dans la pièce justificative, n° 1, première page, je disais encore :

« Je suis entré dans tous ces détails qui paraîtront sans
» doute ridicules, afin de bien établir que la démarche
» *très-excentrique*, mais *volontairement* excentrique, à
» laquelle je viens de me livrer n'est pas le résultat d'une
» hallucination subite et momentanée ni d'une exaltation
» d'esprit passagère, mais bien l'acte sérieux, réfléchi,
» profondément médité et longuement combiné, d'une
» volonté ferme, libre et saine. »

Pour que Messieurs les journalistes pussent comprendre la portée de ces paroles et de l'acte excentrique ainsi annoncé d'avance, j'avais ajouté à mon mémoire une mention manuscrite.

Je n'ai pas été aussi imprudent que ce qu'on a dit, car je ne demandais aux journalistes qu'un quart d'heure de silence et de discrétion. J'ai eu affaire, à ce qu'il paraît, à des gens plus bavards et plus ennuyeux que des pies.

« Rien ne pèse tant qu'un secret :
» Le porter loin est difficile aux dames,
» Et je sais même sur ce fait,
Des *Journalistes* qui sont femmes.

Si j'ai donc pondu un tout petit œuf politique, convenons aussi que Messieurs les Journalistes non-seulement l'ont fait éclore, mais qu'ils l'ont singulièrement grossi et amplifié !

Le grand Corneille disait avec un certain orgueil :

Je ne dois qu'à MOI SEUL *toute ma renommée.*

Je dirai très humblement et avec beaucoup plus de raison :

Je ne dois qu'à DIEU SEUL *toute ma renommée*, en y comprenant Jeanne Darc, la noble et sainte inspiratrice que Dieu lui-même m'a donnée pour patronne et qui fut toujours une Vierge immaculée.

Son corps, pur comme son âme, fut brûlé sur les bûchers de Rouen le 30 Mai 1431, parce que Dieu ne voulait pas que ce corps virginal, qui fut constamment le temple de l'Esprit-Saint, devînt, comme un corps immonde, la proie des vers et de la pourriture !

Et pour répondre à certaines observations des médecins

aliénistes, voici clairement quel est mon état mental, depuis que je n'ai pas un temps limité, un temps très court, pour faire paraître mon ouvrage :

Je n'ai pas retranché un *iota* de mes idées.

J'ai la tête très calme et n'y sens jamais aucune douleur. Je mange bien, je bois bien, je digère bien, je dors bien et très-paisiblement ; enfin, je fais régulièrement toutes mes fonctions animales comme le premier imbécile ou le premier libre-penseur venu.

Je n'ai de visions ni d'hallucinations d'aucune espèce. J'ai des inspirations qui me viennent de la même manière que les idées ordinaires. Mais une douce émotion accompagnée de la paix de l'âme (*spiritalis unctio*) me fait connaître quand cette inspiration particulière vient de Dieu : je sens alors cette source de vie (*fons vivus*), cette chaleur de l'âme (*ignis*), et cet amour de Dieu, de mon prochain et de la patrie (*caritas*), qui sont les signes de la présence de l'Esprit-Saint.

Je reconnais encore cette inspiration céleste à tous les obstacles mondains qu'on m'oppose ; car si Dieu et Jeanne Darc m'inspirent réellement, je serai un signe de contradiction, et je ne marcherai qu'au milieu de la foudre et des orages. Oui, je serai escorté, et impunément escorté, par les railleries et les injures des incrédules, des méchants et des libres-penseurs ; mais ils seront impuissants à faire avorter l'œuvre de Dieu et de Jeanne Darc ; bien que ma femme, qui est plus que sévère envers moi, soit la première à me dire et à me répéter avec aigreur : *Je ne crois pas à ta mission, mais je crois au dérangement de ton cerveau !*

J'affirme dès lors cette mission plus que jamais et avec une ténacité avec une énergie égales, et même supérieures, aux blasphèmes et à l'impiété de mes contradicteurs !

Et comme complément de cette mission, j'ajouterai :

Après l'inquisition des communards, leurs arrestations arbitraires et tous leurs crimes et tous leurs assassinats, qu'on ne parle plus tant contre l'inquisition espagnole, *alors appropriée aux mœurs et aux besoins de défense du pays.*

Nous ne voyons pas d'ailleurs ce que l'Espagne a gagné en adoptant les idées modernes.

Même toute question religieuse mise à part, il vaut mieux, comme mesure politique et de bon ordre, et d'après la maxime républicaine *salus populi suprema lex esto*, brûler comme autrefois, ou guillotiner et fusiller comme aujourd'hui, tous ces professeurs de révolution et d'athéisme, tous ces empoisonneurs publics, que de laisser impunément corrompre et empoisonner tout un peuple ; si du moins ces corrupteurs et empoisonneurs incorrigibles, après avoir été sérieusement avertis, persistent réellement et méchamment dans leurs doctrines pernicieuses.

Et à ceux qui, après avoir lu attentivement le présent ouvrage, continueront à me traiter de fou à cause de mes idées sur Dieu et Jeanne Darc, je dirai une bonne et dernière fois :

Vous mentez impudemment et vous parlez présomptueusement de sentiments que vous ne pouvez connaître, et que vous n'avez jamais éprouvés : car, pour les connaître, et surtout pour les éprouver, il faut avoir la foi, être humble devant Dieu et en état de grâce. Dieu, en effet, ne communique son amour et ses ineffables délices qu'aux personnes simples de cœur et d'esprit, et non à d'orgueilleux savants qui ne voient jamais qu'un coin du tableau, et qui sont incapables dès lors de porter un jugement d'ensemble et avec pleine connaissance de cause !

Enfin, et en matière politique, nous ne voulons pas des sots à prétention, surtout quand ils ne sont pas cléments, lors même qu'ils s'appelleraient Clémenceau, et particulièrement quand de tels sots ont été si bien mis à la raison par Paul de Cassagnac.

Ces préliminaires ainsi établis, passons aux pièces justificatives :

Pièce n° 1

Révision légale de la Constitution

AU NOM DE DIEU ET DE JEANNE DARC

VIVE . . . .

En union avec le Pape et avec la Légitimité !

A BAS

LES ORLÉANISTES, LES GAMBETTISTES ET LES RADICAUX !

Sous le règne de... encouragé et dirigé par sa pieuse et digne mère et par les hommes influents du parti légitimiste; sous le règne de... et par la protection spéciale de Dieu et de Jeanne Darc, bientôt canonisée et solennellement invoquée comme une très-grande sainte; sous le règne de... âgé de moins de trente ans, la France, régénérée, recouvrera et conservera pendant longtemps l'Alsace et la Lorraine !

Je verrai moi-même l'accomplissement de cette triple prophétie, et je mourrai plus tard d'une manière *sanglante*, conformément à mes désirs et à mes prières, pour le salut de la France et la conversion des pécheurs.

Fortuné ROUSTAN,

Homme de lettres, âgé de cinquante-quatre ans comme étant né à la Roquebrussanne (Var), le 2[illegible] Décembre 1831;
Receveur *démissionnaire* de l'Enregistrement, des Domaines et du Timbre;
Actuellement libraire établi à Versailles, rue de la Paroisse, n° 100;
Et père de *douze enfants vivants*, dont sept sont *encor* (1) de ce monde.

NOTA. — Je suis entré dans tous ces détails, qui paraîtront sans doute ridicules, afin de bien établir que la démarche *très-excentrique* mais *volontairement excentrique*, à laquelle je viens de me livrer, n'est pas le résultat d'une hallucination subite et momentanée ni d'une exaltation d'esprit passagère, mais bien l'acte sérieux, réfléchi, profondément médité et longuement combiné, d'une volonté ferme, libre et saine.

J'accepte donc, devant Dieu, devant la France et même devant le monde entier, la responsabilité de cette démarche qui est un acte d'audace et de profond dévouement, mais qui n'est et ne sera jamais un acte de chantage ni de folie !

Si j'agis réellement *comme prophète*, par l'inspiration de Dieu et de Jeanne Darc, ainsi que je le crois en toute simplicité, le présent manifeste aura un retentissement européen. Si j'agis par

---

(1) *Encor* et non *encore*, *encore de ce monde* formant une légère cacophonie.

ambition ou par tout autre motif humain, je serai justement couvert de honte et de ridicule, et mon manifeste ne produira aucun effet.

Non nobis, Domine, non nobis; sed nomini tuo da gloriam!
Mihi opprobrium, dùm tua salva sit gloria!

Le Vendredi saint, 14 avril 1876, dans la Chapelle du Palais de Versailles, pendant qu'on exécutait le religieux et mélancolique *Stabat Mater* de Pergolèse, Dieu et Jeanne Darc m'ont révélé que les passages ci-après transcrits des psaumes de David, *dans les circonstances politiques actuelles*, s'appliquaient à moi.

1° Tout l'admirable psaume 26, notamment ce qui suit :

Dominus illuminatio mea et salus mea ; quem timebo? — Dominus protector vitæ meæ : a quo trepidabo?

Si consistant adversùm me castra, non timebit cor meum.

In petrâ exaltavit me, et nunc exaltavit caput meum super inimicos meos.

Expecta Dominum, viriliter age; et confortetur cor tuum, et sustine Dominum.

2° Psaume 39. — *In capite libri scriptum est de me, ut facerem voluntatem tuam : Deus meus, volui, et legem tuam in medio cordis mei.*

Annuntiavi justitiam tuam in ecclesiâ magnâ; ecce labia mea non prohibebo : Domine, tu scisti.

Ego autem mendicus sum et pauper : Dominus sollicitus est mei.

Dieu et Jeanne Darc m'ont encore fait les révélations suivantes :

I.

L'Eglise catholique enseigne que le Saint-Esprit procède du Père et du Fils. Une simple réflexion suffira pour faire comprendre combien cette doctrine est rationnelle.

La très-sainte Trinité peut être représentée géométriquement par un triangle dont tous les angles sont égaux et sous forme de pyramide renversée.

FIG. I

A Père. St-Esprit. B
Dieu.
Fils.
C

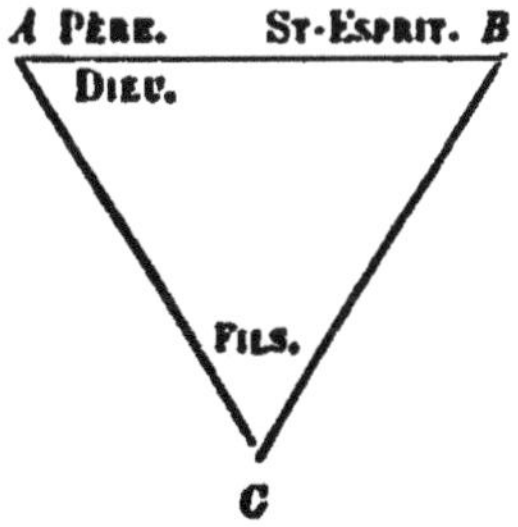

Les points A et B de la base (fig. 1) représentent le Père et le Saint-Esprit, et le sommet C le Fils.

Le Père A engendre de toute éternité le Fils C. L'Esprit-Saint B est le lien d'amour entre le Père et le Fils. En effet, l'Esprit-Saint B s'unit au Père A, aussi bien qu'au Fils C, en suivant les lignes B A, B C. Si le Saint-Esprit B ne procédait que du Père A, l'Esprit-Saint B ne pourrait plus s'unir au Fils, suivant la ligne B C qui n'existerait plus.

Au lieu d'un triangle, on n'aurait plus qu'un angle dont le sommet A représenterait le Père, l'extrémité C, le Fils, et l'extrémité B, le Saint-Esprit. Le triangle ne serait donc plus fermé et il n'y aurait plus d'union entre l'Esprit-Saint B et le Fils C.

FIG. 2

Un Père A, une Mère B et un Fils C (fig. 2), qui s'aiment tous d'un même amour chaste et pur et d'une manière égale, peuvent donner une idée assez compréhensible de la très-sainte et adorable Trinité. Tout ce que le Père A veut, la Mère B, le Fils C, le veulent; comme tout ce que la Mère B et le Fils C veulent, le Père A le veut. Il y a dès lors entre eux union parfaite, égalité parfaite et amour parfait.

Cet amour chaste et pur du père et de la mère pour leur enfant unique, et de celui-ci pour eux, bien que porté de part et d'autre à toute sa puissance humaine, n'est qu'un pâle et obscur reflet de l'amour immense, infini et indéfectible, qui embrase et unit les trois personnes de la Trinité sainte et divine.

L'amour du Père, de la Mère et du Fils est donc comme une substance de même nature qui embrase et remplit également le cœur de trois personnes bien distinctes, d'une trinité humaine représentée par le père, la mère et le fils. On voit qu'il existe ici une image assez sensible d'une Trinité égale en substance, distincte quant aux personnes qui sont elles-mêmes égales en puissance et en amour.

Les impies qui parlent si légèrement du dogme sublime de la très-sainte et indivisible Trinité feraient bien de méditer cette démonstration géométrique.

II.

Un homme à courte vue et qui n'est pas grand, bien qu'on le dise un très-grand homme; un petit homme versatile, nageant toujours entre deux eaux, républicain par ambition ou monarchiste par système; un homme d'Etat bien connu affirme que la République sera conservatrice ou ne sera pas. Dieu et Jeanne Darc m'ordonnent d'ajouter qu'une République conservatrice qui se sépare de la religion ne saurait être viable; et que des ministres libres-penseurs, dans un pays catholique, sont éphémères comme la fleur des champs, dont ils ont en moins la fraîcheur et la grâce!

NOTA. — *Ce dernier article m'a été inspiré par Dieu et Jeanne Darc, le saint jour de Pâques, 16 avril 1876, vers cinq heures du soir, dans l'église Notre-Dame de Versailles, en présence du Saint-Sacrement exposé à l'adoration des fidèles.*

III.

Une nouvelle guerre éclatera plus tard entre la France, qui ne sera pas seule, et la Prusse qui ne sera plus aussi compacte.

Voici dans quelles circonstances :

Le *Journal Officiel* du gouvernement français insérera tous les jours, en tête de ses colonnes et en gros caractères, cette simple mention :

« *Par la protection spéciale de Dieu et de Jeanne Darc, la France* » *recouvrera bientôt et conservera longtemps l'Alsace et la Lorraine.* »

La Prusse intimera à la France l'ordre de cesser cette mauvaise plaisanterie. Le gouvernement français persistera dans son insertion et répondra nettement et en peu de mots que Dieu et Jeanne Darc le veulent ainsi.

La Prusse, dans un moment de folle présomption, déclarera la guerre à la France, et recevra, des mains de Dieu et de Jeanne Darc, un châtiment exemplaire, plus dur que celui que la France reçut en 1870, et dont la Prusse se souviendra longtemps.

IV.

Le vote de l'Assemblée de Bordeaux qui a prononcé la déchéance de Napoléon III est un acte de passion politique, qui a été fait en outre pour sauvegarder un faux amour-propre national. Que Napoléon III ou tout autre prince eût régné sur la France, celle-ci n'en *eût pas moins été châtiée* par Dieu, à cause de son impiété et de ses doctrines matérialistes.

Ce qui prouve d'ailleurs que la France n'a point ratifié le vote de l'Assemblée de Bordeaux, c'est que l'on compte dans la chambre actuelle près de cent députés bonapartistes, sans parler des minorités imposantes qui n'ont pu être représentées.

V.

Dans l'état de nos mœurs et avec nos divisions politiques, la chaire chrétienne ne doit pas être transformée en club ou en tribune. C'est faire d'une maison de paix et de prière, une maison de blasphèmes, de guerre et de scandales. Ce n'est qu'en dehors de l'Église que les prêtres doivent exercer leurs droits de citoyens et user de leur légitime influence.

La chambre ferait dès lors un acte de haute sagesse en annulant à l'unanimité l'élection de M. de Mun, s'il est vrai que cette élection ait été recommandée en chaire.

M. de Mun reviendra à la chambre avec une plus grande majorité résultant d'une élection régulière. Son beau talent et ses nobles convictions n'en auront que plus d'autorité.

Dieu et Jeanne Darc m'ordonnent d'infliger *un blâme très-sévère* aux religieux, aux prêtres et aux évêques qui compromettent publiquement leur ministère par cet appel aux passions politiques dont le contre-coup rejaillit sur la religion et la fait prendre en haine.

Ma maison est une maison de prière et vous en faites une caverne de voleurs !

Observation essentielle. — Depuis la chute de notre premier père, l'homme est sujet à l'orgueil, à l'illusion et à l'erreur. Bien que j'aie écrit tout ce qui précède avec une entière bonne foi et même avec la plus grande simplicité d'esprit, néanmoins, *comme j'ai agi de mon propre chef, ne prenant pour guides et pour conseils et n'invoquant que Dieu et Jeanne Darc,* je déclare condamner, comme je condamne dès maintenant, tout ce qui, dans le présent écrit, serait contraire, non-seulement à la doctrine, mais encore à la discipline de notre très-sainte Mère l'Église catholique, apostolique et romaine.

Pièce n° 2

UNE

SÉANCE EXTRAORDINAIRE

DE

L'ASSEMBLÉE NATIONALE

DE VERSAILLES

Pendant les Vacances de Pâques

LE VENDREDI SAINT 14 AVRIL 1876 (1)

Je demande bien pardon à la Chambre de l'audace et de l'excentricité de mon manifeste ; mais il n'y avait pas d'autre moyen de lui faire produire son effet.

Si la Chambre veut bien me le permettre, je monterai à la tribune et je m'expliquerai plus clairement et plus longuement.

NOTA. — L'honorable M. Grévy, président de la Chambre, fait un signe d'assentiment.

L'orateur, bien que n'étant point député, monte à la tribune sans aucune espèce d'opposition ; ce qui est d'autant plus croyable que la salle est entièrement vide.

---

(1) Au 14 Avril 1876, les fauteuils étaient vides, MM. les Députés étant en vacances jusqu'au 10 mai et n'habitant plus Versailles.

Le jour même de la rentrée de la Chambre, cette séance extraordinaire deviendra néanmoins une réalité et aura de l'à-propos.

L'orateur poursuit donc ainsi son discours :

MONSIEUR LE PRÉSIDENT,
MESSIEURS LES DÉPUTÉS,

En qualité de prophète inspiré par Dieu et Jeanne Darc, j'affirme de la manière la plus formelle que, dans un avenir qui n'est pas éloigné, la France recouvrera et conservera pour longtemps l'*Alsace et la Lorraine.*

Voici mes preuves :

Jai parlé *comme prophète* dans diverses circonstances ; et mes prophéties, qui ont date certaine, ainsi qu'on va le voir, se sont toujours réalisées. Si, dans le passé, c'est bien Dieu qui a parlé par ma bouche, j'ai tout lieu de croire qu'il en est de même aujourd'hui.

Première prophétie

Ma première prophétie, *portant la date du* 9 *Août* 1852, est libellée en ces termes :

AU PRINCE LOUIS-NAPOLÉON BONAPARTE,
La France entière, les campagnes surtout, demandent l'Empire.

PROPHÉTIE

« Louis-Napoléon, ton étoile se lève !
» Je suis bien éveillé, non, ce n'est pas un rêve ;
» La France te prépare un brillant avenir :
» C'est toi qui l'as sauvée (1), elle veut te bénir.

---

(1) Des horreurs de la Commune, qui ont eu lieu, depuis, en mai 1871. Le coup d'Etat du 2 décembre 1851 a empêché ces

» *Du prophète je sens en mon cœur le délire,*
» Et je suis des premiers à proclamer l'empire !
» Appui des malheureux, mais fléau des brigands,
» Tu rassures les bons, tu punis les méchants ;
» Et, te faisant aimer par ta rare clémence,
» De ceux qu'on égara tu pardonnes l'offense.
» Prince chéri de tous, ô prince valeureux (1),
» Amnistie, amnistie, et tu seras heureux (2) !
» *Napoléon-le-Grand*, d'éternelle mémoire,
» Comprit que tu serais le soutien de sa gloire.
» Son génie inspiré te fit son successeur :
» De la *France* sois donc l'orgueil et le bonheur !
» Depuis bientôt quatre ans notre pauvre patrie
» Souffrait et languissait, tiraillée et meurtrie :
» On eût dit que le ciel la vouait à la mort.
» Ah ! c'est qu'il lui manquait un gouvernement fort,
» Qui, sachant se montrer et juste et magnanime,
» Protégeât le mérite et fît trembler le crime !
» Je bénis ce pouvoir, car j'ai vu de trop près
» Combien son coup d'Etat prévint de noirs forfaits.

---

horreurs qui, dans l'intervalle du 2 Décembre 1851 au mois de mai 1871, et par le cours ordinaire des faits et gestes de la démagogie, auraient eu lieu deux fois.

(1) Il l'a prouvé en 1859, sur le champ de bataille de Solférino, et même le 2 septembre 1870, lors du désastre de Sedan, quoi qu'en puissent dire ses ennemis politiques. Voir, notamment, la brochure : *Ils en ont menti, par un rural.*

(2) Dans les circonstances actuelles et pour les crimes de l'horrible commune de 1871, l'amnistie n'est pas possible. Mais il faut user largement du droit de grâce pour les simples soldats de l'insurrection.

Pour ceux-là et pour tous ceux qui sont réellement repentants et qui ne furent qu'égarés, grâce, grâce pleine et entière, sans restrictions ni réserves : Dieu et Jeanne Darc le veulent et l'ordonnent !

» Les clubs avaient semé la haine et la vengeance;
» La Jacquerie (1) allait ensanglanter la France;
» Et mon département, qui du *Var* prend le nom,
» Bientôt se fût acquis un horrible renom,
» Si de nos insurgés le timide courage
» N'avait très-mal servi leur impuissante rage.
» *Parisiens*, pour moi je le dis franchement :
» Quand vous vous en mêlez, cela marche autrement !
» Hélas ! que suis-je donc ? —Je suis socialiste (2)
» Et je me fais honneur d'être inscrit sur la liste
» Des amis du progrès et de l'humanité.
» Napoléon aussi marche de ce côté :
» A lui donc le pouvoir et l'initiative !
» Aimable nation, intelligente et vive,
» Depuis longtemps ainsi nous l'avons entendu
» Et c'est du chef, toujours, qu'on a tout attendu.
» Pour que la *France* soit florissante et prospère
» Ouvrons à son génie une immense carrière ;
» Donnons-lui plein pouvoir, criant du fond du cœur :
» *Vive* NAPOLÉON ! *Vive notre* EMPEREUR ! »

Telle est ma première prophétie, que j'ai réellement rédigée à la date du 9 Août 1852, et que je fis lithographier trois jours après. Un enthousiasme subit s'empare de moi, ma tête se monte jusqu'au délire, les idées se pressent en foule dans mon cerveau et j'écris cette pièce de vers à la manière des prophètes, avec la rapidité de l'éclair, et en proie à une espèce de crise nerveuse.

---

(1) Sous le nom de Commune.
(2) C'est-à-dire : *Réformateur de la Société* et irréconciliable ennemi des arrestations arbitraires et de tout autre abus de pouvoir.

Cette prophétie, avec les mentions qui précèdent, est imprimée à la page 5 d'une brochure in-8° de 20 pages très-serrées, y compris la couverture, et ayant pour titre : « *Mes démêlés avec la police de Paris, à propos de la procla-* » *mation de l'Empire,* par Fortuné Roustan, receveur en » disponibilité de l'Enregistrement et des Domaines, *com-* » *plice moral de l'insurrection du Var* ; — Paris, impri- » merie Blondeau, 32, rue du Petit-Carreau, 1853. »

J'ai des exemplaires originaux de toutes les brochures que je cite, et je puis les représenter.

Ma première prophétie du 9 Août 1852 porte donc une date certaine.

De 1852 au mois d'Août 1870, la France, quoi qu'en disent les orléanistes, les gambettistes et les radicaux, a eu dix-huit années de calme politique et de prospérité matérielle. Je ne prétends point par là délivrer à Napoléon III un certificat de parfaite bonne conduite gouvernementale. L'Empereur, ainsi que je l'expliquerai plus loin, a commis des fautes, et de lourdes fautes, fautes qu'il a maintenant expiées par sa mort douloureuse et prématurée, par l'amertume de son exil et par ses sentiments chrétiens. Dieu, après l'avoir puni, lui a fait miséricorde et a reporté cette miséricorde sur Napoléon IV, son héritier légitime, jeune homme d'une figure noble et sympathique, d'un cœur excellent, d'une haute intelligence, et digne fils de la pieuse et belle Eugénie :

O matre pulchrâ filius pulchrior !

(Applaudissements prolongés par les bonapartistes. — Grognements, rires et sarcasmes du côté des orléanistes et de la gauche, notamment de la part du borgne Gambetta, qui, plus gras et plus trapu qu'un moine, plus replet que l'immonde animal qui se nourrit de glands, montre le poing, vocifère et se débat comme le diable dans un bénitier.

L'orateur laisse passer tranquillement cet orage et poursuit ainsi son argumentation :

Un fait bien acquis aux débats, c'est donc la certitude que la prophétie du 9 Août 1852 s'est réalisée pour la France, par dix-huit ans de calme, de bonheur et de prospérité.

Observations. — Le révérend père *B****, prédicateur habile et très-instruit, m'a blâmé vivement, en dehors de la confession, pour le passage relatif au borgne et lourd Gambetta. Il a vu là un double péché : manque de respect envers la *moinerie* ; et manque de charité envers M. Gambetta.

S'il en est ainsi, il faut que je renonce à écrire, ou que je cesse de fréquenter les sacrements.

Le révérend père B*** me paraît vraiment un peu trop rigoriste.

Dans les ministres de Notre Seigneur Jésus-Christ, il faut considérer deux choses : l'homme, l'homme faillible et pécheur, et le dispensateur des grâces célestes.

Comme homme, et si son embonpoint prête à rire, un moine peut être plaisanté comme tout autre mortel, pourvu qu'on raille légèrement, avec modération, sans aigreur et sans intention méchante.

Comme ministre de Dieu, et dans l'exercice de ses fonctions sacerdotales, un moine, même gros et gras, comme le bon et excellent frère P***, mon confesseur, ou le R. P. A***, aura toujours droit à tous nos respects ; et c'est dans cette *estimable moinerie*, même *grasse et trapue*, que je choisirai de préférence mes confesseurs et mes directeurs. Je me sers à dessein de ce mot de *moinerie*, à titre de raillerie sans malice et comme protestation contre les susceptibilités exagérées du révérend père *B****.

Parce qu'on est ministre de Dieu, il ne faut pas vouloir être traité en Dieu : ce serait à la fois un très-grand péché, une grossière usurpation et un insupportable orgueil.

En ce qui me concerne, je suis de très-bonne composition. Comme j'ai les allures, la longue taille, la pâleur et même la maigreur de Don Quichotte, on ne se fait aucun scrupule de me traiter de pourfendeur de tous les abus et de tous les moulins à vent de la société. Et j'en ris le premier, je laisse dire et faire, quitte à prouver plus tard que je suis plus positif et plus lucide que l'illustre héros de la Manche.

Enfin, si je saupoudre çà et là mes *prophéties* d'un peu de gros sel attique, c'est pour prouver que je suis sain d'esprit et que, sous le *prophète infaillible et inspiré*, existe le mortel sujet à l'erreur, à l'illusion et à toutes les misères de la vie.

Quant au citoyen Gambetta, je le crois homme d'esprit ; et tant pis pour lui s'il se fâche ! Il attaque assez les autres ; on peut bien lui rendre la pareille.

Je lui dirai donc :

Pour un futur Président de la République (du moins d'après vos aspirations intérieures), *vous êtes vraiment trop gras et trop lourd, outre que vous êtes borgne :* ce qui fait que vous n'inspireriez pas beaucoup de respect.

Or, si la nature, sur ce chef, s'est montrée marâtre envers vous, c'est qu'elle ne vous destine pas à de grandes choses.

Comme ministre de la guerre nommé par vous seul ou par votre triste coterie, vous avez déjà fait vos preuves, et vous vous êtes conduit en véritable écervelé et en homme partial : témoin l'affaire du camp de Conlie.

Si jamais j'arrive au pouvoir (1), je vous ferai rendre compte de vos actes coupables et insensés; et, vous ébranlant sans respect, je vous ferai tomber piteusement du haut de votre piédestal factice !

Je reprends la suite de mon argumentation :

Comme complément de ma première prophétie, je citerai la pièce de vers suivante, que je composai dans la dernière quinzaine du mois d'Août 1852, que j'envoyai aux diverses autorités, notamment à M. le Préfet de police de Paris, dans la première huitaine du mois de Septembre 1852, et qui est ainsi conçue : (pages 7 et 8 de ma bro-

---

(1) *Opinion de ma femme.* — Si jamais tu arrives au pouvoir, je m'engage à prendre la lune avec mes dents.

Ma réponse. J'arriverai au pouvoir, sans rien changer à mes allures : c'est-à-dire crotté, pauvre et indépendant, blâmant plus que jamais la corruption et les abus, et n'ayant rien à renier de mes principes sainement républicains.

Autres dires de ma femme.

Tu es très-sobre, je le reconnais, et ta conduite est exemplaire. Mais tu as des travers d'esprit vraiment déplorables, et tu es d'un entêtement poussé jusqu'à la démence. Un ivrogne vaut mieux que toi. Son ivresse n'a qu'un temps et il est facile de la guérir; mais ta maladie est incurable. Toi, ce ne sont pas tes jambes qui chancellent : c'est ta tête !

Si tu continue de parler ainsi en *inspiré soutenu par Dieu et Jeanne d'Arc*, j'irai à la police et je te ferai enfermer.

Il est bien cruel d'être obligé d'en venir là; car je t'aime beaucoup. Mais j'aimerais mieux te voir mort que de t'entendre divaguer.

ET INIMICI HOMINIS DOMESTICI EJUS !

churo déjà citée: *Mes démêlés avec la police de Paris, à propos de la proclamation de l'Empire*).

Au Prince Louis-Napoléon BONAPARTE

Personnellement.

LE CRI DE LA FRANCE RECONNAISSANTE

L'Empire est plus que jamais nécessaire

« La nature do moi n'a point fait un poète,
» Et le cœur seulement peut inspirer la tête.
» Mon grand amour pour vous, mon profond dévouement,
» En vers font éclater mon plus doux sentiment.
» O *Prince,* écoutez-moi : l'ignoble flatterie
» Ne sortira jamais de ma bouche avilie ;
» Avec conviction et la main sur mon cœur,
» Je le dis devant Dieu : *Vous serez Empereur !*
» Je ne puis approuver le commode optimisme ;
» Faibles, mais dévorés d'un immense égoïsme,
» Les partis, trop nombreux, ne tombent point d'accord (1)
» Il faut donc, avant tout, un gouvernement fort ;
» *Et, pour nous préserver de la guerre civile,*
» *L'Empire est, à mes yeux, éminemment utile ;*

---

(1) Erreur : ils sont tombés dernièrement d'accord, à *une voix de majorité !*

» Cette institution, avec la liberté (1)
» Pouvant faire longtemps notre prospérité.
» Si nous ne voulons point qu'en France on dégénère,
» *Changeons en pouvoir stable un pouvoir éphémère* :
» La campagne épuisée appelle un *Empereur* :
» *Prince*, mettez enfin un terme à sa douleur !
» N'a-t-elle pas montré, par son vote unanime,
» Qu'elle espère sortir, grâce à vous, de l'abîme ?
» A ses justes désirs *Paris* aussi répond,
» Et bientôt la *couronne* ornera votre front.
» Ce voyage ne fut qu'une éternelle fête !
» Jamais félicité ne sera si parfaite ;
» De la *France* chacun admirait le sauveur
» Et de le voir de près j'eus le touchant bonheur (2).

---

(1) La liberté du *Droit de pétition devant le Corps législatif, comme deuxième et indispensable degré de Juridiction, — seul vrai couronnement de l'édifice impérial.* J'ai proposé cette amélioration des institutions de l'Empire, dans un écrit portant ce titre, brochure in-8, de 52 pages compactes, y compris la couverture, imprimée au mois d'Avril 1866, par Charles Noblet, rue Soufflot, n° 18, à Paris.

(2) « Trois journées évidemment bénies du ciel, trois journées » magnifiques, aussi pures que les élans passionnés de mon cœur, » trois journées dont je garderai un souvenir impérissable, » vinrent enfin luire sur nous ; et Paris, partageant l'enthou» siasme des départements, préparait une réception féerique au » vainqueur de l'anarchie.

» Le 15 août 1852, sur la place de la Concorde, j'avais eu le » bonheur, pour la première fois, de vous voir de très-près. Je » tressaillis vivement. Votre vue, sire, produisit sur moi une » impression qu'aucune parole humaine ne saurait rendre, et » dont mes vers ne sont qu'une expression très-affaiblie.

» Le 16 octobre 1852, lors de votre rentrée à Paris, je me trou» vais au moment de votre passage sur le boulevard Poissonnière, » tout près de la manufacture des tapis d'Aubusson : la même

» Comme je tressaillis, quand sa mâle figure,
» Se présentait à nous et radieuse et pure,
» Soutenant dignement l'éclat de son grand nom !
» *Autant son âme est haute, autant son cœur est bon.*
» Sa présence partout excitait le délire,
» La foule avec amour l'appelait à l'*Empire ;*

» impression se renouvela avec une intensité qui ressemblait » presque à une commotion électrique. Cette foule immense qui » se pressait sur vos pas, ces arcs de triomphe, ces banderolles, » ces fleurs, ces feuillages, ces mouchoirs agités; ces cris fana- » tiques de *Vive l'Empereur;* ces regards qui s'attachaient à » votre personne avec autant de respect que d'amour ; ce ciel » sans nuages qui, par son azur éclatant, me rappelait celui de la » Provence, mon pays natal; tout, sire, tout conspira à me » rendre fou d'enthousiasme. Dès ce moment, je n'eus plus besoin » des inspirations de personne : celle de mon cœur put me suf- » fire largement Vous voir, vous voir encore, m'enivrer de la vue » de l'homme providentiel dont le retour était si ardemment » désiré : tel fut mon plus grand plaisir, telle fut ma seule pré- » occupation.

» Je pus enfin arriver au jardin des Tuileries. Bien que vous » fussiez déjà rentré, j'attendais avec impatience un nouveau mo- » ment de bonheur, car les autres l'attendaient aussi ; et lorsque, » vers les quatre heures et demie du soir, vous parûtes du haut » du Pavillon de l'horloge, la foule vous ayant salué des cris fré- » nétiques de *Vive l'Empereur, Vive Napoléon !* je vis le sourire » du bonheur illuminer votre noble et douce figure ! Au boule- » vart Poissonnière, vos traits parraissaient porter l'empreinte » des fatigues du voyage ; mais, aux Tuileries, vous étiez ra- » dieux : l'empressement du peuple vous avait fait oublier toutes » vos peines.

» J'essayai de déclamer, en ce moment, ma *Prophétie* et le » *Cri de la France reconnaissante* ; mais, étant placé trop loin, et » ma voix se perdant dans les airs, je me vis forcé de me taire. » Ce ne fut qu'un quart d'heure après que, m'étant rapproché en » me mêlant parmi les membres d'une députation, et n'ayant

» Et lui, sans redouter le plomb d'un assassin,
» Montrait à découvert son front grave et serein ;
» Car de sa mission il a la conscience ;
» Sur ses jours précieux veille la Providence.
» Ah ! comme l'on criait avec l'accent du cœur :
» *Vive l'élu du ciel, vive notre Empereur !*
» Quand pour la France entière il expose sa tête,
» Il peut la gouverner : c'est un droit de conquête !
» L'impression que fait une jeune beauté,
» Sur l'amant éperdu, de sa grâce enchanté,
» Qui, d'un premier amour subissant l'influence,
» S'enivre chastement d'extase et d'espérance,
» N'a rien de comparable au saint ravissement,
» Au transport indicible, au tendre mouvement
» Qu'aussitôt je sentis s'élever dans mon âme,
» A grands flots m'inondant d'une céleste flamme !
» Comme l'on se comprend, quand on se voit de près !
» Merci, *Prince*, merci de nous donner la paix.
» Oui, la postérité redira, d'âge en âge,
» Votre grand dévoûment, votre noble courage :

» plus pour barrière que la force armée, je demandai, à défaut » de pouvoir arriver jusqu'à Votre Majesté, l'autorisation de dé- » clamer mes vers.

» Je fus écouté avec bienveillance ; le peuple partagea mes trans- » ports et répéta à grands cris : *Vive Napoléon ! Vive l'Empereur !*

» Je remis à MM. les chefs de la force armée, *sur leur demande*, » plusieurs exemplaires de mes écrits. L'un d'eux me serra même » affectueusement la main ; et pour que je ne fusse pas étouffé » par la foule, on me fit sortir par une porte de faveur donnant » sur la cour du Carrousel (*Mes démêlés avec la police de Paris,* » *Paris*, 1853 ; *brochure déjà citée, page 8.*) »

J'étais bien loin de me douter alors, ainsi que je l'expliquerai plus loin, que la Roche tarpéienne fût si près du Capitole !

» Votre *oncle* avait surtout le courage guerrier,
» *Le courage civil sera votre laurier !* »

Depuis la campagne d'Italie et la paix de Villafranca, je pourrais ajouter, avec encore plus de raison :

Et vous avez prouvé, sur le champ de bataille,
Que vous ne craignez point ni balles ni mitraille :
Turbigo, Magenta, Milan, Solferino,
Ont ouvert à l'Empire un avenir nouveau.
Votre étoile vous suit : une paix glorieuse
Termine tout d'un coup cette campagne heureuse !

Et pour que ma *première prophétie* soit bien claire et bien complète, terminons toutes ces citations par celle-ci (page 9 de mes *Démêlés avec la police de Paris*, brochure imprimée au mois de décembre 1852 et portant, d'après les habitudes de la librairie, la post-date de 1853.)

OPINION DU PEUPLE FRANÇAIS

Sur le coup d'Etat du 2 Décembre 1851

« Des partis impuissants ce fut le coup de grâce !
» Il les écrasa tous ; on n'en voit plus la trace.
» Avec tant d'à-propos cet heureux coup porté
» Longtemps retentira dans la postérité !
» Ce grand coup, à lui seul, peut suffire à sa gloire,
» Eterniser son nom ainsi que sa mémoire ;

» Et le Peuple, admirant un tour si bien joué,
» Du Prince, avec fureur, partout s'est engoué.
» Napoléon, dit-il, est un gaillard habile
» Qui leur a démontré s'il était imbécile
» Comme ils le soutenaient. Ils voulaient l'arrêter;
» Mais, bien plus adroit qu'eux, il sut les dérouter.
» Son courage, égalant sa noble intelligence,
» Fut digne de son nom et digne de la France.
» Puisqu'il se dévoua, soyons donc généreux,
» *Et proclamons bientôt l'Empire glorieux !* »

Il est donc prouvé de toutes les manières, avec la plus grande clarté et la plus grande précision, que, dès les premiers jours du mois d'Août 1852, j'ai annoncé, *comme prophète*, que l'Empire serait rétabli et qu'il durerait longtemps.

On ne peut pas nier que cette prophétie n'ait déjà produit son effet pendant dix-huit ans.

Si, depuis le mois de septembre 1870, il existe une solution de continuité, l'avenir et un avenir heureux n'en est pas moins devant nous; et je vois dès maintenant cette lacune déplorable sur le point d'être comblée.

Pour laisser à mon récit toute son unité et toute sa rapide énergie, je ne tiens plus compte des sarcasmes de la gauche et des interruptions des orléanistes, interruptions et sarcasmes qui ne peuvent ni m'émouvoir ni m'atteindre. De ma voix criarde et aussi retentissante que celle d'Emmanuel Arago, je couvre tout ce tumulte, j'impose le silence et me fais obéir. Dieu et Jeanne d'Arc évidemment me protègent.

Dominus illuminatio mea et salus mea; quem timebo. — Dominus protector vitæ meæ; a quo trepidabo? —

Annuntiavi justitiam tuam in ecclesiâ magnâ; ecce labia mea non prohibebo : Domine, tu scisti.

Deuxième prophétie

La deuxième prophétie est celle qui nous a été inspirée lors du mariage de l'Empereur. Elle a également une date certaine, puisqu'elle est insérée, dès le 30 janvier 1853, aux pages 5 et 6 d'une brochure déjà citée (*Le Mariage de l'Empereur, etc.*).

Je transcris littéralement cette deuxième prophétie.

L'IMPÉRATRICE DES FRANÇAIS

C'est l'ange que la Providence
Destinait à notre Empereur :
Qu'elle règne donc sur la France,
Qu'elle en assure le bonheur !

Oui, la France avec lui l'admire
Comme un chef-d'œuvre de beauté;
Sa vue excite le délire,
Son air annonce la bonté.

Elle est aussi douce qu'un ange,
Pure comme le cœur pieux;
Et cette destinée étrange
Ne fait pas un seul envieux.

Ah! c'est que par sa modestie
Et par sa touchante pâleur,
Elle plaisait, anéantie
Devant Dieu, notre seul Sauveur.

Partout l'opinion publique
Affirme que le choix est bon;
C'est de l'Espagne catholique
Le plus illustre rejeton.

Non, ce n'est pas une étrangère,
Elle est Française par le cœur.
A nous tous elle sera chère
Comme elle l'est à l'Empereur.

Aux pieds des autels elle incline
Un front aussi pur que chrétien,
De la religion divine
Se faisant le noble soutien.

Avec ce regard angélique
Cette exquise simplicité,
Quel être divin, poétique!
Oh! que de grâce et de beauté!

Comme elle était intéressante,
Par son éclatante blancheur!
Son émotion ravissante
De chacun captivait le cœur.

Il eut, certes, la main heureuse,
Et c'est Dieu qui guida son choix.
O souveraine gracieuse,
Impose-lui tes douces lois!

C'est par le bonheur domestique
Qu'on fait de l'Etat le bonheur (1):
A l'hymen de la politique
Il préfère l'hymen du cœur!

On se souvient de Joséphine,
De sa grâce et de sa bonté;
Hélas! le public le devine:
De l'autre, qu'est-il donc resté!

O belle et douce impératrice,
Les Français par toi sont heureux.
A qui souffre sois donc propice,
Accueille nos modestes vœux.

Bienfaisante et chaste Eugénie,
Dieu l'a voulu, règne sur nous.
Sois longtemps notre bon génie:
Te voir est un plaisir si doux!

Oui, ta race sera féconde
Comme celle que Dieu bénit:
Tu vas renouveler le monde,
Car c'est le ciel qui vous unit.

Le 30 janvier 1853, jour du mariage religieux de Leurs Majestés impériales, m'avançant en tête de l'immense foule qui remplissait le jardin des Tuileries, et me plaçant en face et presque au-dessous du pavillon de l'horloge, je tentai de

---

(1) J'ai voulu dire poétiquement que lorsqu'on a la paix de l'âme et le bonheur domestique, on a beaucoup plus de temps pour s'occuper des affaires de l'Etat.

lire à haute voix, vers quatre heures du soir, au moment où Leurs Majestés se présentèrent au balcon, la pièce de vers que l'on vient de transcrire. J'en tenais à la main un brouillon informe et indéchiffrable, que je n'avais pas eu le temps de mettre au net.

Sa Majesté l'Empereur s'aperçut de mes démarches, fit un signe de sa propre main ; et pensant que j'avais à lui remettre quelque pétition, il daigna m'envoyer à l'instant même un de ses écuyers, M. le vicomte de Roman.

Je répondis à ce dernier que mon unique but avait été de me livrer à l'élan enthousiaste de mon cœur, et de lire une pièce de vers relative à la cérémonie actuelle.

M. le vicomte de Roman m'ayant demandé une copie de mes vers, je lui expliquai l'impossibilité dans laquelle j'étais de déférer à ses désirs, en lui présentant mon brouillon et en lui déclarant que je n'en avais fait aucune copie.

Les choses en restèrent là !

Dans la matinée du 30 janvier 1853, j'avais eu le bonheur de voir de près et bien distinctement Leurs Majestés, à la suite des cérémonies religieuses qui avaient eu lieu dans l'église de Notre-Dame, et au moment où la voiture impériale traversait la partie des quais qui longe les galeries du Louvre.

L'Empereur avait la figure sereine, le regard brillant et assuré : il paraissait fier de son bonheur et souriait à tout le monde.

L'Impératrice, avec son costume de fiancée et avec la couronne impériale sur la tête, avait toute la grâce, toute la timidité d'une vierge pudique.

Ce singulier contraste de la force et de la faiblesse, du génie et de la beauté, m'avait impressionné vivement : mon imagination en a même gardé un souvenir respectueux, dont l'intensité n'a fait que s'accroître.

Malgré mes bonnes intentions, la démarche à laquelle je m'étais livré publiquement était aussi excentrique qu'inconvenante. Mon enthousiasme méridional et le prestige de cette belle journée pouvaient néanmoins me servir d'excuse :

La meilleure preuve dès lors qu'il vaut mieux s'adresser à Dieu qu'à ses saints résulte de cette circonstance que l'Empereur, d'accord avec le peuple qui m'entourait, ne blâma point ma hardiesse et me couvrit même de sa haute protection.

Par cette deuxième prophétie, j'annonçais donc la fécondité du mariage de l'Empereur et de l'impératrice.

Un pauvre petit artiste dramatique, dont j'avais fait la connaissance à cette époque, qui m'a donné quelques leçons de déclamation théâtrale, et qui déclamait lui-même, avec chaleur et assez bien la pièce de vers que l'on vient de transcrire; un jeune homme du nom de *Félix* THOMAS, tout en me félicitant de mon inspiration poétique, se moquait de *ma prophétie* et de la *race féconde*, affirmant que l'impératrice Eugénie avait fait une chute de cheval qui lui ôtait à tout jamais la possibilité de devenir mère.

J'avoue qu'après plus d'un an de stérilité je doutais de moi-même et que je craignais d'avoir composé et fait imprimer une sottise.

Néanmoins, au moment où j'écrivis ma pièce de vers, j'avais bien comme la fièvre et le délire de la Sibylle de Cumes, et j'ai cru réellement avoir prophétisé.

L'avenir a prouvé que cette dernière opinion était la bonne.

Mon mariage aussi a été fécond : mon fils aîné, *Emile* ROUSTAN, qui est maintenant maréchal-des-logis au 22e d'artillerie, en garnison à Versailles, est à peu près du même âge que le Prince impérial, auquel il ressemble un peu et qu'il aura bientôt l'honneur de servir.

On peut maintenant m'objecter que cette prétendue fécondité du mariage de l'Empereur se réduit à un fils unique.

Mais la fécondité par excellence, celle de Dieu le père, ne s'arrête-t-elle pas à un fils unique ?

Et puis, quand il s'agit d'une nouvelle race régnante, il peut entrer dans les décrets éternels que cette tige, à l'origine, soit unique, afin de diminuer la compétition des partis obligés ainsi de se reporter sur une seule et même personne.

La fécondité, en ce qui concerne une nouvelle race royale ou impériale, consiste donc à ce qu'il y ait un héritier mâle, bien constitué, capable de régner et de fournir des descendants vigoureux. Or, le Prince impérial réunit maintenant toutes ces conditions.

Ecce novus rerum nascitur ordo.

Cette deuxième prophétie a, elle aussi, son complément, *également sous forme de prophétie.*

Je transcris cette prophétie complémentaire, littéralement et dans toute son intégrité.

Elle est contenue aux pages 3 et 4 de ma brochure sur *Le mariage de l'Empereur et l'impératrice des Français, imprimée à Paris, en* 1853, *par Blondeau, rue du Petit-Carreau,* 32.

LE MARIAGE DE L'EMPEREUR

Nouvelle prophétie aussi certaine que celle du 9 *Août* 1852 *(voir la page* 2 *ci-dessus).*

NOTA. — Quand, *sous l'inspiration de Dieu et de Jeanne Darc,* je rédigeai cette prophétie, le 30 janvier 1853, j'avais toute l'agitation, tout le tremblement nerveux, et l'air égaré et hagard de la prêtresse de Delphes sur son trépied: bref, toutes les allures et tous les gestes d'un fou ou d'un inspiré.

« Paris, le 30 Janvier 1853

» Moi dont l'âme brûla d'un généreux délire,
» Moi qui fus des premiers à proclamer l'Empire,
» Et qui, pour avoir eu cent mille fois raison,
» *A mes frais ai mangé le pain de Charenton* (1);
» Moi qui, du peuple entier, trente jours à l'avance,
» Annonçai le bon sens, la rare intelligence;
» Moi qui, ne m'inspirant que du feu de mon cœur,
» Dis à Napoléon : Tu seras Empereur !
» Je lui crie aujourd'hui, *d'une voix prophétique :*
» *Ta race durera plus que la République,*
» *Plus que l'orléanisme et le sang détesté*
» *Qui prend l'orgueilleux nom de légitimité* (2).
» Mais souviens-toi toujours que Dieu, dans sa clémence,
» De toi fit l'instrument de sa toute-puissance;

(1-2) Voir les observations qui accompagnent la présente prophétie.

» Qu'il forma ta raison par l'exil, le malheur,
» Et par l'adversité prépara ton grand cœur.
» Celle qu'un heureux choix a faite impératrice,
» Des malheureux sera la noble protectrice (1).
» Sur le trône tu viens de placer la vertu.
» *Que l'ennemi du Christ bientôt soit abattu* (2)
» Et Dieu va te donner une tige féconde,
» Afin que ton sang pur, renouvelant le monde,
» *En bannisse à jamais la triste impiété* (2) *!*
» Arrière maintenant, ô légitimité !
» Race que Dieu maudit et frappe de démence
» Qui, toujours respirant la haine et la vengeance,
» Proscrivis sans pitié mon grand-oncle Ricord,
» Le tuant, dans l'exil, de la plus triste mort (3) ;
» O légitimité, montre-nous donc ta tige !
» Va, c'est bien à dessein qu'un Dieu vengeur t'afflige;
» Une tache de sang est restée à ton front :
» Tu ne revivras point, ce sera ton affront !

---

(1) Elle l'a prouvé depuis, en concourant à beaucoup de bonnes œuvres : crèches, orphelinats, pupilles du Prince Impérial, etc.:

(2) L'Empereur Napoléon III est tombé, et piteusement tombé pour ne s'être point conformé aux termes de cette prophétie, spécialement pour avoir laissé propager le livre exécrable de Renan et pour avoir abandonné le Pape : que son successeur prenne bien garde à lui et ne commette pas les mêmes fautes !

(3) Mon grand-oncle, pendant qu'il était commissaire extraordinaire de la Convention, mit un jour aux arrêts Napoléon Ier, alors simple capitaine, ce qui n'empêcha point ce dernier, devenu Empereur, d'apprécier la fermeté de caractère du conventionnel Ricord, et de l'honorer même de son estime et de sa confiance. La légitimité fut, au contraire, inintelligente et impitoyable comme la rancune. Tant il est vrai que les grandes âmes savent seules se montrer et justes et généreuses !

» Ne le vois-tu donc pas ? Dieu seul te rend stérile,
» Dieu repousse à jamais ta race inepte et vile,
» Pour avoir des vaincus provoqué les sanglots.
» Si tu prétends régner, où sont donc tes héros ?
» Fis-tu preuve, du moins, de vulgaire prudence,
» En usant, à propos, de pardon, de clémence ?
» Et n'as-tu pas versé le sang trop précieux
» De l'infortuné Ney, ce martyr glorieux ?
» Eh bien ! c'est aujourd'hui que Dieu creuse ta tombe !
» Sur l'infâme Caïn le sang d'Abel retombe :
» Dans l'exil s'éteindra la race des Bourbons,
» De l'étranger en vain implorant les canons.
» Viens donc régner sur nous, ô belle impératrice !
» Du plus noble mortel deviens l'inspiratrice ;
» Conseille-lui toujours un pardon généreux
» Pour des vaincus, hélas ! déjà bien malheureux.
» Qu'il se montre toujours le digne fils d'*Hortense* ;
» Qu'il ne se venge point : à Dieu seul la vengeance !
» Qu'il rende la patrie à ceux que l'on bannit
» Et que le remords seul cruellement punit.
» Oui, *s'il veut devenir encor plus populaire,*
» *Qu'il fasse une amnistie, et qu'elle soit entière !*

OBSERVATIONS.

(1) Je ne suis, en effet, qu'un échappé de Charenton, et de Bicêtre. J'ai été détenu dans le premier établissement, du 23 octobre au 11 novembre 1852 (19 jours); et, à Bicêtre, du 11 au 25 du même mois de novembre (14 jours) : en tout 33 jours de salle de police. Voici à quelle occasion :

J'ai toujours eu le courage de mes opinions politiques et administratives, et je passais pour un employé *socialiste*, pour un employé *républicain*, c'est-à-dire ennemi des abus et partisan des réformes raisonnables. En 1849, j'avais même été suspendu et changé de résidence pour cet unique motif.

Au mois de septembre 1851, je protestai, en termes peu convenables, contre une mesure injuste, contre la mise à la retraite de mon père, qui n'était âgé que de 61 ans, qui n'avait pour ressources que son modeste emploi de garde-magasin du timbre, dont la comptabilité était d'ailleurs très-régulière, et qui avait à pourvoir à l'avenir de cinq enfants.

M. Lenir, alors chef du personnel, m'ayant, selon ses habitudes, reçu d'une manière impolie, j'eus l'insolence, à mon tour, le 8 novembre 1851, de lui proposer un cartel, qu'il travestit en menaces de mort, et de parler de réformes financières pour 1852, qu'il transforma en menaces contre le gouvernement. Sur la plainte de M. Lenir, je fus arrêté dans l'hôtel même du ministère des finances, et conduit au dépôt de la préfecture de police.

Après vingt-huit heures de détention, je fus mis en liberté.

Malgré cet antécédent, je tentai, au Théâtre Français, dans la soirée du 22 octobre 1852, de remettre directement à Sa Majesté l'Empereur une pétition qui avait pour objet, d'une part, de provoquer des réformes administratives, et, d'autre part, de demander une amnistie généreuse en faveur des insurgés du département du Var, qui, bien certainement et comme moi, avaient été plus égarés que coupables.

Je n'usai de ce moyen extraordinaire qu'après m'être convaincu que d'autres pétitions n'avaient pas abouti.

Mes projets de réforme étaient ceux que je développe maintenant.

L'appel à la clémence de Sa Majesté était rédigé en ces termes.

« L'EMPIRE, C'EST LA PAIX !
» L'EMPIRE, C'EST L'AMNISTIE !

» CAR TOUT GOUVERNEMENT FORT, S'IL VEUT ÊTRE DURABLE, DOIT SE
» MONTRER HUMAIN ET COMPATISSANT ENVERS CEUX QUI NE FURENT
» QU'ÉGARÉS.

» *Appel à la clémence de Sa Majesté Impériale, en faveur des insurgés*
» *du département du Var.* » *(dont j'avais été le complice moral).*

Dans mon département j'ai vu trop de malheurs.
Prince, je fais appel au plus noble des cœurs,

A vous qui devenez toujours plus populaire,
Et qui des malheureux calmerez la misère.
Le Peuple tout entier est pour vous aujourd'hui :
Non, jamais plus beau jour sur la France n'a lui,
Jamais plus pur soleil n'embellit une fête,
Jamais de tant de cœurs on ne fit la conquête !
Quel respect, quel amour ! Et, comme pour vous voir,
La foule se pressait, disant : « Il est l'espoir
» De l'ouvrier des champs, de l'ouvrier des villes ;
» Il a su nous purger des bavards inutiles,
» Et d'un vaisseau perdu prendre le gouvernail.
» De nos ennemis seuls il est l'épouvantail ;
» Mais celui qui de près admire sa figure
» Comprend qu'il est humain ; car sa noble nature
» N'est qu'abnégation, courage et dévouement.
» C'est un prince si doux, un prince si charmant !
» Qu'il était gracieux, son limpide sourire,
» Quand la foule, à grands cris, lui demandait l'Empire,
» Afin que le pouvoir, stable, mais modéré,
» D'une féconde paix soit le gage assuré !
» Dans l'état de nos mœurs, l'Empire est nécessaire,
» Si nous voulons sortir d'une longue misère.
» Tout gouvernement fort doit être humain et bon,
» Et l'Empire sera le signal du pardon.
» Des gens mal inspirés peuvent dire : Châtie :
» Avec plus de raison son cœur dit : Amnistie ! »

Dans de telles circonstances, la police est naturellement très-ombrageuse.

Ma tenue était convenable : j'étais en gants blancs et en habit noir, et j'occupais une place de parterre.

Après le premier acte de *Cinna* et aussitôt que la toile fut baissée, je me levais ; et me tournant vers la loge impériale, dont je n'étais pas bien loin, quoique je ne fusse pas en face, je présentais ma supplique. Sa Majesté, que je ne pus pas voir moi-même, se trouvait en ce moment dans le fond de la loge et ne s'aperçut point de mes démarches.

Immédiatement arrêté, fouillé et traité en conspirateur, je fus conduit au poste voisin, et, de là, au dépôt de la préfecture de police.

Le lendemain, avant midi, mon dossier d'employé était entre

les mains des personnes chargées de procéder à mon interrogatoire.

Il résultait de ce dossier :

Qu'au mois de juillet 1849 j'avais été suspendu de mes fonctions, pour avoir manifesté publiquement des opinions républicaines;

Que, le 8 novembre 1851, j'avais fait à M. Lenir, chef du personnel, des menaces de mort, et annoncé, pour 1852, le futur triomphe du socialisme;

Et que ces accusations étaient pleinement justifiées par les termes de la démission que j'avais déposée, le 30 septembre et le 1er octobre 1851, entre les mains de M. Tocanus, directeur général de l'administration, de l'enregistrement et des domaines, *démission dont l'original me fut représenté.*

Voici ce que cette démission contenait de plus saillant :

« Si, avant de me nommer receveur à Saint-Aulaye, l'Administration avait daigné prendre connaissance de mon travail au bureau de Caylus, de mon rapport sur les causes de l'augmentation ou la diminution des produits, et de mes précis d'opérations extraordinaires, elle aurait pu se convaincre que j'avais des droits incontestables à l'avancement, et qu'il y avait plus que de la dérision à me faire faire une nouvelle reculade, surtout après avoir mis prématurément mon père à la retraite.

» En s'obstinant à me reléguer dans les plus tristes résidences; en s'obstinant à me refuser le pain nécessaire, après dix années de travail sérieux, de zèle soutenu et d'études opiniâtres; en continuant à me placer entre la misère et la souffrance, entre l'indélicatesse et le besoin, je ne pouvais résister plus longtemps, et un homme d'honneur ne doit pas accepter une position immorale. Voilà, joints à ceux d'hier, monsieur le directeur général, les motifs qui me portent à persévérer dans ma démission.

» Quoiqu'il en soit l'*Administration est bien imprudente et, lorsque le socialisme la menace de toutes parts et tend à l'engloutir, elle devrait comprendre qu'il est de son intérêt de se montrer juste envers nous*; car, d'après le principe qu'on n'est jamais mieux trahi que par les siens, elle s'expose à réchauffer plus d'un serpent dans son sein.....

» Ainsi que vous le voyez et que vous me l'avez dit vous-même dans notre dernière entrevue, je traite de puissance à puissance;

» car si vous représentez la puissance administrative, ou, en d'au-
» tres termes, l'arbitraire administratif, je représente le droit et la
» justice, et je ne connais aucune puissance supérieure à celle ci ! »

Je répondis aux employés de la préfecture de police qu'en effet j'avais compté sur le triomphe du *socialisme honnête*; que j'étais ennemi des abus administratifs et partisan du principe républicain de l'égalité devant la loi; que mes projets de réforme étaient indépendants de la politique, tout gouvernement, quel qu'il soit, ayant intérêt à avoir de bonnes finances et à réprimer des abus qui portent au Trésor un très-grand préjudice; enfin, qu'il était bien vrai que j'étais un conspirateur aussi incorrigible que résolu, mais que je conspirais contre les *doctrines secrètes* de la coterie centrale et non contre le gouvernement.

Je produisis, à l'appui de cette dernière opinion, plusieurs pièces de vers que j'avais composées et qui témoignaient de mon dévouement enthousiaste pour Sa Majesté l'Empereur.

M. Touaxcs, afin de se débarrasser de moi et de mes critiques, m'ayant fait passer pour un *républicain exalté* et même pour un *fou dangereux*, la police jugea prudent, avant de me relâcher, de s'assurer de ma personne et de m'envoyer à Charenton; cet établissement national étant, au besoin, une succursale de la préfecture de police.

Mieux valait encore être envoyé là que d'être transporté dans quelque colonie lointaine, mesure qui, à mon égard, aurait paru trop violente.

Quand, au Théâtre Français, je fis ma tentative, je savais d'avance que, si elle avortait et si Sa Majesté l'Empereur ne me prenait point sous sa haute protection, je serais arrêté à l'instant même; mais j'étais loin de me douter, je l'avoue, que, dès le lendemain au soir, je serais dirigé sur Charenton.

Ma destinée était sans doute de recevoir cette récompense de mes bonnes intentions, afin que, libre envers l'Empire, de tout don et de tout engagement, je pusse parler un jour avec la sainte liberté de l'enthousiasme et du martyre.

A Charenton, j'entrevis bien des abus et je me permis de *plaisanter*, irrespectueusement, et en vers, M. le docteur Calmeil, malgré la grande réputation dont il jouit, à tort ou non, comme médecin aliéniste. Cette petite satire me procura quelques moments agréables et me fit oublier mes chagrins.

La voici dans toute sa naïveté :

§ 1er — Ce que c'est que le régime de Charenton.

C'est un régime abrutissant,
Vrai régime de somnolence,
Bon pour l'être humain non pensant,
Mais fatal à l'intelligence!

§ 2. — Charenton et M. le docteur Calmeil.

Bicêtre, Charenton! quels lugubres mystères
Renfermés dans vos murs! Que de plaintes amères,
Quels profonds désespoirs, quels sourds gémissements,
Quels supplices cruels, quels affreux châtiments!
La science toujours est pleine d'imposture
Et de lourdes erreurs; et l'humaine nature
Au grotesque Calmeil sert donc de piédestal!
D'un odieux orgueil aveuglement fatal!
Confondant la folie et l'humeur irascible,
Il ne doute de rien, se proclame infaillible
Et s'arroge les droits de la divinité.
Infligeons-lui dès lors un blâme mérité :
Que mon caustique vers, comme un fouet qui châtie,
A ce pédant inspire un peu de modestie.
Charenton! j'ai donc vu tes funèbres hauteurs,
Séjour du désespoir et des longues douleurs,
Où l'existence coule et triste et monotone,
Où l'on vit sans amour, où tout vous abandonne,
Où, sans être coupable on subit la prison,
Où, loin de se guérir, on laisse sa raison,
Si, par son dévouement, quelque âme généreuse
Ne vous soustrait bientôt à la main ténébreuse
D'un docteur basané, dont le *douteux savoir*
S'exerce sans contrôle, avec trop de pouvoir,
Et qui, sans que son cœur de pierre s'en émeuve,
Vous garde trente jours à seul titre d'épreuve!
Quand on se voit traîner dans ce réduit fatal,
Peut-on ne pas sortir de son état normal?
Et si dans votre sein bouillonne la colère,
Si, traité comme fou, votre âme s'exaspère

Et laisse sourdement éclater sa douleur,
Il faudra d'un despote endurer la rigueur,
Devant lui s'imposer un éternel silence
Et cacher avec soin ce qu'en secret on pense !
Ce qu'un savant affirme, un autre le dément
Et Calmeil, à lui seul, jugerait sainement !
Son gros nez aquilin, sa burlesque figure,
Peuvent servir de type à la caricature.
Gardez-vous de railler l'infaillible docteur !
Plutôt que d'avouer une grossière erreur
Et de se départir d'un hasardeux système,
Il vous réputera malade et fou quand même.
Vous parûtes ému. — C'est manque de raison :
Il fallait ne sentir aucune émotion,
Encore moins pleurer, car la mélancolie
Est l'indice certain d'une triste folie.
Fallait-il rire alors, paraître indifférent ?
— C'était plus qu'insensé, c'était inconvenant.
Devant ce petit nain dépourvu de tendresse,
Pouvait-on tout au moins parler de sa maîtresse (1) ?
— Mais c'était n'avoir pas l'ombre de la raison.
Et Calmeil me retint vingt jours à Charenton !

---

(1) Pure fiction poétique. Je n'avais alors aucune espèce de maîtresse, dans le sens ordinaire du mot. Ma maîtresse c'étaient mes douces illusions, mes délicieuses et chastes rêveries de jeune homme ; mon enthousiasme réel et mon admiration profonde pour l'Empereur et l'Impératrice des Français, admiration et enthousiasme dont le temps n'a pu effacer l'intensité, et dans lesquels je persiste encore et plus que jamais.

C'est en grande partie à cause de cet enthousiasme que je n'avais pu contenir dans le secret de mon cœur et que j'avais fait éclater publiquement à Paris dans les journées des 16, 17 et 18 octobre 1852 ; c'est à cause de mon enthousiasme et de mon amour pour l'Empereur et l'Impératrice des Français que leur police inintelligente et niaisement susceptible m'avait traité de fou et fait conduire dans la maison des fous.

Mais cette lourde méprise ou cette lâche complaisance de MM.

Je dois néanmoins reconnaître que les agents de la préfecture de police montrèrent envers moi beaucoup de bienveillance et d'honnêteté ; et que, si j'ai été retenu à Charenton plus de deux ou trois jours, c'est parce que je refusai formellement de quitter Paris : la police me laissait, en effet, l'alternative d'être retenu jusqu'à nouvel ordre à Charenton, ou de retourner, *à mes frais*, dans ma famille, à Draguignan, département du Var.

Non-seulement je n'acceptai pas ces conditions, mais je déclarai même à M. Calmeil, médecin en chef de l'établissement, que ma détention étant arbitraire, et aucun membre de ma famille n'y ayant consenti, pas plus que moi, je plaiderais contre l'établissement, si l'on entendait me faire payer comme les malades ordinaires. Je demandai, en conséquence, à être transféré à Bicêtre, *aux frais de la police* ; ce à quoi l'on ne se refusa point (1).

---

les docteurs Lasségue et Legrand du Saulle, n'a pas ébranlé mes convictions : conformément aux maximes de l'Évangile, j'ai rendu le bien pour le mal ; et je me suis même attaché d'avantage à Leurs Majestés par tout ce qu'on m'a fait souffrir injustement en leur nom !

A bientôt vingt-cinq ans de distance et malgré l'éloignement de l'exil, je sens pour eux dans mon cœur la même chaleur. L'affection sincère que j'avais pour le père se reporte sur le fils que j'ai vu tout petit enfant, dans toutes les grâces et toute l'innocence du jeune âge.

Je puis le dire dès lors et après une longue expérience : l'amour, l'amour sincère, véritable, est comme une flamme éthérée, divine, et qui ne meurt jamais. On sent que cet amour n'a rien de matériel, qu'il est réellement d'une nature spirituelle. N'aurais-je d'autre preuve de l'immortalité de l'âme que celle-là, que j'y croirais profondément et sans hésiter !

(1) Un médecin aux formes porcines, M. le docteur Legrand du Saulle, s'est servi de cet antécédent pour me faire passer, en 1870, pour *un habitué de Charenton et de Bicêtre*.

J'ai rendu compte de ce fait dans une brochure in-8, de 52 pages in-8, serrées, y compris la couverture, avec addition d'un feuillet tiré à part; brochure dont voici le titre complet:

Quand on se fut bien convaincu que je n'étais *ni fou, ni dangereux*, on me mit en liberté sans aucune espèce de condition, en vertu d'un certificat délivré par M. le Dr Moreau, alors médecin en chef de l'établissement de Bicêtre et qui, en 1870, habitait à Paris, rue Bonaparte, 17; j'en appelle à ses souvenirs.

Ce certificat était ainsi conçu : « Depuis son entrée à Bicêtre, » je n'ai aperçu aucune trace de l'excitation mentale, qui paraît » avoir dominé ce malade à l'époque où il a dû être séquestré. Il » doit être rendu à la liberté. »

Hommes de la science médicale, mettez-vous au moins d'accord! Bien qu'à Bicêtre, où je me trouvais certainement très-mal, je fusse beaucoup plus souffrant et beaucoup plus fatigué qu'à Charenton, M. le docteur Moreau a reconnu, dès le premier moment, que j'étais parfaitement sain d'esprit. *Il s'est montré fort étonné de ce que, pour si peu de chose, son collègue m'eût fait subir à Charenton une captivité de 19 jours.* Il ne m'a jamais traité en malade, ne m'a pas prescrit le moindre remède, et il a même eu la franchise de m'avouer que la police ne me retenait à Bicêtre que par mesure de prudence.

On m'envoya en effet un *mouton*, pour me faire parler.

Je lui répondis qu'adoptant la maxime du fabuliste :

« *Le sage dit, selon le temps, vive le Roi, vive la Ligue.* »

J'étais un réformateur, paisible et non dangereux, un *réformateur solitaire*, partisan de tous les gouvernements qui feraient respecter le droit et la justice. Il se le tint pour dit.

D'après un aveu que me fit plus tard M. le Dr Moreau, après ma sortie de Bicêtre, un jour qu'il me rencontra sur le boulevard Montmartre, à côté du passage Jouffroy, il paraît que M. Tournus,

---

De la séquestration arbitraire dans les maisons de santé. — Nécessité d'adoucir et de modifier le régime de ces établissements et d'en réformer le haut personnel désigné dans une liste spéciale. — Brochure tirée à deux cents exemplaires. Prix : 2 fr.

On trouve, à la suite, un appel fait à la protection de Dieu et de Jeanne Darc, relativement à la guerre de 1870, et les discours prononcés à ce sujet dans diverses réunions publiques. —

Paris, chez les principaux libraires. — Décembre 1870. — Impr. de Dubuisson et Cie, rue Coq-Héron, 5.

alors directeur général de l'Enregistrement et des Domaines, n'avait pas la conscience tranquille, et qu'il pensait qu'avec mon caractère de Corse et de méridional, je pourrais bien, à ma sortie de Charenton et de Bicêtre, lui enfoncer un petit bout de stylet dans le cœur. (Et les occasions ne m'auraient pas manqué ; car même sans le vouloir, j'ai rencontré au moins dix fois M. Tournus dans les rues de Paris, notamment dans la rue Castiglione).

M. le Docteur Moreau tenait ces renseignements du fils même de M. Tournus.

Je répondis à M. le médecin aliéniste que je n'en voulais nullement à la vie de M. le Directeur général, et que l'arme d'un honnête homme serait toujours la plume et non le poignard de l'assassin !

C'est donc dans l'unique intérêt de sa conservation personnelle que M. Tournus avait donné à la police le conseil de m'éloigner de Paris. Et, c'est ainsi que les personnes haut placées font souvent leurs propres affaires, en paraissant n'agir que pour le compte du gouvernement.

Si, à Bicêtre, je fus habillé, nourri et logé gratis, bien que d'une manière très-sale et nullement commode, il n'en fut pas de même à Charenton. Comme je ne voulais payer, que contraint et forcé, on fit une opposition officieuse sur les fonds de mon cautionnement, ainsi que le constate la quittance dont je possède l'original et que je vais transcrire :

« Ministère de l'Intérieur. Maison nationale de Charenton.
» Reçu de M. Campmas, employé à la direction de la dette ins-
» crite, la somme de quarante et un francs, quarante centimes,
» pour solde du compte de M. Roustan, ex-pensionnaire de la
» maison de Charenton.

» Paris, le 16 Décembre 1852.

» Le Receveur-Comptable, DAULNOY. »

Ainsi, quand on n'a pas eu des motifs suffisants pour me livrer aux tribunaux (1), on m'a livré à la police ; et, chose cruel-

---

(1) En vertu d'un arrêt de la cour impériale de Paris, chambre des appels de police correctionnelle, en date du 22 janvier 1858, j'ai subi, en 1859, à Valenciennes (Nord), trois mois de prison,

lement plaisante, *après m'avoir fait passer pour fou et m'avoir fait traiter comme tel, on m'a gardé rancune* ; ce qui était une énorme maladresse : cet envoi à Charenton et à Bicêtre m'avait abattu et démoralisé, tandis que j'ai repris mes forces et, par suite, toute mon audace, du moment que j'ai pu me convaincre que les colères que j'avais provoquées, pour être plus sourdes, n'en étaient que plus durables (1).

Un pauvre fou, me disais-je, même lorsqu'il est guéri, exciet un sentiment de pitié et de commisération : on le plaint, mais on ne le hait pas.

Eh bien ! qu'on rapproche ces deux dates significatives, et l'on pourra porter un jugement sûr : Je suis sorti de Bicêtre le 25 novembre 1852 et je n'ai été replacé que le 9 juillet 1855, sur la demande spéciale de M. Mareau, mon beau-père, alors receveur de l'enregistrement et des domaines à Metz (Moselle).

Dans cet intervalle, Dieu sait tout ce que j'ai souffert !

En ce qui me concerne, et ainsi que je l'avais dit dans ma préface des *Réformes urgentes* (voir la page 199), je n'avais cité des noms propres et publié une correspondance administrative que par amour de la vérité, et dans la crainte qu'on ne prît mes affirmations pour le rêve d'un cerveau malade.

Si, dès lors, vous nommez les personnes, avec preuves à l'appui, vous vous rendez coupable de diffamation et vous vous exposez à être traduit devant les tribunaux ; et si, au contraire, vous vous

---

par suite de la *publication* faite à Paris, en 1857, d'un volume in-8°, avec ce titre : *Des réformes urgentes à opérer dans l'administration de l'Enregistrement et des Domaines.*

M. Tournus, alors directeur-général, se prétendant diffamé, avait porté plainte en son nom personnel. Sur ce chef, je fus absous.

En somme je ne fus condamné que pour des critiques générales qui certainement étaient fondées, et dont les successeurs de M. Tournus, décédé en 1863, ont fait, depuis, leur profit.

(1) Les particuliers meurent, mais les corps collectifs ne meurent point. Les mêmes passions s'y perpétuent ; et leur haine ardente, immortelle comme le démon qui l'inspire, a toujours la même activité.

(J.-J. Rousseau, *Rêveries*, 1re Promenade)

en tenez à de simples allégations, sans produire aucune preuve, vous êtes traité d'imbécile et de fou.

Avec une telle jurisprudence et avec une tactique aussi habile, les partisans des abus seraient trop à leur aise, si l'on n'avait pas le courage de déjouer leurs manœuvres occultes et leurs calculs astucieux.

Aussi, pouvons-nous affirmer que le règne des sycophantes administratifs et politiques touche à son terme !

Extrait, pages 350 à 357, d'un ouvrage prohibé en France par la police impériale, imprimé à Bruxelles, rue Pachéco, n° 12, par Guyot, en 1859, et dont je transcris littéralement le titre : *Considérations administratives et politiques sur l'insuffisance du traitement des préposés de l'administration française de l'Enregistrement et des Domaines, par Fortuné ROUSTAN, receveur en disponibilité de la même administration, détenu dans les prisons de Valenciennes, du 28 Novembre 1858 au 21 Février 1859 (trois mois, par suite de la publication, faite en France, de son ouvrage des RÉFORMES URGENTES à opérer dans l'administration de l'Enregistrement et des Domaines, 2e édition), et du 7 au 24 Novembre 1859 (17 jours arbitrairement et en vertu des lois de sûreté générale, par suite de la publication, faite à Bruxelles, d'un autre de ses ouvrages :* LE LIBRE-ÉCHANGE, LA DOUANE ET LES CONTREBANDIERS).

L'introduction en France de la 2e livraison de L'INSUFFISANCE DU TRAITEMENT, 2e livraison comprenant les pages 185 à 428, a été expressément et arbitrairement prohibée par décision du ministre de l'intérieur :

Ces deux publications avaient pour épigraphe.

« La force a fait les premiers esclaves :
» Leur lâcheté les a perpétués ! »
(J.-J. Rousseau : contrat social).

---

(3) *Plus que l'Orléanisme et le sang détesté*
Qui prend l'orgueilleux nom de légitimité.

Devant Dieu et en fait de race Royale ou de race quelconque destinée à régner, aucune n'est légitime, en ce sens que l'avenir doive lui appartenir exclusivement.

Dieu, dans ses décrets éternels, se sert tantôt d'une race royale, tantôt d'une autre, alternativement, et avec des solutions de continuité.

Il ne donne aux peuples que les gouvernements qu'ils méritent; et, à titre de châtiment ou de bénédiction, il abaisse ou élève tour à tour telle race ou telle autre (*confregit in die iræ suæ reges*).

L'avenir n'appartient pas à Henri V. Cet énervé ne règnera jamais sur la France. Il y a dans cette famille des crimes secrets et des turpitudes publiques qui ont attiré sur elle la juste colère de Dieu. Le long martyre du masque de fer est au nombre de ces crimes; et voilà pourquoi Dieu frappe maintenant cette race de stérilité!

La race orléaniste est encore plus coupable devant Dieu et ne pourra jamais régner qu'à titre de châtiment et de calamité publique! C'est une pseudo-race *trop amie de l'argent même acquis par le crime*, et qui n'est pas de sang royal. L'océan tout entier ne suffirait pas à laver les taches de sang qui la souillent.

Les anathèmes qui sont lancés dans ma prophétie contre la *Légitimité* ne s'adressent qu'au *sang royal* et nullement aux personnes très-honorables de ce parti.

A la dynastie des Bourbons, Dieu entend substituer celle de Napoléon IV. Une fusion est d'ailleurs impossible; car, lorsqu'une race royale dégénère et s'épuise, on doit la laisser s'éteindre et non penser à la renouveler. Ce que les légitimistes ont dès lors de mieux à faire, c'est de se rallier franchement au gouvernement de Napoléon IV, comme l'honorable M. de la Rochejaquelein et M. le marquis de Pastoret se sont ralliés en 1851 au gouvernement de Napoléon III. Cette politique de conciliation est conforme aux volontés du ciel et doit plus que jamais être adoptée.

Permettez-moi maintenant, messieurs, de vous dire encore un mot sur mon séjour à Bicêtre.

(*Murmures prolongés. Assez, assez! Nous ne voulons pas d'un orateur intarissable, d'un Ferrouillat numéro deux*).

L'orateur laisse passer ce tumulte et reprend son discours avec l'esprit de douceur et de calme d'un pauvre halluciné.

Messieurs, leur dit-il, vous ne m'aurez pas toujours parmi

vous, car je ne suis pas un orateur ordinaire; je ne tiens à parler qu'une fois, mais au moins une bonne fois, et à rentrer ensuite dans mon néant et mon silence.

L'ordre du jour n'est point chargé, puisque c'est la seule cause inscrite au rôle. (Se tournant vers la droite et vers les Bonapartistes), permettez-moi donc, messieurs, de faire appel à une bienveillance dont vous m'avez déjà donné tant de preuves. Si j'entre dans certains détails personnels, croyez-le bien, ils ne sont pas étrangers à mon sujet; car il s'agit d'établir que je n'ai jamais été fou; que, par suite, *il est bien certain que Dieu et Jeanne Darc m'inspirent*; et que dans peu de temps dès lors et avec leur aide, la France, régénérée par le sentiment religieux, recouvrera et conservera pour longtemps l'Alsace et la Lorraine (*Applaudissements à droite et du côté des Bonapartistes*).

Je suis né à La Roquebrussanne, département du Var, le 20 décembre 1821. Le mot Roquebrusanne signifie *Roc brun*, et mes ennemis affirment que j'ai la tête aussi dure que les rochers de mon pays natal (*Rires*). Ces mots du psalmiste, *in petrâ exaltavit me*, me sont peut-être applicables (*Nouveaux rires*).

Quelque temps avant sa mort, je demandai à mon excellent et vertueux père, Emmanuel-Jean-Paul-Henri ROUSTAN, décédé garde-magasin contrôleur du timbre à Draguignan (Var), au mois de mars 1854, si, à ma naissance, il s'était passé quelque chose d'extraordinaire. — Oui, répondit-il, car jamais on ne vit un enfant venir au monde d'une manière aussi brusque et d'un air aussi résolu. S'il faut dès lors en croire mon pauvre père *Jean-Paul* (Thérèse MERCURIN, sa mère, le nommait ainsi); s'il en faut croire mon père Emmanuel-Jean-Paul-Henri ROUSTAN, je fus audacieux dès le sein de ma mère, et ma naissance fut celle d'un casseur de vitres (*Rires prolongés*). Je m'en doutais d'autant moins que mon enfance et ma jeunesse furent des plus obscures et des plus timides, et que j'ai toujours eu, avec un grand fonds de naïveté, le caractère simple et sans malice de mon bon et infortuné père *Jean-Paul*.

Si mon plaidoyer a du succès, comme il n'est pas mon œuvre, mais bien celle du Saint-Esprit et de Jeanne Darc, je m'oppose formellement à ce que mon portrait soit rendu public. Les auteurs, tels que mon confrère Emile (voir son volume compilatif sur *l'impôt*), qui annoncent avec fracas la vente simultanée de leur portrait et de leurs indigestes élucubrations, manquent à toutes les lois de la décence et de l'humilité, et s'attirent le juste mépris des hommes de tact et de bon goût.

J'autorise mes ennemis à dire publiquement que je suis un *ancien pensionnaire forcé, et seulement pour quelques jours, de Charenton et de Bicêtre*, établissements où l'on ne m'avait enfermé, ainsi qu'on l'a vu, que par suite d'une fausse appréciation de mes actes et de mon caractère. Mais si mes ennemis me traitaient sérieusement de fou, ou d'ancien pensionnaire réel de Charenton et de Bicêtre, ma position de père de sept enfants vivants, sur douze que j'ai eus, et la nécessité de ne point laisser pour tout héritage à ces mêmes enfants un nom obscur et avili, m'obligerait, contre mon gré, à livrer impitoyablement les calomniateurs à toute la sévérité des tribunaux.

Ma femme m'a déclaré très-expressément qu'elle aimerait mieux recevoir sur le dos, et même sous la plante des pieds, cinquante coups de nerf de bœuf, que de me voir reprendre la plume. A son point de vue, ma femme a raison et parfaitement raison; car ma carrière littéraire ne lui rappelle que de cruelles souffrances précédées ou accompagnées de saisies arbitraires et préventives, d'amendes et de frais de toute nature, d'arrestations et d'emprisonnements plus ou moins mérités, de séjours onéreux en Belgique et ailleurs, et d'autres émotions et péripéties tout aussi tristes et douloureuses. Mais si l'écrivain ainsi traqué et poursuivi peut prouver qu'il a toujours été irréprochable, et que, depuis bientôt vingt-cinq ans, la calomnie pèse sur lui, il est de son devoir, en rétablissant la vérité des faits, de sauvegarder son honneur et celui de ses sept enfants. La tranquillité d'une mère de famille innocente et malheureuse, et qui n'a jamais approuvé les hardiesses de son mari, ne doit venir qu'après.

Je continue ma narration.

A Bicêtre je fus obligé, de par les règlements administratifs d'endosser le costume du pauvre et du mendiant (notamment une longue capote de militaire, bleu clair, dont les manches étaient trop courtes d'un tiers de mètre, et un grossier chapeau de paille tout aussi bien approprié à ma figure).

Je me consolai de cette *humiliation volontaire* par le distique suivant :

« *De l'amertume, hélas, épuisons le calice;*
» *Et, résigné, du pauvre endossons le cilice.* »

Sous ce costume pittoresque, avec ma grande taille, ma maigreur, mon teint pâle et mes longs bras, je devais ressembler assez bien à mon confrère Don Quichotte, dont je poursuis les idées, mais avec plus de succès, je l'espère.

Dans un ouvrage non signé publiquement, et ayant pour titre : *Victorine, histoire très-véridique d'une jolie femme du quartier Bréda; Paris, chez tous les libraires du Palais Royal et chez l'auteur, rue Richelieu,* 49 (1), — 1854; In-12, de 126 pages, en fins caractères, je dépeins ainsi le régime matériel de Bicêtre (pages 114 et 115).

---

(1) Dans une deuxième et prochaine édition de la présente brochure, je dirai clairement et avec détail ce qu'était VICTORINE.

« Dans le dortoir commun, on se livre, toutes les nuits et » continuellement, à de si dégoûtantes ordures, que, pour ». me soustraire à tant d'horreurs et de saletés, je deman- » dai et j'obtins, par faveur spéciale, la loge décente et soli- » taire du fou furieux.

» Ces saletés sont tellement révoltantes, que nous croyons » utile d'en dire quelques mots, dussions-nous blesser les » oreilles les moins délicates.

» Dans chaque dortoir commun, composé d'environ 72 » lits, un seul vase de nuit, en tôle, renfermé dans un coffre » en bois et assez semblable aux ustensiles qui reçoivent le » résidu et les eaux sales du ménage, sert pour vingt ma- » lades. Or, les lieux d'aisances de l'établissement sont » tellement infects et peu commodes, que beaucoup de ces » malades attendent l'heure du coucher pour satisfaire com- » plétement aux plus honteux besoins. Le dortoir commun » (qu'on nous passe cette expression, quelque crue et quel- » que peu gazée qu'elle soit, car nous la croyons nécessaire » pour rendre exactement notre idée), *le dortoir commun* » *est donc transformé toutes les nuits en véritables latrines*, et » c'est aux pieds de votre lit que de pareilles ordures ont » lieu, non pas accidentellement, mais sans cesse et à tour » de rôle.

» Tantôt c'est un malade en proie à des coliques, qui vous » éveille au bruit de ses nauséabonds efforts ; tantôt c'est » un autre malade qui, bien que se livrant à une opération » moins dégoûtante, fait le remue-ménage le plus complet » et apporte à votre odorat les parfums les plus pesti- » lentiels.

» Cet agréable passe-temps est à peine interrompu de » quart d'heure en quart d'heure ; c'est toujours l'un ou » l'autre qui se lève, et il est tels individus auxquels cela » arrive trois et quatre fois de suite.

» Voilà avec quelle aimable compagnie on avait jugé à » propos de placer l'auteur de cet ouvrage! Comme on doit » le penser, il ne pouvait fermer l'œil. Une fois même, il » pria et supplia le garçon de la salle d'enlever le coffre à » parfums et ses ordures. Celui-ci ouvrit alors le vase à peu » près de la même manière qu'un cuisinier ôte le couvercle » d'une casserolle pour s'assurer qu'un mets cuit convena» blement, et il se contenta de répondre : *Oh ! ce n'est en» core plein qu'à moitié*; après quoi il referma le vase sans » émotion comme sans dégoût.

» Ces saletés, à Bicêtre, sont passées à l'état normal et » forment en quelque sorte le pain quotidien du régime » nocturne.

» *C'est aussi un moyen très-ordurier de demander et au » besoin de forcer l'étrenne*; et c'est ce qui explique pour» quoi, n'ayant pas eu la précaution de donner un gâteau » pécuniaire au cerbère de la salle, le coffre à parfum fut, » la seconde nuit de notre installation, placé aux pieds » même de notre lit.

» Il est difficile qu'une personne délicate s'habitue à un » tel régime ; et il serait à désirer, ce nous semble, qu'on » fît le triage, d'une part, de ceux qui aiment la propreté » et, d'autre part, de ceux qui, comme les pourceaux les » plus immondes, se trouveraient parfaitement à l'aise » dans les cloaques les plus infects. On pourrait ainsi sépa» rer l'épi de l'ivraie et épargner à certaines organisa» tions les supplices les plus douloureux.

» A Charenton, où il s'agit cependant du même per» sonnel, cette séparation est faite avec soin ; aussi n'y » avons-nous jamais vu de pareilles infamies. Il y a donc » moyen de les éviter, et Bicêtre ne devrait pas avoir le » honteux privilége des turpitudes les plus dégoûtantes! »

C'est par allusion sans doute à mon costume de pauvre et de mendiant et au fumier dans lequel j'ai vécu à cette époque, que, depuis bientôt douze ans, depuis le mois de novembre 1864, le Démon, sans doute pour se moquer de moi, ne cesse de me souffler à l'oreille que ces paroles du psalmite : *suscitans à terrâ inopem et de stercore erigens pauperem ut collocet eum cum principibus, cum principibus populi sui*, me sont applicables ; et que le prince dont il s'agit est bien Napoléon IV. (*Vifs applaudissements d'un côté de la Chambre; Rumeurs, sarcasmes et rires prolongés du côté de la gauche entière*).

La Séance reste interrompue pendant *quelques minutes.*

L'orateur reprend ainsi son discours:

J'arrive à ma troisième prophétie principale, sans parler des prophéties accessoires (*Mouvement*).

Troisième prophétie.

Cette prophétie, qui a également date certaine par l'impression, est contenue dans un écrit de 36 pages en petit in-8°, publié à Bruxelles et à Paris, et dont je transcris littéralement le titre.

L'ANTI-LABIÉNUS

PLUS DE LOIS DE SURETÉ GÉNÉRALE !

Juste appréciation de l'Empereur Napoléon III

Par FORTUNÉ ROUSTAN

Son mamelouk moral.

DEUXIÈME ÉDITION

« NOTA. — La *Petite Revue*, éditée à Paris, rue de
» Richelieu, 78, par René PINCE-BOURDE, et plusieurs
» grands journaux de Paris et de Bruxelles, ont donné
» ironiquement à l'auteur cette qualification de mamelouck,
» qu'il prend dès lors à titre de représailles et d'une ma-
» nière sérieuse. Le seul moyen, en effet, de n'être pas
» atteint par le ridicule, c'est de le braver ouvertement et
» publiquement et de se mettre au-dessus de lui ! »

BRUXELLES ET PARIS

CHEZ TOUS LES LIBRAIRES

Juillet 1865

Ma troisième prophétie est insérée à la page 24 (*nota*) de la brochure dont il s'agit, et en ces termes :

« Exalté, halluciné, ou parfaitement calme, j'ai tou-
» jours les mêmes sentiments : oui, j'affirme que Notre
» Seigneur Jésus-Christ, surtout après que j'ai eu le
» bonheur de le recevoir dans la sainte communion, *et à*
» *moins que, depuis plus de six mois, je ne sois dupe d'une*
» *illusion persistante*, me dit que l'avenir politique appar-
» tient réellement à S. M. Napoléon III et à sa dynastie,
» et que l'Empereur règnera au moins vingt ans encore et
» sera remplacé pacifiquement par le prince impérial,
» *mais à la charge de protéger le Pape et le catholicisme, et*
» *de continuer à réprimer l'impiété et les excès de la presse.* »

« Bruxelles, le samedi 13 mai 1865, hôtel de l'Amitié,
» place Rouppe, n° 8. »

Nota. — Les mots soulignés ci-dessus sont également soulignés dans la prophétie originale.

Moi-même et tant que j'ai fréquenté les sacrements de pénitence et d'eucharistie, je n'ai jamais douté que cette prophétie ne m'eût été inspirée par Notre-Seigneur Jésus-Christ lui-même.

Napoléon III, sous l'empire d'une fausse sagesse humaine, qui n'est point la sagesse selon Dieu ; Napoléon III ayant fait l'inverse de ce qui était indiqué comme condition de l'accomplissement de la prophétie, c'est-à-dire ayant laissé propager partout et jusqu'au fond des campagnes l'odieux livre du misérable Renan, ayant abandonné le Pape et ayant cessé de réprimer vigoureusement l'impiété et les excès de la presse ; Napoléon III a été justement puni par Dieu, ainsi que la France sa complice.

Mais maintenant que la faute est suffisamment expiée de part et d'autre, la France se relèvera en revenant à des sentiments plus religieux et en rendant un hommage public et solennel à la divinité de Notre-Seigneur Jésus-Christ.

Que la France renaisse donc à la vie et à l'espérance; car le temps des miséricordes approche; et, dans un avenir assez prochain, trois événements remarquables auront lieu successivement.

D'abord la canonisation de Jeanne-d'Arc, qui sera invoquée comme une très-grande sainte et qui deviendra la protectrice spéciale de la France.

Ensuite, l'avénement au pouvoir de Napoléon IV et des légitimistes, ses guides et ses alliés.

Enfin, l'expulsion définitive des Prussiens de la Lorraine et de l'Alsace. Ils en sortiront bien plus rapidement qu'ils n'y sont entrés.

Si l'ex-empereur des Français est tombé si prématurément du pouvoir et si le chagrin qu'il a ressenti de cette chute méritée a largement contribué à sa mort précoce, il ne doit s'en prendre qu'à lui-même et à ses agents. Je n'ai cessé de l'avertir que ces derniers abusaient des lois de sûreté générale. (Voir les pages 5 à 14 de ma brochure : *Plus de lois de sûreté générale. — Juste appréciation de l'Empereur Napoléon III, par le* MENDIANT EN HABIT NOIR *de la Chambre des représentants belges; Bruxelles, juillet* 1865).

Quoique je fusse, à cette époque, sans aucune espèce de fortune (ma position s'est améliorée depuis), je me rendis exprès à Bruxelles, m'imposant toute espèce de privations, afin d'éclairer par la voie de la presse un Empereur que personnellement j'ai toujours aimé, et que l'on poussait dans une voie fausse et dangereuse. Mes brochures n'arrivèrent pas jusqu'à lui et son incapable entourage le fit enfoncer de plus en plus dans un bourbier infect et politique, dont Sedan fut le dernier mot. Oui, ce fut bien là, pour lui et pour la France, le châtiment et l'expiation.

Si ma raison et mon cœur sont dès lors pour l'Empire, je suis bien loin de vouloir en ressusciter les abus.

Un abus très-criant, c'était la séquestration arbitraire, dans les maisons de fous (Charenton, Bicêtre, Sainte-Anne) de tout individu qui portait ombrage à la police impériale ou à quelque ministre tout-puissant : témoin les affaires Sandon, Larivière, Lermina, etc......

Les maisons de santé sont sous la direction de médecins en chef généralement athées ou matérialistes. Or, des médecins matérialistes ou athées ne pourront jamais guérir les fous.

Dieu et Jeanne Darc m'ordonnent dès lors d'affirmer énergiquement la doctrine suivante :

Ainsi que l'enseigne expressément l'Evangile, la folie est produite en général par un mauvais esprit invisible, un démon qui, *par la permission de Dieu et comme châtiment*, entre pour un temps plus ou moins long dans le corps d'un homme ou d'une femme, et y produit des lésions organiques. La folie, il est vrai, est le résultat matériel de ces lésions; mais c'est le mauvais esprit invisible qui produit la lésion. La lésion cérébrale ou autre, est donc, si l'on veut, la cause occasionnelle de la folie ; mais la cause réelle et efficiente, c'est bien le démon.

Il y a deux sortes d'esprits : les bons et les mauvais.

Les bons esprits font régner, comme Dieu, l'ordre et l'harmonie : on les reconnaît à leurs œuvres et à leurs bonnes inspirations.

Les mauvais esprits n'aiment que la guerre et le désordre : comme on le dit vulgairement, ils ne cherchent que plaies et bosses, et sont les instigateurs de tous les crimes.

Un bon artiste ne peut faire admirer son talent, que si l'instrument dont il se sert est d'accord et en bon état.

Pour l'âme, le corps est son instrument : le mauvais

esprit dérange cet instrument et produit la plus horrible cacophonie.

Le bon esprit, au contraire, conserve et améliore cet instrument et produit les plus harmonieuses consonnances.

Les médecins aliénistes qui prétendent guérir les fous par des douches ou d'autres supplices cruels, se trompent grossièrement : même en cas de guérison réelle, ils s'attribuent un mérite qu'ils n'ont pas. Au temps fixé par Dieu comme terme du châtiment, l'esprit mauvais aurait, sans leur intervention, quitté le corps du malade, et celui-ci serait revenu tout naturellement à la raison. C'est Dieu seul qui donne l'intelligence et qui seul l'ôte quand il lui plait.

La meilleure manière de guérir les fous, c'est la prière fervente et sincère, une charitable commisération et les bons procédés.

Des religieux en état de grâce et ordonnés prêtres devraient seuls dès lors diriger les maisons de santé. Les médecins athées ou matérialistes sont, pour ces maisons, une véritable peste !

Il faut les en expulser immédiatement et impitoyablement. *Dieu et Jeanne Darc, qui m'inspirent présentement ce que j'écris, le veulent et l'ordonnent.*

En attendant cette réforme indispensable, un simple certificat de médecin ne suffira plus pour faire envoyer dans une maison de fous : il faudra l'avis conforme du tribunal, après débat contradictoire.

Dans les maisons de santé, il se commet des crimes secrets qui restent impunis (j'en ai été témoin). On y maltraite des malades de la manière la plus horrible (j'en ai été témoin) ; des gardiens brutaux vont même jusqu'à les assommer (j'en ai été témoin).

Le gouvernement de l'ex-Empereur Napoléon III s'étant rendu coupable de séquestrations arbitraires dans les maisons de fous, n'ayant rien fait pour améliorer le régime *moral* de ces établissements, qu'il a laissé diriger par des médecins athées ou matérialistes; le *gouvernement de Napoléon III est, sur ce chef, d'infamante mémoire; Dieu et Jeanne Darc m'ordonnent de lui infliger cette flétrissure publique, afin que Napoléon IV ne marche point dans les mêmes voies et ne laisse pas commettre impunément de pareils crimes.*

Ces crimes restés impunis ont contribué pour une bonne part à la chute de Napoléon III.

Je reviens à mon sujet.

A Bruxelles et au moment même où je faisais imprimer une brochure en faveur de Napoléon III, j'en étais réduit, pour vivre, à faire appel à la charité des passants, et je déclamais, à l'extrémité de la galerie Saint-Hubert, opposée à la rue de la Madeleine, une pièce de vers républicaine, que je n'ai jamais fait imprimer et qui a pour titre :

UNE VISITE AU PANTHÉON, EN 1851.

Au Panthéon j'ai vu ce qu'on peut voir de pire :
J'ai vu traiter en Dieux des croûtes de l'Empire,
De ces hommes vendus, complaisants sénateurs,
Qui ne méritent pas, certes, de tels honneurs.
Quoi ! Vous déifiez ainsi le servilisme,
Le manque de courage et l'ignoble égoïsme !
Si désormais telle est ta destination,
Je ne t'admire plus, superbe Panthéon !
A peine si j'ai vu, dessous tes catacombes,
Quelques noms glorieux, quelques illustres tombes.
La France a produit plus que Voltaire et Rousseau.
De tant de morts fameux où donc est le caveau ?

Ou notre conducteur, pressé d'en finir vite,
A par trop abrégé notre courte visite;
Ou bien ceux qui se sont élevés au pouvoir,
Jusque sur les tombeaux ont placé l'éteignoir!
Panthéon! (de colère ici mon front se ride),
Quoi! tu ne serais donc qu'une demeure vide;
Tu ne recèlerais, fastueux monument,
Pas dix hommes de cœur, dix hommes de talent!
Quand leur nom vénéré figure dans l'histoire,
On ne le trouve pas au temple de mémoire!
Mais à quoi sers-tu donc? Fais connaître ton but.
Si tu dois abriter des héros de rebut,
Dès aujourd'hui je vais faire fermer ta porte
Et publier partout que notre gloire est morte;
Qu'en France l'on n'a pas le plus simple bon sens,
Qu'on recule toujours, qu'on marche à contre sens,
Qu'on n'estime jamais que les gens de fortune
Et que le Panthéon subit la loi commune!

On le voit, au fond, je suis républicain, dans le sens honnête du mot; ou, si l'on aime mieux, je suis un irréconciliable ennemi des abus et un partisan énergique de l'égalité devant la loi. Si je ne craignais point dès lors de me donner une importance ridicule et que je n'ai certainement pas, je pourrais peut-être dire, avec quelques apparences de raison, en me transportant à un avenir qui ne tardera pas à se réaliser :

«L'Empereur et moi sommes deux têtes faites pour nous
» comprendre.

« Sa Majesté Napoléon IV représente ce qu'il y a de no-
» ble et d'excellent dans le principe despotique. Je crois
» représenter à mon tour, ce qu'il y a de noble et d'excel-

» lent dans le principe républicain: car l'Empire n'est, à » mes yeux, que l'heureuse association du principe d'au» torité, avec le principe révolutionnaire. » (Pages 41 et 42 du *Droit de pétition devant le Corps législatif*).

C'est ce que j'ai développé sous une autre forme, dès les premières pages de mes *démêlés avec la police de Paris.*

« Sire,

» Comme vous j'appartiens à la révolution de 1789 et à » l'empire. Mon grand-oncle, le conventionnel Ricord, fut » un des trois commissaires, qui, en 1793, montèrent à » l'assaut de Toulon, de compagnie avec un jeune homme » inconnu jusqu'alors et qui remplit bientôt le monde entier » de sa gloire.

» Mon aïeul paternel était garde-magasin des approvi» sionnements dans l'armée d'Italie; et, en 1815, le capi» taine Roustan, mon oncle, à peine âgé de trente ans et » décoré sur le champ de bataille, brisa son épée plutôt que » de la mettre au service des Bourbons.

» Quoi qu'il en soit, et en ce qui me concerne, je suis né » avec le plus malheureux des défauts, surtout pour un » fonctionnaire public. Il paraît qu'un sang révolution» naire bouillonne dans mes veines, et je n'ai jamais su ni » flatter ni rendre flexible mon épine dorsale. Aussi, quel» que illustre que soit votre nom, je ne m'étais nullement » laissé séduire par le prestige qu'il inspire.

» Quand au 10 décembre 1848, le peuple, par une es» pèce d'instinct, vous acclamait déjà Empereur avec le » plus vif enthousiasme, je ne pensais qu'à Ledru-Rollin » et aux charlatans du socialisme. Tandis que vous médi» tiez en silence, ils faisaient grand bruit et grand embarras, » vous dépeignant comme un Prince d'une intelligence à » peu près égale à celle du crétin. Je tirai de cette affirma-

» tion la conséquence que les socialistes seuls possédaient en » matière de gouvernement, la panacée universelle.

» Bien qu'ils n'eussent jamais fait qu'embrouiller et » désorganiser, comme ils avaient l'habileté de rejeter le » fardeau sur vos épaules, et de vous déclarer responsable » de leur incapacité profonde, en vrai provincial ignorant » et en franche dupe que j'étais, je finis de très-bonne foi » par les croire. Avant de vous connaître, je fus donc votre » ennemi, car j'étais bien décidé, comme je le suis encore, » à ne m'incliner que devant le mérite réel.

» Ainsi imbu sur votre compte d'idées entièrement faus- » ses, je me permis, dans les journées des 2, 3, 4 et 5 dé- » cembre 1851, de me mêler parmi les groupes d'ouvriers » et de les exciter en quelque sorte à la révolte. Le 3 dé- » cembre, notamment, je pérorais à la place de la Bastille, » auprès de la colonne de Juillet; et, quand on dispersait » les rassemblements, je faisais comme tant d'autres : je » me servais de la célérité de mes jambes de jeune » homme.

» Toutefois, j'avais jugé d'un seul coup-d'œil la situa- » tion perdue : la résistance était évidemment aussi inutile » qu'insensée; les dispositions étaient trop bien prises; et » tous, amis ou ennemis, ne pouvaient s'empêcher de dire : » ma foi, c'est bien joué !

» Dans les journées de décembre, je fus donc réellement » coupable, mais j'eus l'heureuse chance de ne pas tomber » en de mauvaises mains.

» Rentré, deux mois après, dans le département du Var, » je pus étudier, sur les lieux mêmes, les causes de l'insur- » rection déplorable de mon pays.

» Rien de noble n'avait soulevé les masses. Là, elles » n'avaient point, comme à Paris, la misère pour excuse : » presque tous les paysans sont de petits propriétaires, et

» les journées qu'ils emploient au service des autres leur » sont convenablement payées. Mais les clubs avaient » excité au suprême degré la haine du pauvre contre le » riche : le paysan voulait obliger celui-ci à bêcher la terre » à son tour, et ce thème favori défrayait le plus souvent » les conversations de nos démagogues. Ils ne remar- » quaient point que la nécessité seule fait qu'on se plie aux » conditions inférieures de la société, que c'est là une » loi naturelle qu'on ne changera jamais, et qu'il est aussi » ridicule de vouloir forcer un paysan à manier continuel- » lement la plume, qu'un bureaucrate à labourer les » champs du lever de l'aurore au coucher du soleil.

» La plus détestable des passions, la haine donc était le » mobile des insurgés du Var : aussi ne firent-ils rien de » grand, et leur courage eut-il même une éclipse.

» En somme, ils agirent selon les habitudes des gens » du Midi : beaucoup de menaces, de bravades et de bruit, » mais fort peu d'actes. C'est tout ce qu'ils surent mettre » en œuvre ; et cette insurrection, qui de loin eut un funè- » bre retentissement, se réduisit à une échauffourée tragi- » quement grotesque : à prendre quelques personnes en » otages, et à tourner les talons dès qu'il fallut engager un » combat sérieux qu'on n'était guère décidé à soutenir.

» Bref, cette fameuse insurrection ne fut qu'une étour- » derie inoffensive de paysans dépourvus d'intelligence, » et bien certainement plus égarés que coupables.

» Cependant cette manière d'entendre le progrès, cet » appel dangereux à l'envie et à la haine, me dégoûtèrent » profondément des socialistes, attendu qu'en ce qui me » concerne, ce n'est point par le désordre que j'espérais » arriver à des résultats utiles.

» Ainsi, j'ai bien appartenu au socialisme ; mais je n'ai » jamais entendu par là que la réforme des abus, dans la

» mesure de ce qui est possible et en tenant compte toutefois
» de l'imperfection humaine.

» Dès lors, en voyant de près de quelles impures passions
» on osait se servir, je me désillusionnai complétement; et
» je compris que les gens honnêtes, les gens modérés, ne
» devraient jamais, même dans un but louable, remuer les
» bas-fonds de la société démocratique (1).

» Or, comme ce qui se passait dans mon département
» était de même nature que ce qui se passait ailleurs, il
» est évident, Sire, que vous avez eu raison, parfaitement
» raison de comprimer l'anarchie et d'étouffer des passions
» détestables (2).

» J'avais donc calomnié votre grand acte du 2 décem-
» bre 1851, et je jurai de réparer publiquement ma faute
» (en composant, en publiant et en déclamant en plein
» air, les prophéties dont j'ai longuement parlé. — Voir
» les pages 6, 13, 19, 25 ci-dessus).»

Conclusion

En résumé, et au point de vue politique, mes convictions sont toujours les mêmes. Si la République était *sérieusement* possible, je serais encore républicain : mais la base d'un tel gouvernement, c'est le dévouement et la

---

(1) C'est ce qu'on appelle aujourd'hui l'avènement des nouvelles couches sociales : ce qui sent singulièrement le fumier; outre que lorsqu'on remue de l'eau dont le fond est sale et trouble, c'est toujours la partie putride qui tend à prendre le dessus.

(2) Les mêmes qui ont éclaté depuis, avec une terrible et sauvage énergie, au mois de mai 1871.

vertu, tandis que nous vivons dans un siècle de matérialisme et de décadence.

Maintenant donc que je connais les hommes et les choses, je m'écrie hardiment :

Fi des ambitieux, tristes déclamateurs (1),
Charlatans de la politique :
Non, jamais on ne put, sur les débris des mœurs,
Elever une République !

Et c'est ainsi que je suis pour l'Empire, parce que l'*Empire c'est la République dans ce que celle-ci* a de bon et de praticable.

(*Le Mariage de l'Empereur*, page 2).

(*A bas l'orateur, à bas l'orateur !* crie la gauche tout entière d'une voix immense et unanime; *à bas l'orateur !*) »

Si ma conclusion ne vous convient point, reprend l'orateur sans s'émouvoir ni se déconcerter, je vais vous en donner une autre et en peu de mots :

DIEU ET JEANNE DARC NE VEULENT PAS D'UNE RÉPUBLIQUE BORGNE ET ATHÉE, ET GOUVERNÉE PAR DES BORGNES !

Tumulte effroyable et prolongé.

Les bonapartistes applaudissent à outrance et à tout rompre.

Les orléanistes, les républicains et les radicaux poussent, non pas des clameurs, mais de véritables hurlements.

Ils ne s'en tiennent pas là : ils escaladent la tribune et en arrachent l'orateur.

---

(1) Le borgne et lourd Gambetta et toute sa clique immonde et athée.

Celui-ci, d'une voix énergique, stridente et qui domine le tumulte, proteste contre cette violation de l'immunité parlementaire, et s'écrie, avec la figure, le ton et les gestes d'un prophète et d'un inspiré :

Deus illuminatio mea et salus mea; quem timebo?

Dominus, protector vitæ meæ; à quo trepidabo?

Si consistant adversùm me castra, non timebit cor meum.

Annuntiavi justitiam tuam in ecclesiâ magnâ; ecce labia mea non prohibebo, Domine, tu scisti.

Ego autem mendicus sum et pauper : Dominus sollicitus est mei.

Il est sept heures : la séance est levée.

Elle a duré cinq heures complètes, comme la fameuse séance dans laquelle le député radical Ferrouillat, un méridional aussi, avait parlé pendant ce laps de temps, *sans même avaler une goutte d'eau.*

Les deux orateurs se valent en énergie et en tenacité : ils ont fait leurs preuves.

Cette double séance marquera dans les fastes parlementaires et il en sera gardé longtemps le souvenir.

FIN DE LA SÉANCE EXTRAORDINAIRE
DE L'ASSEMBLÉE NATIONALE

Laus Deo

COMPLÉMENT INDISPENSABLE

DE LA PRÉSENTE BROCHURE

Comme preuve que nos sentiments envers l'Empire ont toujours été les mêmes, *sans néanmoins avoir jamais approuvé ses abus*, nous compléterons notre *séance extraordinaire de l'Assemblée nationale*, par la citation de quelques passages de l'*Anti-Labiénus*, brochure publiée à Bruxelles et à Paris, au mois de juillet 1865.

CITATION TEXTUELLE

I

A bas les lois de sûreté générale !

Le sieur Fortuné Roustan, libraire à Versailles, a placardé lui-même, sur les murs des principales places de cette ville, une affiche manuscrite ainsi libellée :

Extrait d'une pétition adressée au Sénat.

LA FORCE A FAIT LES PREMIERS ESCLAVES :
LEUR LACHETÉ LES A PERPÉTUÉS !
(*Maxime présentée dans un sens religieux*).

VIVE L'EMPEREUR

et, A BAS

LES LOIS DE SURETÉ GÉNÉRALE !

« Une victime de ces lois, qu'il est urgent d'abroger, et qui,

» pendant son injuste détention, a été témoin de nombreux abus
» de pouvoir,

» Fortuné Roustan,

» libraire, à Versailles, rue d'Anjou, n° 12, ancien
» Receveur de l'Enregistrement et des Domaines,
» auteur d'un ouvrage qui s'imprime à Bruxelles
» avec ce titre : *A quelles conditions l'Empire*
» *sera éternel.*
» Affiche apposée le 19 janvier 1865. »

A raison de ce fait, le sieur Roustan a été condamné, par le tribunal correctionnel de Versailles, le 8 mars 1865, à seize francs d'amende et à trois mois de prison, *pour manque de respect aux lois de sûreté générale, et pour apposition d'affiches sans l'autorisation de la police.*

La Cour impériale de Paris a réduit les deux peines à quinze jours de prison.

L'arrêt, dans le fait rendu par défaut, bien qu'il soit qualifié de définitif et de contradictoire, est à la date du 26 avril 1865. Ni le sieur Roustan, ni Me Coulon, son avocat, n'étaient présents à cette audience.

Par suite de circonstances indépendantes de sa volonté, le sieur Roustan, ayant manqué le train de 10 heures et 1/2 au chemin de fer de Versailles, n'est arrivé devant la Cour impériale de Paris, qu'à une heure moins vingt minutes, après que son affaire venait d'être jugée. Il a demandé de suite, à être entendu dans ses conclusions; mais M. le président de la Cour, M. Saillard, n'a fait aucun droit à une requête qui, évidemment était légitime.

Voici qu'elles étaient les conclusions du sieur Roustan :

CONCLUSIONS MOTIVÉES

§ 1.

En ce qui concerne la peine de seize francs d'amende, pour contravention aux articles 1er et 5 de la loi du 10 décembre 1830 (apposition, sans l'autorisation de la police de Versailles, d'affiches traitant d'objets politiques) :

Attendu que les articles 1er et 5 de la loi du 10 décembre 1830, doivent être combinés avec l'article 45 de la Constitution du 14 janvier 1852, avec le décret impérial du 7 novembre 1863, et avec l'article 30 d'un autre décret impérial du 30 avril 1864;

Que le droit de pétition auprès du Sénat, conféré aux citoyens par l'article 45 de la Constitution, est général et absolu, et sans limites comme sans réserve;

Que, d'après l'article 30 du décret du 30 avril 1864, les pétitions transmises au Sénat, doivent être discutées en séance générale, et, par suite, être rendues publiques au moyen de leur insertion, au moins par extrait, dans le *Moniteur* et dans les autres journaux;

Qu'un décret impérial du 7 novembre 1863 a désigné six conseillers d'État, comme commissaires du gouvernement, pour prendre part devant le Sénat à la discussion des pétitions; ce qui prouve toute la sollicitude de S. M. l'Empereur pour les droits des citoyens, aux pétitions desquels il entend donner toute la satisfaction et toute la publicité désirables;

Que les citoyens ont dès lors le droit, non seulement de présenter des pétitions au Sénat, mais encore de les publier ou faire publier, au moins par extrait, soit dans le *Moniteur*, soit dans les autres journaux;

Attendu que, qui peut le plus, peut le moins. Or, l'affichage n'étant qu'un des divers modes de publicité publier l'extrait d'une pétition, par voie d'affichage, dans une seule ville, c'est donner à cette pétition une publicité bien moindre que celle qui fût résultée pour la France entière, au moyen d'une insertion au *Moniteur* et dans les autres journaux;

Attendu que la loi de 1830, qui défend d'apposer des affiches traitant d'objets politiques, ne saurait abroger ni modifier des lois qui lui sont postérieures et contraires, notamment la Constitution du 14 janvier 1852, et les décrets des 7 novembre 1863 et 30 avril 1864;

Attendu que la Constitution du 14 janvier, ainsi complétée par divers décrets postérieurs, a pour objet, sous un gouvernement où l'autorité est fortement assise, de laisser aux citoyens toutes les garanties nécessaires, surtout contre les abus de pouvoir que pourraient se permettre des fonctionnaires tout-puissants, fonctionnaires que des motifs de convenance et le respect dû à l'autorité ne permettent de citer que devant la haute juridiction du Sénat;

Attendu que soutenir, avec le ministère public, que les pétitions des citoyens ne peuvent être publiées qu'après le rapport fait au Sénat et conformément au procès-verbal des séances inséré au *Moniteur*, c'est méconnaître sinon la lettre, du moins l'esprit et la portée de toute la légalisation qui régit cette matière;

Attendu, en effet, que, sous un prince qui, devant le Corps législatif, comme devant l'opinion publique et partout ailleurs, proteste, avec raison, de sa parfaite loyauté, de son désir sincère de faire droit aux plaintes légitimes des plus obscurs citoyens et d'accepter toutes les réformes utiles et raisonnables, il est impossible d'admettre que le droit de pétition soit sérieux, si les citoyens n'ont pas la garantie d'une double juridiction, comme devant les tribunaux ordinaires, et ainsi que cela se pratique chez tous les peuples civilisés;

Attendu que, sans prétendre que le Sénat de l'Empire français manque quelquefois à ses devoirs et dépose dans le panier aux oublis plus d'une plainte délicate, il est permis de penser que des pétitions peuvent s'égarer, être mal instruites, ou être perdues de vue;

Que, tant qu'il ne sera point permis de s'adresser au Corps législatif, comme à un équitable et deuxième degré de juridiction, et tant qu'il ne sera pas même d'usage de délivrer un reçu des pétitions transmises au Sénat, les personnes qui, à raison de la nature ou de l'importance de leur plainte, auront intérêt à lui donner date certaine devant leurs concitoyens, n'auront d'autre ressource que d'en afficher l'extrait, et de contraindre ainsi le Sénat, d'une manière morale et sous la pression de l'opinion publique, deuxième et imparfait degré de juridiction, à remplir ses devoirs envers et contre tous;

Que cette manière d'interpréter le droit de pétition, est en parfaite harmonie avec l'esprit qui a dicté les décrets des 7 novembre 1863 et 30 avril 1861, et surtout avec les intentions bien connues de Sa Majesté Napoléon III, le plus profond des politiques modernes, indignement calomnié, comme tous les hommes de tête et de cœur, et qui sera grand dans l'histoire, comme il l'est dans son siècle, malgré tous les libelles d'une impuissante démagogie; or l'Empereur exige expressément que bonne et entière justice soit rendue à tout le monde;

Attendu que Roustan ayant dénoncé au Sénat, le 15 janvier 1865, des saisies arbitraires de ses ouvrages faites par le Ministre de l'intérieur et des arrestations et détentions également arbitraires et illégales, ordonnées à son préjudice et à celui d'autres personnes par M. Levainville, actuellement préfet à Quimper, avait le plus grand intérêt à ce que l'objet de sa pétition fût connu de ses concitoyens;

Qu'en affichant à Versailles l'extrait de sa pétition, et d'après tous les motifs énoncés ci-dessus, il n'a fait qu'user d'un droit résultant en sa faveur tant de l'article 45 de la Constitution, que des décrets des 7 novembre 1863 et 30 avril 1864;

Attendu que si, pour la ville de Paris, il existe des règlements qui obligent les particuliers à soumettre leurs affiches à la police, de tels règlements n'existent pas à Versailles, et le jugement déféré à la Cour ne les mentionne nullement ;

Attendu, au surplus, ainsi qu'on va l'expliquer avec détail au §2, que Roustan n'a fait qu'une simple tentative d'affichage, restée sans suite et non punie par la loi;

§ 2

En ce qui concerne la peine de trois mois d'emprisonnement, pour manque de respect aux lois de sûreté générale; délit pour lequel il a été fait application des articles 2 et 3 de la loi du 27 juillet 1849.

Attendu que, quelque délicate que soit la rédaction des affiches incriminées, en ce sens surtout que le public, contrairement à la pensée intime de l'auteur, n'aurait pas manqué, en dénaturant et abrégeant le texte de ces affiches par la suppression des mots : *vive l'empereur*, et *maxime présentée dans un sens religieux*, de les interpréter avec malveillance et d'une maniere fâcheuse, il ne peut néanmoins exister un délit politique là où ne se rencontre aucune intention coupable, et qu'il résulte tant de débats que des pièces du procès, que Roustan n'a eu aucune intention mauvaise, ayant cru de très-bonne foi, et ainsi d'ailleurs que la loi l'y autorise, qu'il pouvait, *comme citoyen*, rendre public et par suite afficher l'extrait d'une pétition qu'il a réellement transmise au Sénat;

Attendu que par ces mots qui se trouvent en tête de l'affiche: *la force a fait les premiers esclaves, leur lâcheté les a perpétués* (*maxime présentée dans un sens religieux*), Roustan, qui est révolutionnaire à la manière de Notre-Seigneur Jésus-Christ, vrai Dieu et vrai homme dans le sens de l'Eglise catholique. et quoi que puissent en penser Renan et tous les faux-sages du *Siècle;* Roustan, disons-nous, qui, pour le triomphe de la Religion et de l'Empereur, aussi bien du droit et de la justice, est tout prêt à verser son propre sang, à la différence des démagogues et des socialistes de bas étage, qui ne savent verser que le sang des autres et bouleverser et perdre la société ; Roustan, disons-nous encore, par ces mots : *la force a fait les premiers esclaves, leur lâcheté les a perpétués* (*maxime présentée dans un sens religieux*), a entendu dire que la force ne fait esclaves que ceux qui consentent à l'être, et qu'on n'est jamais esclave, quand on est chrétien sincère et homme de cœur; — que la protestation contre l'injustice, de la part des citoyens et par la voie des armes, est toujours répréhensible et coupable, car le précepte évangélique est formel : *non occides*, tu ne tueras point; et, d'un autre côté, toute puissance vient de Dieu, *omnis potestas à Deo.* Quand la puissance est coupable, c'est à Dieu seul à la détruire; et, en usurpant ses droits, en faisant appel à l'insurrection, on viole toutes les lois divines et humaines, au point, pour empêcher un mal, de créer un mal beaucoup plus grand et de faire du progrès rétrograde; — que la seule manière d'arriver légalement et pacifiquement au progrès, consiste à protester par la parole et par la prédication, hautement, loyalement et courageusement, comme Notre-Seigneur Jésus-Christ; de dire, au besoin et avec force, à l'Autorité, comme saint Jean-Baptiste : *non licet*, et de persévérer jusqu'à la fin, dût-on, comme saint Jean-Baptiste, avoir la tête coupée par l'ordre d'un despote, ou être crucifié, à l'instigation de fonctionnaires corrompus, comme notre sublime et divin maître;

Attendu qu'on ne pouvait mal interpréter les affiches qui font l'objet du procès, qu'en supposant faussement que les mots : *Vive l'Empereur* et *Maxime présentée dans un sens religieux*, ne complétant point, dans la pensée de l'auteur, et n'étant introduits que comme ruse de guerre et pour masquer un délit, le public intelligent devait n'en tenir aucun compte;

Attendu qu'au moyen des explications qui précèdent, le véritable sens des affiches incriminées ne saurait être douteux :

qu'en bonne justice, un auteur qui s'exprime sincèrement et avec clarté, ne peut être responsable des interprétations malveillantes d'un public sans religion et sans vrai courage, d'un public aveuglé et corrompu par les passions les plus mauvaises, et qui appelle progrès et liberté ce qu'on appellerait avec plus de raison désordre et servitude;

Attendu que les divers ouvrages que Roustan a publiés depuis 1852 jusqu'à ce jour témoignent de son dévouement enthousiaste pour Leurs Majestés Impériales, et viennent à l'appui du véritable sens qu'il a entendu donner à ses affiches ;

Attendu qu'en se servant, immédiatement après les mots : *Vive l'Empereur*, de ces autres mots : *à bas les lois de sûreté générale*, au lieu des termes plus décents et moins énergiques : *Plus de lois de sûreté générale*, Roustan n'a fait qu'exprimer le vœu d'un bon citoyen et qu'user d'un terme consacré par le vocabulaire politique ; car, en cette matière, les expressions *vive* et *à bas* sont corrélatives, bien qu'en sens inverse, et constituent même seules le véritable mot propre. Or, exprimer en ces termes et sans aucune intention d'offense, d'une part, que l'on maintienne les institutions impériales, parce qu'elles sont réellement appropriées à nos mœurs et à nos habitudes, et, d'une autre part, qu'on abroge des lois qui compromettaient gratuitement ces institutions et qui, dans le fait, ont été abrogées depuis, ce n'est point manquer de respect à ces lois : c'est, au contraire, exprimer un vœu parfaitement licite, et user régulièrement d'un droit conféré à tous les citoyens par la Constitution du 14 janvier 1852 ;

Attendu, d'ailleurs, que les quatorze affiches manuscrites dont il s'agit, apposées par Roustan, à Versailles, le 19 janvier 1865, de sept heures à sept heures et demie du soir, par un temps froid et nébuleux, et composées presque entièrement de petits caractères, ont été, le même jour, dans l'intérêt de Roustan, dès huit heures du soir et avant que le public pût les lire, arrachées et lacérées, immédiatement et à mesure de leur apposition, par le fait du sieur Morin, entrepreneur d'affichage, et du sieur Alphonse Renot, son ouvrier, complices de l'apposition des affiches, comme ayant aidé Roustan à l'effectuer ;

Que cette apposition, dans de telles circonstances, constitue tout au plus une tentative d'affichage qu'aucune loi ne punit soit de peines criminelles, soit de peines correctionnelles ou de simple police ;

§ 3.

En ce qui concerne l'autorisation, demandée par Roustan, de faire afficher, à Paris et à Versailles, l'extrait du présent arrêt:

Attendu que Roustan, établi en magasin, rue d'Anjou, n° 12, à Versailles, exerce le métier de libraire, d'un commun accord avec la dame Mareau, sa femme, régulièrement pourvue d'un brevet, et mariée avec lui sous le régime de la communauté conventionnelle;

Que les poursuites intentées et les condamnations prononcées en première instance contre Roustan ont eu pour résultat inévitable de lui nuire dans l'opinion publique, et auprès de ses clients de Paris et de Versailles;

Que Roustan a dès lors un intérêt sérieux à publier par extrait et à ses frais la présente décision judiciaire, soit à Paris, où il est très-connu de ses confrères, soit à Versailles, où il n'est pas moins connu, et où sa condamnation à trois mois de prison a eu du retentissement:

Par ces motifs, le sieur Roustan conclut à ce que la Cour, faisant droit à l'appel interjeté:

Casse et annule le jugement rendu par le tribunal correctionnel de Versailles, le 8 mars 1865;

Renvoie, en conséquence, le sieur Roustan des fins de la plainte, sans dépens;

Et l'autorise à faire afficher à ses frais, soit à Paris, soit à Versailles, les motifs et le dispositif de l'arrêt à intervenir.

Et ce sera justice!

OBSERVATIONS. — Il est permis de penser que si M. le Président de la Cour impériale de Paris avait laissé au sieur Roustan la pleine liberté de se défendre, celui-ci eût obtenu, au lieu d'une réduction de peine, l'acquittement le plus complet.

Aussi, est-il bien persuadé qu'on ne l'obligera jamais à subir ses quinze jours de prison.

Le droit et la justice s'y opposent (1).

---

(1) En effet, l'impératrice EUGÉNIE daigna signer ma grâce. Elle n'a certainement pas obligé un ingrat.

II

Appréciation, par un citoyen français, des propos de Labiénus.

Cette petite brochure n'est qu'un calomnieux et infâme libelle, plein de fiel et de passion, libelle dans lequel on insulte à la France plus encore qu'à l'Empereur.

Le mauvais citoyen Rogeard n'a oublié qu'une chose : c'est que la société française est régie par les principes du christianisme, et qu'avec ces principes, dont les gouvernements modernes s'imprègnent même malgré eux, et qui sont la base de toute liberté saine et véritable, les Néron et les Caligula sont désormais impossibles !

III

Juste appréciation de l'Empereur Napoléon III et des propos de Labiénus.

L'histoire de César est parfaitement pensée et bien écrite. C'est un chef-d'œuvre d'érudition, d'impartialité et de bon goût. Plus elle est critiquée par les hommes de désordre, plus elle est approuvée par les gens de bien. Or celui qui excite de telles sympathies ne saurait être un vil assassin, comme ne craint pas de le dire l'auteur des *Propos de Labiénus*, un professeur ambitieux et mécontent, indigne du nom de Français, et bien certainement égaré par des rancunes peu intelligentes.

Si l'empereur Napoléon III a eu le tort, dans sa vie de jeune homme, d'attaquer un gouvernement régulièrement établi, quoi que, *dans le fait, usurpé et non national*, il a expié ce crime, qui peut-être n'en est pas un (1), par sa longue détention et par des souffrances de toute nature.

---

(1) Toute réflexion faite, *j'admets qu'il y a eu crime, mais avec circonstances atténuantes.* Dans la vie politique de Napoléon III, il faut considérer, en effet, deux choses : le *Conspirateur* contre un gouver-

Depuis lors, l'empereur Napoléon III a eu le courage de confesser hautement et loyalement ce péché de sa jeunesse, que Dieu sans doute lui a pardonné. Ne soyons pas dès lors sévères jusqu'à l'injustice; et que ceux d'entre nous qui ont toujours été irréprochables jettent à l'Empereur la première pierre!

Dans tous les cas, Sa Majesté Napoléon III a racheté cette

---

nement régulièrement établi, et le *Souverain* arrivé plus tard au Pouvoir par les voies pacifiques et légales.

Le Conspirateur a été certainement coupable; car, à mes yeux et ainsi que je l'ai expliqué ci-dessus, toute conspiration, autre que par la prédication à la manière des apôtres et des martyrs chrétiens, toute conspiration violente est non-seulement un crime social, mais encore une lourde faute politique; puisqu'elle crée, même en cas de succès, des antécédents fâcheux et tend à remplacer le droit par la force.

Or, ainsi que J.-J. Rousseau le fait remarquer avec raison dès les premières pages du *Contrat social*, en conscience, on n'est pas tenu d'obéir à la force qui n'est pas accompagnée du droit: d'où il suit qu'une force supérieure qui renverserait plus tard un gouvernement établi par la seule force, deviendrait légitime à son tour. Avec de pareils principes, il n'y aurait aucune stabilité dans le Pouvoir. Voilà pourquoi, même quand, à l'origine, un pouvoir a été usurpé; si, malgré ce vice, la nation, pour éviter de plus grands maux, a déclaré reconnaître ce Pouvoir (et tel était le cas du gouvernement de Louis Philippe), il n'est pas permis d'attaquer *violemment*, même un gouvernement ainsi établi.

Je le répète donc, comme conspirateur, Napoléon III a été réellement coupable. Sur ce point, il a reconnu lui-même ses torts et a été puni même dès ce monde. Si l'expiation n'a pas été suffisante, Dieu saura bien lui en imposer la continuation dans une autre vie, et la justice aura toujours sa pleine satisfaction.

Comme *Souverain dans l'exercice régulier du Pouvoir et ayant prémédité et accompli avec succès le coup d'État du 2 Décembre* 1851, *non-seulement Napoléon III n'a pas été coupable*, ainsi que je le prouve dans mon *Anti-Labiénus*, mais en étouffant d'avance l'anarchie, il a sainement appliqué le principe républicain: *Salus populi suprema lex esto.*

Si Napoléon III n'avait pas fait son coup d'État, l'Assemblée législative aurait fait le sien et aurait ensuite été débordée par les démagogues et les socialistes.

Nous aurions eu, par conséquent, dès 1852, toutes les horreurs de 1871; ce qui n'aurait pas empêché d'autres et pareilles horreurs à des dates plus rapprochées.

Versailles, le samedi 1er juillet 1876.

faute par les grands services qu'elle a rendus à la France et au monde entier depuis plus de quinze ans. Or, à tout péché miséricorde, surtout quand la faute a été noblement expiée par un repentir sincère et public, et par les tristesses de la prison.

Si l'auteur des *Propos de Labiénus*, si le mauvais citoyen Rogeard, reproduisant les ineptes critiques de Victor Hugo, traite l'Empereur d'assassin, à cause du coup d'Etat du 2 décembre 1851, l'accusation est encore aussi injuste que peu intelligente.

Dieu et les souverains ont seuls le droit de verser le sang des hommes.

Dieu, l'auteur de toute vie, en nous livrant à la mort, ne fait que reprendre le bien qu'il nous a donné gratuitement. Il dispose donc de la vie des hommes à son gré et sans injustice.

Les souverains, *agissant eux-mêmes au nom de Dieu*, et pour éviter de plus grands maux, *sont plus d'une fois obligés de verser le sang des hommes*.

En 1851, la France était dans une cruelle impasse, par la faute même des démagogues, qui faisaient appel aux passions les plus dangereuses. Encore quelques mois, et la guerre civile, la pire des calamités, ensanglantait, comme dans les horribles journées de juin 1848, non-seulement la capitale, mais toutes les provinces. Par un acte de sainte audace et de noble dévouement, l'Empereur, au prix de sa vie, car, en cas d'insuccès, la mort, bien certainement, eût été son partage ; l'Empereur, au prix de ses jours, a préservé la France de cet inévitable cataclysme, et a mérité avec raison le titre de restaurateur de l'ordre en France et en Europe, et de sauveur de la société.

Si quelques démagogues ou quelques écrivains sans cervelle ou sans entrailles, et affectés d'une triste manie, appellent *assassin* celui qui nous a généreusement empêchés de nous noyer et de nous perdre (1), il ne s'ensuit pas qu'un Empereur qui se respecte doive adopter aveuglément l'avis de quelques fous, ces fous sans portée politique, fussent-ils indirectement et maladroitement soutenus par un prince quelconque. Le devoir de l'Empereur était de sauver la France, *même malgré elle*, et quoi

(1) Réponse sérieuse à ces odieux vers de l'infâme libelle :

Quand d'être ainsi sauvé je n'ai pas le dessein,
Au diable le sauveur, qui n'est qu'un assassin !

qu'en puisse dire J.-J. Rousseau, dans son *Contrat social;* car *c'est Dieu seul qui forme et qui inspire les chefs des Etats*; et, quand une nation entière, égarée par de coupables prédications, devient assez folle pour vouloir se tuer en masse, celui qui la gouverne, s'il en a le pouvoir, doit s'y opposer vivement et la ramener à la raison, *même par des secousses violentes*, conformément à ces paroles du Psalmiste : *In camo et freno maxillas eorum constringe*; attendu que, d'après l'avis même de J.-J. Rousseau, formulé dès les premières pages du *Contrat social*, *la folie ne fait pas droit*.

Du reste, dans les journées du mois de décembre 1851, la lutte n'a pas été sérieuse, puisque les ouvriers et les gens du peuple (nous l'avons entendu de nos propres oreilles) approuvaient eux-mêmes le coup d'Etat en disant : *Ma foi, c'est bien joué*, et montraient la plus grande répugnance à faire des barricades. Si quelques mauvaises têtes ont voulu se faire tuer, l'Empereur, *dont le devoir était de s'opposer à leurs entreprises*, car, selon saint Paul, ce n'est pas en vain qu'il porte l'épée, l'Empereur ne saurait être responsable des sottises des autres.

Des affiches que nous avons vues et qui étaient placardées dans tout Paris, invitaient d'ailleurs, dans les journées des 3, 4 et 5 décembre 1851, tous les citoyens à rester *dans leur logis* (c'étaient les termes mêmes de l'affiche), les prévenant qu'il y avait un danger sérieux à circuler dans les rues. Tant pis dès lors pour les imprudents qui n'ont pas tenu compte de cette recommandation ! Je n'ai pas été plus sage qu'eux ; mais, en me servant, à propos, de la rapidité de mes jambes de jeune homme, Dieu a permis que je ne fusse point tué.

De toutes les révolutions utiles et inévitables, celle du 2 décembre 1851 a coûté le moins de sang et a épargné à la France les plus grands malheurs. D'après le principe que de deux maux il faut choisir le moindre, l'Empereur Napoléon III a donc eu parfaitement raison de prendre une telle initiative, et de soustraire la France, *même malgré elle*, à la plus horrible anarchie. Aussi l'opinion publique et le suffrage universel ont-ils pleinement ratifié le grand acte du 2 décembre 1851. *Cet acte a été inspiré à l'Empereur par Dieu lui-même*, qui, depuis lors, ne cesse de le protéger, et qui, au 14 janvier 1858, et, en 1859, sur le champ de bataille de Solférino, l'a miraculeusement préservé des bombes d'Orsini et des bombes autrichiennes, conformément encore à ces paroles du Psalmiste : *Cadent a latere tuo mille et decem millia à dextris tuis, ad te autem non appropinquabit :* ils tomberont à tes côtés par mille et par dix mille, et leurs traits ne pourront t'atteindre!

Pour résumer notre opinion sur le coup d'Etat du 2 décembre 1851, nous dirons que, dans un siècle où les plus nobles dévouements passent pour de l'aliénation mentale, si l'on ne peut en suspecter la sincérité, et pour des assassinats, quand on les attribue à l'ambition et à la politique, pour nous résumer en deux mots, nous dirons qu'il est dans la nature des hommes de caractère et de cœur de n'être plus compris, et, par suite, d'être calomniés par les âmes viles ou sans étoffe. L'auteur des *Propos de Labiénus*, le pustuleux Rogeard, appartient à l'une de ces catégories et peut-être à toutes les deux.

C'est surtout de lui et de Victor Hugo que l'on peut dire, avec le prophète : *Peccator videbit et irascetur, dentibus suis fremet et tabescet; desiderium peccatorum peribit :* Ces mauvais citoyens, ces hommes de désordre voient avec colère la durée et la prospérité de l'Empire; ils grincent des dents, frémissent de rage et sèchent de dépit; mais leurs coupables vœux ne seront pas exaucés!

Bruxelles, le Vendredi 12 Mai 1865.

Observations. — Qu'a gagné la France, depuis et en 1870, à ce que l'Empire ait été remplacé par la République?

Elle a payé cinq milliards d'indemnité, elle a subi tout autant de pertes et de désastres, et elle s'est vu enlever définitivement l'Alsace et la Lorraine.

Après Sedan, la lutte n'était pas sérieusement possible, et le parti le plus sage, celui qu'adoptait l'Empereur, était de capituler.

La proclamation de la République, au 4 septembre 1870, et au moment où l'ennemi était à nos portes, a été, sinon le plus grand des crimes, du moins une lourde faute et une insigne maladresse, puisque cette intempestive proclamation de la République nous enleva aussitôt les sympathies de la Russie.

En nous arrêtant à Sedan, nous aurions conservé presque toute l'Alsace et toute la Lorraine et nous n'aurions pas payé plus de deux milliards d'indemnité de guerre.

Les démagogues athées et matérialistes qui ont ainsi renversé l'Empire ont porté malheur à la France et lui ont coûté, en indemnités et en dégâts, huit milliards de plus, indépendamment de la perte à peu près totale de l'Alsace et de la Lorraine.

Fin des pièces justificatives

Observation essentielle. — Depuis la chute de notre premier père, l'homme est sujet à l'orgueil, à l'illusion et à l'erreur. Bien que j'aie écrit le présent ouvrage avec une entière bonne foi et même avec la plus grande simplicité d'esprit, néanmoins, *comme j'ai agi de mon propre chef, ne prenant pour guides et pour conseils et n'invoquant que Dieu et Jeanne Darc*, je déclare condamner, comme je condamne dès maintenant, tout ce qui, dans mes écrits serait contraire, non seulement à la doctrine, mais encore à la discipline de notre très-sainte Mère l'Eglise catholique, apostolique et romaine.

Versailles. — Imprimerie F. DAX, rue du Potager, 9.

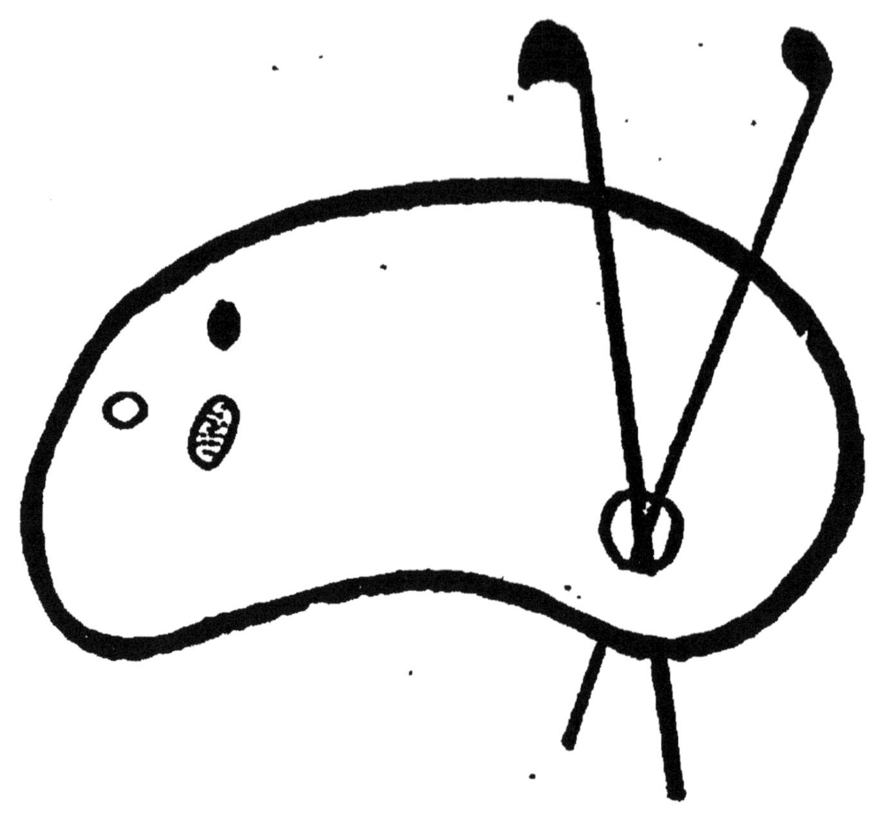

www.ingramcontent.com/pod-product-compliance
Ingram Content Group UK Ltd.
Pitfield, Milton Keynes, MK11 3LW, UK
UKHW021853190726
13855UKWH00001B/289